TRAUNER VERLAG

GASTRONOMIE

HANS STOLL

Wein-*Gut* Österreich

WINZER – WEINE – DACS

Lektorat: Claudia Höglinger, TRAUNER Verlag + Buchservice GmbH, Linz
Layout und Gestaltung: Bettina Victor, TRAUNER Verlag + Buchservice GmbH, Linz
Coverfoto: Gortincoiel/photocase.com
Fotos: Helene Ott und Team, Weyregg
Druck: TRAUNER Druck GmbH & Co KG, Linz
ISBN 978-3-85499-860-0

Hans Stoll

Wein-*Gut* Österreich

Winzer – Weine – DACs

Inhaltsverzeichnis

Vorwort

Es ist bereits eine lange Wegstrecke, die ich gemeinsam mit dem Naturprodukt Wein zurückgelegt habe. Angefangen in der elterlichen Gaststube, wo ich als „Nachwuchskellner" die älteren Herren (damals nannte man diese noch „Weinpipler") mit ihren Weinvorlieben studieren konnte, über einen fantastischen Lehrbetrieb, der schon in den 1970er-Jahren über eine hochqualitative Weinauswahl verfügte (wir boten damals bereits Weine von Josef Jamek als Geheimtipp an!) bis zu den diversen Betrieben, für die ich tätig war: dem Wein galt immer mein ganz spezielles Interesse!

Später, als ich gerade begonnen hatte, die Seiten zu wechseln, um mich in die Reihen der (Wein-)Pädagogen einzureihen, hatte ich ebenso vinophile Wegbegleiter. So war es kein Wunder, dass wir unmittelbar nach dem doch sehr speziellen Weinjahr 1985 gleich nach Tirol auch in Oberösterreich einen Sommelierverein gründeten. Mein damaliger „Weinbegleiter" Artur Ramsebner mit einer perfekten Vernetzung zu Egon Mark in Tirol war dafür verantwortlich. Nach Hunderten von Weinseminaren, geleiteten Lehrgängen und Vorträgen kann ich heute dem Berufsnachwuchs nur eines ins Stammbuch schreiben: Sommelier ist man nicht – Sommelier lebt man!

Es war mein erklärtes Ziel, aus allen Gebieten das Typische der Weine einzufangen. Da hinter jedem Wein auch Menschen stehen, war es für mich natürlich klar, möglichst viele Informationen von diesen zu erhalten und zu Papier zu bringen. Dieses Buch ist jedoch nicht als Ansammlung von Interviews zu verstehen – vielmehr sollen die Dialoge dazu dienen, den Lesern Einblick zu geben, wie und warum sich manches beim Wein so oder so darstellt. Allen Winzern und Winzerinnen dafür meinen Dank und Respekt. Eine große Erkenntnis habe ich in dieser Zeit gewonnen: Die nächste Generation von österreichischen Spitzenwinzern und -winzerinnen ist drauf und dran, die Qualität in allen Bereichen nochmals zu übertrumpfen!

Wir haben in Österreich eine noch nie dagewesene Fülle an Qualitätswinzern. Bei jenen Winzern und Winzerinnen, die keine Erwähnung im Buch finden, möchte ich mich deshalb gleich im Voraus entschuldigen – es sind einem Buch einfach Grenzen gesetzt.

Dankeschön

Gerhard Wimmer war mir ein treuer Begleiter bei allen Interviews und Recherchen, hat gemeinsam mit mir Tausende Kilometer quer durch die österreichischen Weinbauregionen zurückgelegt und manchen Weinberg erstiegen, um uns mit vielen atemberaubenden Bildern zu versorgen.

Dietmar Hehenberger, mein langjähriger Freund und Wegbegleiter, hat mich bei den Themen „Weinbau" und „Kellertechnische Details" unterstützt. Dabei genossen wir in seinem „Hotel Guglwald" nicht nur die tolle Atmosphäre, sondern auch das, was für mich zukunftsweisende Gastronomie darstellt.

Dank schulde ich auch dem Team des Restaurants „Avocado" in Weyregg am Attersee: Wir durften dort den Betrieb gewaltig stören, um die Bilder für das Kapitel „Speisen und Wein" zu produzieren. Ein großes Dankeschön im Besonderen an Markus Eidenberger, denn Speisen müssen ja bekanntlich zuerst gekocht werden, um sie dann ins rechte Licht rücken zu können. Wir haben diesen Nachmittag auch kulinarisch sehr genossen.

Gleiches gilt für das Restaurant „Litzlberger Keller" in Seewalchen.

Ein großes Dankeschön gehört natürlich den Verantwortlichen des Trauner Verlages, allen voran Frau Mag. Trauner für das Vertrauen in dieses Buch und der unermüdlich charmanten Lektorin Claudia Höglinger, die mich mit ihrer positiven Ausstrahlung durch das Werk getragen hat.

Den größten Dank spreche ich allerdings meiner Partnerin Annemarie aus – sie war es, die mich Hunderte Stunden entbehren musste und alles Verständnis der Welt aufbrachte, wenn ich auch in der uns gemeinsam zur Verfügung stehenden Zeit einfach einmal wieder im Büro verschwand, um an diesem Buch zu arbeiten.

Hans Stoll

7

1

WIE WEIN
ENTSTEHT

Eine erfolgreiche Kletterpflanze

Aufgrund zahlreicher Funde von fossilen Traubenkernen, Holzresten und Blattabdrücken gilt es als erwiesen, dass es wilde Vorformen der Weinreben bereits vor rund 60 Millionen Jahren gab. Durch diverse Eiszeiten wurden die im Tertiär in Mitteleuropa heimischen Wildreben in den Mittelmeerraum und die Tiefebene des damals noch nicht existenten Schwarzen Meeres sowie nach Zentralasien zurückgedrängt. Damals wuchsen wilde Rebstöcke hauptsächlich in lichten Eichenmischwäldern, wo sie sich sich an Bäumen emporrankten.

Der erste Weinanbau

Es ist bis zum heutigen Tag nicht klar, wann die Menschheit begann, sich mit der Kultivierung von Wein zu beschäftigten. Bewiesen ist lediglich, dass es etwa 6000 v. Chr. in Transkaukasien (im Gebiet des heutigen Georgiens, Armeniens, Aserbaidschans und in Teilbereichen der Türkei) eine primitive Weinkultur gegeben haben muss, da Tonkrüge mit Traubendarstellungen gefunden wurden, die aus dieser Zeit stammen. Von dort breitete sich der Weinbau Richtung Westen (Anatolien, Mittelmeer, Balkan/Donauländer), Süden (Mesopotamien, Jordantal, Ägypten) und Osten (Iran, Afghanistan, China) aus, wo die Weinkultur durch die antiken Hochkulturen der Ägypter, Assyrer, Babylonier, Hethiter, Perser und Sumerer verfeinert wurde.

Vermutlich entstanden in den verschiedenen Gebieten zu unterschiedlichen Zeiten durch Selektion und Weiterkreuzung immer neue Sorten. Einige dieser Rebsorten wurden mit Sicherheit durch Alexander den Großen (356–323 v. Chr.) nach Südeuropa eingeführt, wo sie von Griechen und Römern angebaut und weitergezüchtet wurden.

Die Griechen

Der Ursprung des europäischen Weinbaus liegt im antiken Griechenland. Dass es bereits 1500 v. Chr. gezielten Weinbau gab, belegen archäologische Funde in alten Palästen, wo man in Kellern unter anderem Weinreste in Krügen und Traubenkerne fand.

Der griechische Philosoph und Botaniker Theophrastos (371–287 v. Chr.) beschrieb bereits die Notwendigkeit einer Abstimmung von Rebsorte, Boden und Klima. Zu dieser Zeit gab es auch schon verschiedene Reberziehungssysteme wie das weitverbreitete Ziehen der Reben auf Bäumen, aber auch die Buschform und die flache Bodenerziehung.

Ein Problem, mit dem man sich im heißen Griechenland zwangsläufig befassen musste, war die Haltbarmachung von Wein. So wurde der Wein bereits im 8. Jahrhundert v. Chr. geschwefelt oder mit Gewürzen versetzt. Man dichtete die Amphoren mithilfe von Pech oder Harz ab oder „versiegelte" die Weinoberfläche mit einer Harz-Öl-Schicht. Daraus entwickelte sich in der Folge die griechische Weinspezialität Retsina.

Die klassische Weinamphore war ein bauchiges Tongefäß mit zwei Henkeln und einem spitz zulaufenden Unterteil. Sie wurde entweder auf einen dreibeinigen Untersatz gestellt oder liegend gelagert bzw. an den Henkeln aufgehängt.

Als die Griechen im Zeitraum von 1000 bis 600 v. Chr. die Mittelmeerländer (Süditalien,

Ägypten, Südfrankreich und Südspanien) kolonisierten, führten sie dort natürlich auch ihre Weinkultur sowie ihre heimischen Rebsorten ein. Viele der griechischen Weinbaumethoden wurden von den Kelten (Galliern) und Römern übernommen.

Die Römer

Nach dem Untergang des griechischen Reiches übernahmen die Römer die führende Rolle im Weinbau. Wein war sowohl Genussmittel als auch Medizin. Mit der Ausdehnung des Römischen Reiches breitete sich der Weinbau in ganz Europa, Kleinasien und Nordafrika aus und wurde dort dementsprechend kultiviert.

Üblicherweise wurde Wein von den Römern mit Wasser verdünnt getrunken, aber auch eine Mischung von Wein mit Honig war beliebt. Angeblich hatte jeder römische Soldat das Recht auf zwei Liter Rebensaft pro Tag (die militärischen Strategen der Zeit dürften sich wohl für die vergorene Variante des Rebensaftes entschieden haben.)

Bacchus wurde von den Römern als Gott des Weines und des Weinbaus, aber auch der Fruchtbarkeit und der Ekstase verehrt

Die weitere Entwicklung

Im Mittelalter waren es die Mönche in den Klöstern, die den Weinbau auf ein hohes Niveau brachten. Tonangebend waren dabei die Benediktiner und Zisterzienser.

Im Burgund fanden zu dieser Zeit bereits die ersten Lagenklassifizierungen statt: die unteren, im Flachen gelegenen Lagen wurden als Lagen der Mönche klassifiziert, die oberen, an den Hängen gelegenen als Lagen des Königs, während die besten Lagen auf dem Berg als jene des Papstes bezeichnet wurden.

Eine große Rolle für die weitere (internationale) Entwicklung des Weines spielten die Hugenotten (eine etwa seit 1560 gebräuchliche Bezeichnung für französische Protestanten in Frankreich).

Ab 1530 wurde die Glaubensausübung der Protestanten durch die katholische Kirche stark unterdrückt. Die Verfolgungen erreichten ab 1685 einen Höhepunkt und führten zu einer Fluchtwelle von etwa 200 000 Hugenotten. Einige dieser Flüchtlinge nahmen Rebstöcke mit, um in der neuen Heimat den Weinbau zu kultivieren. So erfuhr der Weinbau in Südafrika mit der Ansiedelung von Hugenotten einen merklichen Aufschwung. Eine Erfolgsgeschichte dieser Zeit ist jene der Familie Delaforce, die eines der bekanntesten Portweinhäuser in Portugal gründete.

In Österreich machten zu dieser Zeit andere Umstände der Weinwirtschaft schwer zu schaffen: zum einen die Türkenbelagerungen vor Wien, wodurch viele Rebkulturen vernichtet

wurden, zum anderen soziales Elend – ausgelöst durch Bauernkriege und den 30-jährigen Krieg –, was nicht dazu beitrug, dem Weinbau die entsprechende Aufmerksamkeit zu schenken. Erst mit Kaiserin Maria Theresia, die nach 1745 liberale Reformen in der Landwirtschaft einleitete, kam auch der Weinbau wieder in Schwung.

Ein bahnbrechendes Zugeständnis für den Weinbau der damaligen Zeit wurde jedoch von ihrem Sohn **Kaiser Josef II.** gemacht: das **Buschenschankrecht**. Demnach darf seit dieser Zeit jeder Bauer die von ihm selbst erzeugten Produkte am Ort der Entstehung verkaufen. Mehr zur Zirkularverordnung Kaiser Josefs II. gibt es auf S. 174 nachlesen.

1860 wurde in Österreich die erste (und somit älteste) Weinbauschule der Welt gegründet: die **Weinbauschule in Klosterneuburg**. Der erste Direktor war August Wilhelm Freiherr von Babo. Im Jahr darauf entwickelte von Babo die **Klosterneuburger Mostwaage** als Grundlage zur Messung des Zuckergehaltes im Traubensaft (1° KMW entspricht 1 Prozent Zuckeranteil auf 1 Liter Traubensaft). 1885 übernahm er die aus Frankreich stammende Methode der Rebenveredelung und verfeinerte diese Methode.

Weitere prominente Direktoren der Klosterneuburger Weinbauschule waren Dr. Lothar Roesler, Dr. Emerich Rathay und Dr. Fritz Zweigelt, der die Rebsorte Zweigelt durch eine Kreuzung von Blaufränkisch und St. Laurent schuf (mehr dazu auf S. 192).

1907 wurde das erste österreichische Weingesetz unter der Prämisse „Wein ist ein Naturprodukt" verfasst. Damals war das Weingesetz noch ein Produzentenschutzgesetz, während es heute ein Konsumentenschutzgesetz ist.

Im Jahresreigen soll der Wein gedeihen!

Wenn der Winter die Landschaft fest in seinem eisigen Griff hat, kehrt Ruhe in die Weingärten ein. Doch Arbeit gibt es für unsere Winzer zu jeder Zeit. Im Keller ist immer etwas zu tun und sobald die neuen Jahrgänge abgefüllt sind und noch etwas schlummern dürfen, heißt es zu diversen Präsentationen und Fachmessen zu fahren. Doch alles schön der Reihe nach.

Ein Jahr in Weingarten und -keller

Die Weinernte ist abgeschlossen, der junge Wein reift in den Tanks oder Fässern, und der Weingarten wird von der Vegetationsruhe beherrscht. Es ist wohl die stillste Zeit im Jahresreigen eines Winzers. Und dennoch: Bald geht es mit der Arbeit im Weingarten wieder los. Mit dem Rebschnitt wird die Ertragsmenge des kommenden Weinjahres bereits im Winter bestimmt. Die optimale Zeit für diese Arbeit ist von Jänner bis März. Auch dem Weingarten sollten zwei Monate Ruhe gegönnt werden. Das einjährige Holz wird so geschnitten, dass bei den Streckern etwa sechs Augen links und rechts übrig bleiben. Aus den Augen entstehen später die Triebe, aus denen wiederum die Trauben wachsen. Zusätzlich lässt man vor dem ersten Auge den Ersatzzapfen stehen. Man bestimmt damit also schon die Anzahl der Trauben, die sich später auf dem Rebstock befinden werden. Bereits ab Februar können die Strecker leicht im Saft stehen.

Irgendwann, so etwa gegen Ende März (sobald die größte Frostgefahr gebannt scheint), werden die im Saft stehenden Strecker mit den Augen auf dem Drahtrahmen fixiert, um die Wachstumsrichtung vorzugeben. Natürlich kann auch im April, ja sogar bis in den Mai hinein, Frost auftreten – dieser ist allerdings, so er nicht länger als zehn Stunden anhält, als harmlos zu bewerten. Zusätzlich werden in dieser Zeit die Böden aufgelockert, damit eine aktive Atmung gewährleistet ist und die Stöcke mit Sauerstoff versorgt werden.

Mit der Frühlingswärme beginnen die Knospen auszutreiben, und binnen weniger Tage entfalten sich die ersten Blätter. In der Folge entstehen die sogenannten Gescheine, aus denen sich die Trauben bilden.

Gescheine

Doch die Frühlingssonne ist für manche Winzer nur bedingt zu genießen, denn auch im Keller gibt es Arbeit – die aktuellen Jahrgänge wollen in die Flasche gefüllt werden.

Etwa vier bis sechs Wochen nach dem Austrieb – meistens gegen Ende Mai – beginnt eine der sensibelsten Phasen für die Weinreben: die Blüte! In dieser Zeit sollte es nicht zu heiß und keinesfalls zu kalt sein – ein mildes Klima ist jetzt optimal. Auch Regen ist schlecht für den Blüteverlauf.

Gerade bei einigen Rebsorten in Österreich, speziell beim Grünen Veltliner, kann aufgrund zu tiefer Temperaturen folgendes Problem auftauchen: Das Käppchen des Gescheins wird nicht abgeworfen und kann somit auch nicht befruchtet werden. Ein Verrieseln (Abstoßen von Blüten oder kleinen Beeren) ist die traurige Konsequenz.

Verrieseln

das Wasser die Böden und reichert sich mit den dort vorkommenden Mineralstoffen an. Aus der Verbindung von Mineralstoffen und Wasser bilden sich Säuren, die wiederum durch die Leitbündel des Rebstockes zu den Beeren transportiert werden. Kurzum: Regen sorgt für Säuren und Sonne für Zucker. Im österreichischen Weinbau können wir also dann von einem traumhaften Jahrgang sprechen, wenn sich diese zwei Werte auf einem hohen Niveau die Waage halten.

Im August fällt jede Menge Laubarbeit an. Zumeist werden die Blätter an der Nordseite entfernt, damit eine optimale Durchlüftung der Trauben gewährleistet ist. Zudem sollte auch die Traubenzone frei von Blättern sein, damit sich die Trauben so manches Sonnenbad genehmigen können. Trotzdem sollten die Trauben südseitig vor zu viel Sonne geschützt werden. Denn es verhält sich bei ihnen sozusagen wie beim Menschen: Manche – speziell Riesling, Pinot noir und St. Laurent – sind etwas empfindlich und können sich durch zu viel Sonne einen „Sonnenbrand" zuziehen.

Auch mit etwas Laubarbeit kann jetzt im Juni bereits begonnen werden. Beim **Wipfeln** wird die Höhe des Rebstockes eingedämmt, schließlich soll der Stock seine Energie in die Traubenzone lenken und sie nicht für das Wachsen auf drei Meter Höhe vergeuden.

Im Juni (meistens ab der zweiten Monatshälfte), ab und zu auch noch im Juli, wird ein weiterer Schritt für die Qualitätssicherung gesetzt: das **Ausdünnen der Stöcke.** Auf einen Blick erkennt der Weinbauer, welche Trauben sich gut entwickelt haben und somit auf dem Stock verbleiben sollen. Die schlechter aussehenden Trauben werden vom Stock geschnitten. Damit kommen die verbliebenen Trauben vermehrt zu Nährstoffen und können so richtig „aufgepäppelt" werden.

Durch die Assimilation bzw. Fotosynthese wird Zucker gebildet, der sich im Fruchtfleisch der Beeren einlagert. Wenn es regnet, durchdringt

Etwa um den Laurenzitag (10. August) beginnen die Beeren, sich zu färben. Die Beeren von Rotweinstöcken bekennen sich langsam zu einem Rotblau, während bei den weißen Trauben durch die Sonneneinwirkung ein strahlendes Grüngelb entsteht.

Während der Reifephase der Trauben entstehen Aromastoffe, die in oder etwas unter der Beerenschale eingelagert sind. Sie prägen das Charakterbild des Weines.

Der September zieht ins Land, und der Abschied vom Sommer bedeutet zugleich, dass die Zeit der Ernte mit großen Schritten näher kommt. Die frühreifenden Traubensorten wie Welschriesling und Gelber Muskateller sowie zum Teil auch die Burgundersorten Chardonnay und Grauburgunder zeigen dem Winzer mit deutlichen Hinweisen, wann man von der sogenannten physiologischen Traubenreife sprechen kann: Zuerst werden die Traubenstiele braun – man nennt das auch Verholzen. Und sobald sich die Kerne braun bzw. schwarz färben, ist es höchste Zeit für die Ernte.

Von der Ernte zur Lagerung

Die Entwicklung im Weingarten wird vom Winzer ständig beobachtet und nicht, wie viele vielleicht meinen, erst vor der eigentlichen Lese.

Die Lese

Wird festgestellt, dass Teile der Trauben bereits von Botrytis cinerea (einem Grauschimmelpilz) befallen sind, so werden die befallenen Beeren ausgeschnitten. Man spricht dann von einer **Negativauslese.** Von einer **Positivauslese** ist hingegen die Rede, wenn beim Ernten nur die gesunden Beeren ausgeschnitten und verarbeitet werden.

Die Pressung

Die geernteten Trauben werden in diversen Behältnissen (Kisten, Bottichen) zum Presshaus gebracht. Zugekaufte Trauben kommen zu-

St. Laurent ist übrigens jene Rebsorte, die als erste mit dem Umfärben beginnt. Der Name bezieht sich wahrscheinlich auf den heiligen Laurentius, dessen Namensfest am 10. August den ungefähren Beginn der Traubenfärbung einläutet.

Weitere Frühsorten sind Müller-Thurgau und Frühroter Veltliner (daher auch der Name).

meist auf ein Fließband und so zur Endkontrolle. Dann werden die Beeren in die Fülltrichter des Reblers oder in die Presse gekippt.

Die Trauben werden in den Rebler gekippt,

wo sie von den Kämmen befreit und anschließend gemaischt werden.

Als Maischen bezeichnet man das langsame und sachte Zerdrücken (Quetschen) der Beeren

Die sogenannte **Ganztraubenpressung** ist eine äußerst schonende Art der Verarbeitung des Lesegutes, bei der, wie der Name schon sagt, das gesamte Traubengut schonend gepresst wird. Die Trauben werden dazu direkt aus kleinen Erntebehältern in die pneumatische Presse geschüttet, welche die Haut der Beeren platzen lässt. Die Kämme der Trauben dienen als Drainage, durch die der Most leicht ablaufen kann. Mit diesem Verfahren wird fast ausschließlich Pressmost gewonnen. Der Gehalt an Trubstoffen ist sehr gering, ebenso der Gerbstoffgehalt. Wird allerdings unreifes Traubengut verarbeitet, so entstehen in der Folge sehr dünne und flache Weine.

Pneumatische Presse

Bei der **Traubenpressung** werden nur gesunde, gerebelte Beeren in die Presse gegeben. Ein Teil des Traubensaftes fließt durch das Eigengewicht der Beeren von selbst ab. Man bezeichnet diesen Saft als **Seihmost.** Der anschließend beim ersten Pressvorgang gewonnene Most wird als **Pressmost** bezeichnet. An sich kann man beide Mostarten zusammengeben und gemeinsam vergären lassen. Dies ist eine Frage der Analysewerte und des Geschmacksprofils.

Als **Trester** bezeichnet man jenen festen Rückstand (also Kämme, Kerne, Schalen), der nach dem Pressen zurückbleibt. Dieser kann in weiteren Schritten zu einem Brand destilliert werden.

Das Entschleimen

Der trübe Most, der noch viele unerwünschte Feststoffe (sogenannte Trubstoffe), wie z. B. Kerne und Beerenschalen, enthält, wird nun in einem Stahlbehältnis zum Entschleimen gebracht. Dazu wird er einige Stunden im Tank stehen gelassen, bis sich die Trubstoffe auf dem Boden absetzen. Den reinen Most lässt man auf schonende Art und Weise in den Gärtank fließen (er wird „abgestochen"). Entschleimt werden kann auch mithilfe von Zentrifugen oder Separatoren.

Wird keine Entschleimung vorgenommen, kann sich dies z. B. in einer heftigen Gärung mit Aromaverlust sowie einem unsauberen Geschmack mit zu hohem Gerbstoffgehalt und Hochfärbigkeit (von orange bis dunkelbraun) äußern.

Vorher kann (muss aber nicht) der Most noch im Rahmen der gesetzlich erlaubten Grenzwerte mit Zucker oder Traubendicksaft angereichert (chaptalisiert) werden.

Der Gärprozess

Bei der alkoholischen Gärung wird der im Most enthaltene Zucker durch Hefepilze zu etwa gleichen Teilen in Alkohol und Kohlenstoffdioxid (CO_2) unter starker Wärmeentwicklung umgewandelt.

Die Gärung

Die Weinhefe (u. a. Saccharomyces cerevisiae) wandelt Glukose und Fruktose – also Trauben- und Fruchtzucker – zu etwa 90 Prozent in Ethanol und Kohlenstoffdioxid um. Aus den restlichen 10 Prozent entstehen Hunderte, teils flüchtige Nebenprodukte, die zusammen mit den Extraktstoffen für das Aroma und den Geschmack des Weines verantwortlich sind. Glyzerin, Ester, Aldehyde, Methanol, Milchsäure und schwefelige Säure sind nur einige dieser Nebenprodukte. Die Ester sind für das fruchtige Aroma von jungen Weinen verantwortlich und werden vor allem durch den Geruchssinn wahrgenommen.

Zu einem geringen Teil wird das Kohlenstoffdioxid im Wein gebunden – es bildet sich die **Kohlensäure.**

Übrigens

Kohlenstoffdioxid sammelt sich auf dem Boden, da es schwerer als Luft ist. Daher besteht im Gärkeller Erstickungsgefahr, was jedes Jahr Todesopfer in Weinkellern fordert. Heute wird das Kohlenstoffdioxid häufig über Entlüfter abgesaugt und in großen Kellereien auch verwertet.

Die Hefe und ihre Wirkung

Zwei Arten von Hefen können die alkoholische Gärung ermöglichen: Naturhefen (auch als wilde Hefen bezeichnet) oder Reinzuchthefen. Die **Naturhefen** bilden sich in großem Umfang im Weingarten und leben dort bevorzugt auf der Oberfläche der Trauben. Verschiedene Hefestämme kommen vor, doch die „cerevisiae" setzt sich letztendlich durch.

In Österreich wird ein Brand aus Trestern als Tresterbrand bezeichnet, in Italien als Grappa

Mit einem Refraktometer prüft der Winzer den Zuckergehalt des Mostes

Reinzuchthefe oder Naturhefe – hier prallen unterschiedliche Glaubenssätze aufeinander. Für alle Biodynamiker stellt sich diese Frage jedenfalls nicht – denn sie arbeiten ausschließlich mit Naturhefen.

Gärspunde sind mit Wasser befüllt, damit in der Gärphase kein Sauerstoff zum entstehenden Wein, der in dieser Phase als Sturm bezeichnet wird, gelangen kann

Wird das Geläger destilliert, entsteht der sogenannte Glöger- oder Gelägerbrand.

Die Gärung mit Spontanhefen war in früheren Zeiten üblich, bis dann etwa Mitte der 1980er-Jahre viele Weinbaubetriebe auf Reinzuchthefen umstiegen.

Reinzuchthefen sind Trockenhefen, die in geschlossenen Behältern gezüchtet und anschließend getrocknet werden. Bevor diese zur kontrollierten Gärung eingesetzt werden, rührt man sie in Traubensaft und Wasser auf. Die Gärung kann somit sofort gestartet werden, wird entsprechend kontrolliert und kann so einwandfrei verlaufen. In der modernen Kellertechnik können Reinzuchthefen verwendet werden, die ausgesprochen alkoholtolerant sind und sehr aromatische, fruchtige Duftstoffe bilden. Kritiker behaupten jedoch manchmal, dass dabei einfache, „laute" und uniforme Weine entstehen.

Viele Kellermeister und Winzer – besonders jene, die typische, terroirbezogene Weine erzeugen wollen, setzen ausschließlich auf Naturhefen. Die Bildung dieser Naturhefen kann durch die Düngung der Weingärten mit den Pressrückständen gefördert werden. Eine Spontangärung ist komplizierter, bedarf ständiger Beobachtung, kann aber dadurch auch ausgezeichnete Produkte liefern. Die Weine zeigen mehr Typizität, sind ausdrucksstärker und bringen das Terroir perfekt ins Glas.

Wenn es gärt ...

Auf die Ruhe folgt bekanntlich der Sturm – nur nicht beim Wein. Hier ist es zuerst die stürmische Gärung, die spontan einsetzt und sich in relativ kurzer Zeit aufbaut, um nach etwa fünf bis sechs Tagen ihren Höhepunkt zu erreichen. In der Folge ebbt die Gärung ab und geht in die stille Gärung über. Die dabei entstehende Kohlensäure entweicht durch die Gärspunde.

Die optimale Gärtemperatur bewegt sich beim Weißwein zwischen 18 und 20 °C. Bewegt man sich bei der Weißweingärung in einem etwas höheren Temperaturbereich, so zeigt sich der daraus resultierende Wein etwas „breiter" und „mächtiger".

Bei der Rotweingärung kann ein Temperaturbereich zwischen 26 und 30 °C angestrebt werden. Nach etwa 10 bis 12 Tagen ist der Gärprozess beendet. Wurde dabei nicht der gesamte Zucker des Mostes vergoren, so spricht man von Restzucker. Je höher der Restzuckerwert ist, desto süßlicher schmeckt der Wein.

Der Jungwein

Der Most hat sich durch die Gärung in Jungwein gewandelt. Dieser muss sich in Folge einer Schulung unterziehen. Dabei werden die Fässer oder Tanks aufgefüllt und verschlossen. Nach vollständiger Beendigung der Gärung wird der Jungwein geschwefelt. Dieser Vorgang ist unbedingt erforderlich, da dabei alle Mikroorganismen und Bakterien abgetötet werden, der Wein haltbar und blank gemacht wird und sich die Hefetrubstoffe auf dem Boden als **Geläger** absetzen. Außerdem wird dabei verhindert, dass durch den Einfluss von Sauerstoff der Jungwein oxidiert und eine bräunliche Farbe annimmt.

Die Lagerung und der Ausbau von Weißweinen

Bis zur Flaschenreife dauert es noch einige Zeit, in der sich der Jungwein mit seiner meist vorhandenen pikanten Säure beruhigen kann. Seine Trubstoffe wie Eiweißflocken und dergleichen setzen sich dabei ab. Unter Umständen kann in dieser Phase der Jungwein auf unter 5 °C herabgekühlt werden, um einen gezielten Weinsteinausfall zu provozieren. Dabei verbinden sich Weinsäure und weinsaure Salze zu Kristallen.

Säuren, Extraktstoffe, Alkohol und Aromastoffe sollen während der Reifung zu einer harmonischen Einheit gelangen. Der Kellermeister wacht nunmehr über seine Schätze und überzeugt sich mithilfe ständiger Verkostungen

Die leichteren Weine (Klassikweine) reifen zumeist in Edelstahltanks. Bei dieser Art der Lagerung bleibt die Fruchtigkeit der Weine perfekt erhalten und keinerlei Holztöne belasten das Primäraroma.

und Analysen vom Qualitätsfortschritt. Kurz bevor der Wein seine Flaschenreife erlangt, wird er der sogenannten **Schönung bzw. Stabilisierung** unterzogen. Eventuell vorhandene Trubstoffe werden dabei gebunden und ausgefiltert.

Große Weine bedürfen einer wesentlich längeren Reifezeit als leichtere Weine. Die Klassikweine werden bei uns in Österreich durchschnittlich um den 1. März in die Flaschen gefüllt und in den Handel gebracht. Reserveweine oder große Lagenweine kommen hingegen kaum vor September in den Verkauf.

Kräftige Weißweine, speziell die Reserveweine, werden in großen Holzfässern gelagert. Das Volumen der Fässer startet bei 1 000 Litern, es gibt jedoch auch wahre Giganten mit einer nach oben hin beinahe offenen Skala.

Wie Rotwein entsteht

Der Unterschied zwischen der Erzeugung von Weißwein und Rotwein ist leicht erklärt: Weißwein vergärt ohne Maische im geschlossenen Tank, während Rotwein auf der Maische im offenen Maischebottich die Gärung durchmacht.

Beim Rotwein ist eine Ganztraubenpressung nicht vorgesehen. Das bedeutet, dass die Trauben entrappt, also die Beeren von den Kämmen der Trauben befreit werden müssen. Nachdem das Lesegut kurz ausgequetscht wird, liegen die zerdrückten Beeren (jetzt als Maische bezeichnet) im eigenen Saft. Vorhandene Hefeenzyme leiten die alkoholische Gärung ein, und der entstehende Alkohol laugt den Farbstoff aus der Schalenhaut. Mit den Farbstoffen werden zugleich auch Gerbstoffe (Tannine) aus den Beerenhäuten extrahiert, die wiederum das Reifegerüst für Rotweine sind. Daher durchlaufen jene Rotweine, die leicht und nicht allzu lange lagerfähig sein sollen, eine kürzere Maischegärung. Jene Rotweine aber, die ein kraftvolles Erscheinungsbild aufweisen und wesentlich länger lagerfähig sein sollen, durchwandern eine intensive und lange Maischegärung. Je länger die Maischestandzeit dauert, umso tanninreicher und farbintensiver wird der Wein.

Maischestandzeit bei Weißweinen

Auch bei der Erzeugung von bestimmten Weißweinen wird die Maische vor der Gärung eine gewisse Zeit stehen gelassen, um möglichst viele Aromastoffe aus den Beerenhäuten herauszulösen.

Während der Maischegärung befördern die dabei entstehenden Kohlensäurebläschen die Bestandteile der Trester an die Oberfläche. Es entsteht der sogenannte **Tresterhut**, der sich auf keinen Fall zu einer kompakten, obenauf schwimmenden Masse wandeln darf.

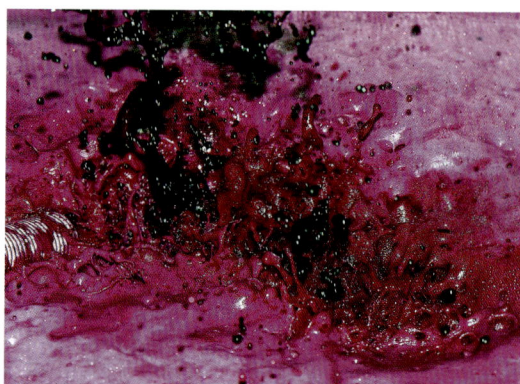

Kellertechnisch kann der Tresterhut mit einem Rührwerk oder durch ständiges Überfluten bewegt werden

Dies deshalb nicht, weil die Gärung des Rotweines wesentlich wärmer als beim Weißwein abläuft und sich zwischen 28 und 30 °C bewegt. Damit es zu keinem „Verbrennen" der Maische kommt – dabei würde der Alkohol „versieden" – muss der Tresterhut dauernd durchgerührt werden.

Unmittelbar nach Beendigung des Gärprozesses wird der Jungwein von der Maische abgepresst und zur Reifung entsprechend gelagert.

Von der Zeit des Schlummerns ...

Speziell die kräftigen Rotweine kommen zur Reifung in Holzfässer. Dabei spielt das Volumen der Fässer eine große Rolle. In Fachkreisen spricht man von der **Lagerung im großen Holz** – damit sind Fässer ab einem Volumen von 1 000 Litern gemeint. Leichte bis mittelkräftige Rotweine schlummern gerne in diesen Behältnissen und nehmen dabei einen zarten Hauch von Holz an.

Wird vom **Ausbau im kleinen Holz** gesprochen, ist damit das klassische Barriquevolumen von 225 Litern gemeint. Je kleiner die Fässer sind, desto intensiver nimmt der Wein während der Reifezeit die Aromastoffe des Holzes auf. Abhängig davon, wie intensiv das „Toasting" (Ausbrennen) der Fässer durchgeführt wurde, gelangen mehr oder weniger kräftige Aromen wie Vanille, Schokolade, aber auch rauchige Aromen (Tabak) und Röstaromen in den Wein.

Manchmal ist auch von der **Lagerung in gebrauchten Fässern** die Rede. Damit sind Barriquefässer gemeint, die bereits verwendet worden sind, wie z. B. für die Portweinlagerung. Leichtere bzw. mittelschwere Rotweine

Lagerung im großen Fass

werden in diesen Behältnissen gelagert, um den Weinen einen dezenten Holzton mitzugeben.

Wie Roséwein ensteht

Will man einen Roséwein erzeugen, so wird dieser ähnlich wie Weißwein produziert. Der wesentliche Unterschied liegt darin, dass die Beeren für einige Stunden vor dem Pressen auf der Maische liegen, um einen zarten Roséfarbton zu gewinnen. Nach dem Abpressen verläuft die weitere Produktion wie beim Weißwein.

Biologisch – eine Grundsatzfrage

Wurden Erzeuger von Biowein noch vor 20 Jahren als „grüne Spinner" abgetan, steigt die Zahl der Winzer, die ihre Weingärten biologisch bzw. biodynamisch bearbeiten, nun von Jahr zu Jahr.

Barrique ade!

Die Zeit der dominanten Barriqueweine scheint in Österreich endgültig dem Ende zuzugehen. Viele Spitzenproduzenten haben sich bereits von den kleinen Barriquefässern verabschiedet und sind auf größere Fässer mit einem Volumen von etwa 500 Litern umgestiegen.

Holz soll und kann eine wunderbare Bereicherung für den Wein sein. Es sollte aber niemals die vorhandene Mineralität des Weines so übertönen, dass diese herrliche Geschmacksvariante nicht mehr zur Geltung kommen kann.

Eine artenreiche Begrünung mit heimischen Blütenpflanzen wird angestrebt

Optimal wäre ein Baum pro Hektar, wobei die Distanz zwischen den einzelnen Bäumen 50 Meter nicht überschreiten sollte

Unter ökologischem (oder biologischem) Weinbau wird die Herstellung von Wein auf der Grundlage möglichst naturschonender Produktionsmethoden unter Berücksichtigung von Erkenntnissen der Ökologie und des Umweltschutzes verstanden. Dazu sind verschiedene Schritte notwendig. Begonnen werden muss mit dem Boden.

Kunstdünger und leicht lösliche Mineraldünger werden in der ökologischen Landwirtschaft nicht eingesetzt. Die Versorgung der Rebstöcke mit Nährstoffen erfolgt ausschließlich über Grünflächen zwischen den Rebzeilen. Es werden Pflanzen verwendet, die in der Lage sind, den Luftstickstoff zu binden, wie z. B. Klee, Wicke, Ringelblume, Schafgarbe, Wilde Möhre und Fenchel. Durch die Begrünung wird aber auch für eine bessere Wasserspeicherung gesorgt. Die artenreichen Grünflächen werden gemäht und gemulcht oder auch nur niedergewalzt. Nur wenn die so erschlossenen Nährstoffe nicht ausreichen, werden organische Dünger wie Biokomposte oder Mist ausgebracht.

Selbstverständlich ist auch der Einsatz von chemisch-synthetischen Insekten- und Pilzvernichtungsmitteln verboten. Gegen den Echten und Falschen Mehltau werden Schwefel, Tonerdepräparate, Fenchelöl und Kupfer (Bordeauxbrühe) sowie Mittel zur Pflanzenstärkung verwendet.

Das Pflanzen von Sträuchern an den Enden der Rebzeilen sowie von Obstbäumen inmitten einer niederwüchsigen Kulturfläche ist von großem Nutzen. Insekten, Vögel und andere Nützlinge werden von ihnen magisch angezogen, und es kommt somit zu einer nachhaltigen Besiedelung des ökologischen Lebensraumes. Ein weiterer Vorteil von Obstbäumen besteht darin, dass sie auch als Sporenfänger dienen – es entsteht dadurch einerseits eine Vielfalt an natürlichen Hefen zur Vinifizierung, andererseits breiten sich Pilze im Weinberg aus, die mit sogenannten Schadpilzen konkurrieren.

Eines der fleißigsten Insekten im Weingarten ist – wie sollte es auch anders sein – die Biene. Indem sie die Blüten bestäuben, liefern Bienen einen wertvollen Beitrag zum Erhalt der pflanzlichen Vielfalt. Durch sie hervorgerufene Fressschäden an den Beeren sind kaum zu befürchten, da blühende Pflanzen bis in den Herbst hinein für genügend Nahrung im ökologischen Weingarten sorgen.

Bleibt nur noch die Errichtung von Holz- und Steinhaufen, die als Unterschlupf und Nisthilfen für Reptilien, Wildbienen, Vögel und Insekten dienen. Gerne lassen sich in biologischen Weingärten auch Raubvögel nieder, die es auf gefräßige Nagetiere abgesehen haben.

Rosen werden nicht nur wegen ihrer Schönheit und ihres Duftes in Weingärten gepflanzt. Da sie schneller vom Mehltau befallen werden als die Weinstöcke, erkennen aufmersame Winzer sofort das kommende Übel und können dementsprechend reagieren.

Das Vorkommen von Bienen, Käfern, verschiedenen Schmetterlingsarten und Vögeln signalisiert eine optimale Balance im Ökosystem

2

WEINE
UND WINZER

Österreichische Weinbauregionen und ihre Gebiete

Österreich blickt auf eine sehr lange Weinbautradition zurück. Durch das Zusammentreffen des kontinentalen, pannonischen und mediterranen (illyrischen) Klimas sowie die geografische Lage werden hervorragende Weine von absoluter Spitzenqualität produziert. Nie zuvor wurden derart hochwertige Weine in dieser Fülle angeboten, was Spitzenplatzierungen von trockenen Weiß- und Süßweinen, aber auch von Rotweinen bei internationalen Weinverkostungen immer wieder bezeugen.

Die Weinbaufläche Österreichs gliedert sich in drei Weinbauregionen, in generische Weinbaugebiete (mit den Namen der Bundesländer) und in 16 spezifische Weinbaugebiete.

Weinbauregionen	Generische Weinbaugebiete	Spezifische Weinbaugebiete
Weinland	Niederösterreich (ca. 27 200 ha)	Wachau, Kamptal, Kremstal, Traisental, Wagram, Weinviertel, Carnuntum, Thermenregion
	Burgenland (ca. 14 000 ha)	Neusiedler See, Neusiedler-See-Hügelland, Mittelburgenland, Südburgenland
	Wien (ca. 600 ha)	Wien
Steirerland	Steiermark (ca. 4 200 ha)	Südoststeiermark, Südsteiermark, Weststeiermark
Bergland	Vorarlberg, Tirol, Kärnten, Oberösterreich und Salzburg (ca. 80 ha). Es werden meist frühreife Sorten von Hobbywinzern angebaut. Die Weine dienen großteils der Eigenversorgung.	

Niederösterreich

Niederösterreich ist die Wiege einer Vielzahl von nuancenreichen, charaktervollen Weinen. Unterschiedliche Bodenstrukturen, Klimatypen und entsprechende Rebsorten sorgen für ein breites Spektrum an Geschmacksprofilen.

In den acht niederösterreichischen Weinbaugebieten, angefangen bei der Wachau im Westen, über das größte Weinbaugebiet Österreichs, das Weinviertel, bis hin zu Carnuntum im Osten, treffen zwei Klimatypen aufeinander – das pannonische Klima mit dem des Voralpenlandes. Daraus ergeben sich wiederum die zahlreichen kleinklimatischen Unterschiede.

Entlang der Donau von Melk bis Klosterneuburg reiht sich ein charmanter Weinort nach dem anderen. Weinbau wird sowohl im flachwelligen Hügelland als auch auf Steinterrassen an steilen Berghängen betrieben. Neben der Paradesorte, dem Grünen Veltliner, hat sich auch der Riesling ins Rampenlicht gesetzt. Diese beiden Rebsorten sind auch im Kremstal, Kamptal und Traisental federführend und werden dort in unterschiedlichsten Ausprägungen gekeltert. Daneben gibt es aber auch Rotweingebiete von sehr gutem Ruf, vor allem um die Gegenden von Tattendorf und Baden, ferner um Haugsdorf, Retz, Matzen und Göttlesbrunn.

Nirgendwo sonst gibt es Kellergassen in einer derartigen Dichte und Vielfalt wie in Niederösterreich. Über Jahrhunderte wurden dort Kelleranlagen in die weit verbreiteten Lössböden gegraben, die man über steile Treppen erreicht. Das Wunderbare an diesen Kellern ist, dass die Temperatur immer konstant bleibt. Im Weinviertel sind es die ausgebildeten Kellergassenführer, die die Besucher durch verträumte Kellergassen führen, auf Besonderheiten hinweisen und die eine oder andere Geschichte zum Besten geben.

Die Wachau

Die Wachau ist eine Kulturlandschaft besonderen Ranges: 33 Kilometer Flusslandschaft ziehen sich zwischen Melk und Krems dahin. Die faszinierende Landschaft des engen Donautals wurde mittlerweile auch zum Weltkulturerbe erhoben. Zahlreiche Burgen als Zeugen der Geschichte wechseln sich ab mit uralten, mühsam von Menschenhand auf schroffen Urgesteinshängen geschaffenen Terrassenanlagen, die einen Eindruck von der harten Arbeit der Winzer geben.

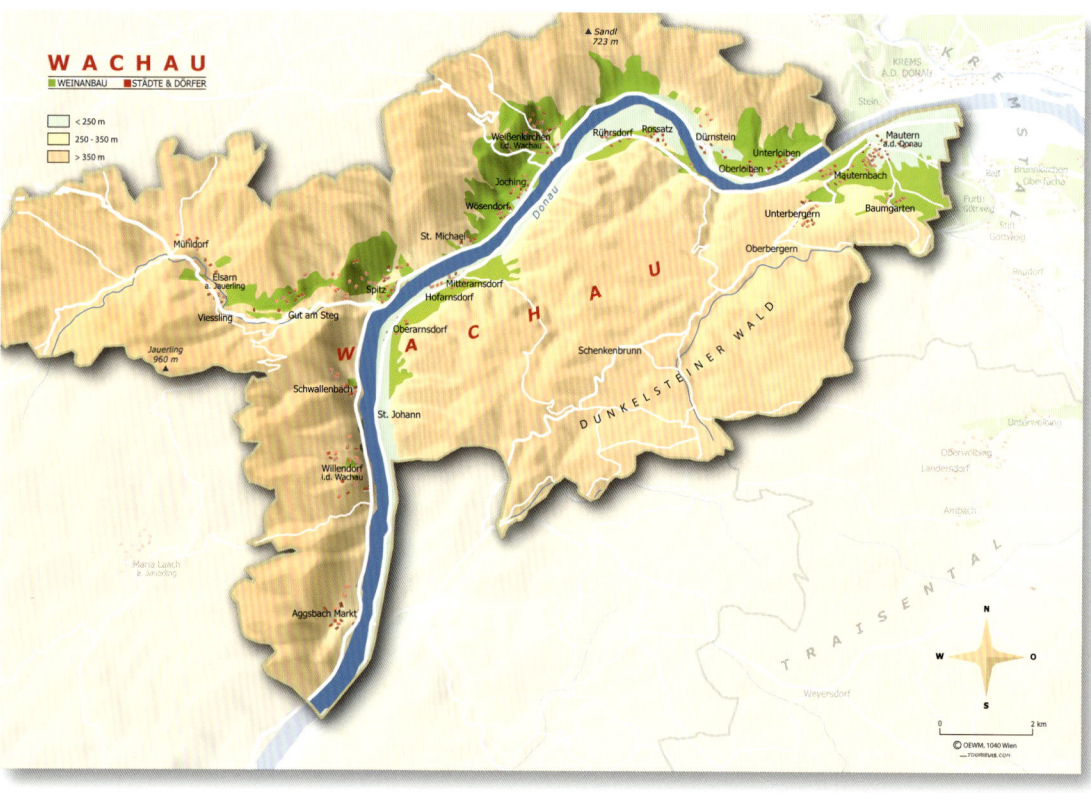

Beliebte Reiseziele sind Orte mit liebevoll restaurierten Häusern wie Dürnstein, Spitz, Weißenkirchen, Joching und Loiben. Weitere markante Eckpunkte sind das prachtvolle Stift Melk im Westen und die Landesweinhauptstadt Krems im Osten, die allerdings genau genommen nicht mehr zur Wachau zählt.

Die Wachau bietet ideale Voraussetzungen für die Entstehung von großen Weinen: warme, trockene Sommer, angenehme Herbsttemperaturen mit warmen Tagen und das Kleinklima der Donau.

Etwa 1 400 Hektar Reben stehen auf verwittertem Urgestein. Hauptsorten sind Grüner Veltliner und Riesling. Daneben gibt es aber auch beachtenswerte Kreszenzen aus der reichen Palette österreichischer Weinsorten.

Die Wachau ist bekannt für ihre idyllischen Orte mit stolzen Bürgerhäusern und Winzerhöfen, wo sich hinter bescheidenen Fassaden häufig Großes verbirgt

Während einer Schifffahrt auf der Donau erhält man die Gelegenheit, die Wachau mit ihren berühmten Lagen aus einem anderen Blickwinkel zu betrachten

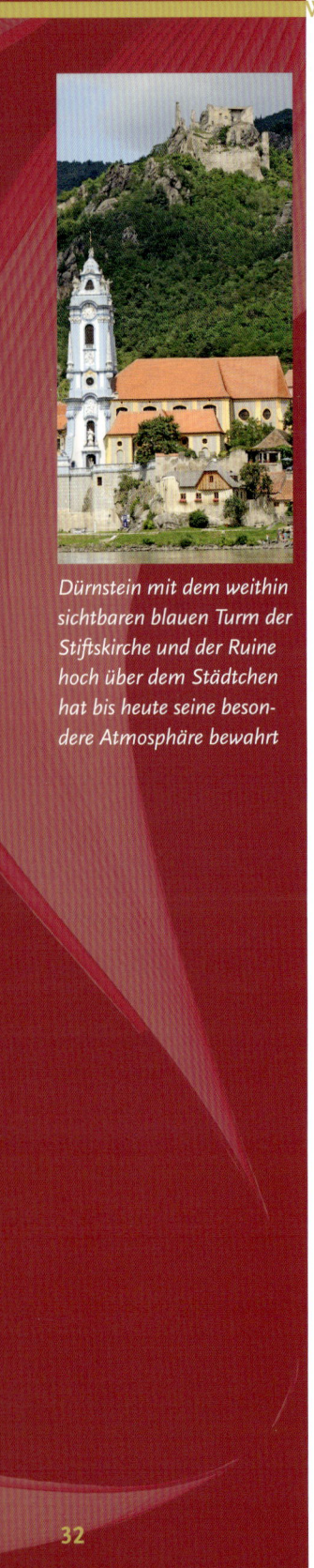

Dürnstein mit dem weithin sichtbaren blauen Turm der Stiftskirche und der Ruine hoch über dem Städtchen hat bis heute seine besondere Atmosphäre bewahrt

Die Terroir-Weine der Wachau: Pfirsich, Marille und kernig-pfeffrige Apfelnoten ...

Die Grünen Veltliner und Rieslinge der Wachau sind unvergleichlich. Schon bei den leichten, frischen Weinen spürt man die klingende Frucht von Pfirsich und Marille, entsprechend ausgeprägter ist sie bei den kräftigeren bis monumentalen Weinen.

Üppiger Schmelz, vibrierende Kraft, Eleganz und Terroir sind es, die Weine aus der Wachau zu weltweit gesuchten Raritäten machen: Eine klein strukturierte Weinwirtschaft, speziell bei den Spitzenproduzenten, führt beinahe jährlich zu einer höheren Nachfrage, als das Angebot sein kann.

Das berühmteste der Weinbaugebiete Österreichs verdankt seine unglaublich raffinierten und eleganten Weißweine nicht nur der großen Klasse der vielen Winzer, sondern auch den geradezu idealen natürlichen Voraussetzungen. Die kühlen Winde aus dem Hochland des Waldviertels verleihen den Wachauer Weinen im Zusammenspiel mit der temperaturregulierenden Wirkung der Donau große Würze und Eleganz, die pannonischen Ströme aus dem Süden geben den „Wachauern" Kraft und Fülle.

Der Besucher wird aber nicht nur durch die Vielzahl großartiger Weine bezaubert, sondern auch von einer der schönsten Landschaften Österreichs. Dahinter stehen Menschen, die sich ihrer Verantwortung gegenüber den oben erwähnten Vorzügen sehr bewusst sind.

Toplagen der Wachau
Der Dürnsteiner Kellerberg

Unmittelbar hinter dem Kellerschlössel erhebt sich die steile, terrassierte Toplage der Wachau.

Die Reben stehen auf dem hellen Gföhler Gneis, der zu 90 Prozent aus Feldspat und Quarz sowie aus Schiefer-Verwitterungsböden besteht. Die hellgrauen Böden verfügen an den Talhängen über kleinere Lössanwehungen. Die Lage ist durch die südöstliche Ausrichtung etwas kühler als der benachbarte Loibenberg.

Im unteren Bereich besteht der Kellerberg aus Schwemmlandböden (Alluviumböden, von lat. „alluvio" für Anschwemmung) mit guter, leicht sandiger Erde. Mehr als die Hälfte der Lage ist mit Rieslingstöcken bepflanzt, die sich hier besonders fruchtbetont und mit einer einzigartigen Mineralik präsentieren. Grüne Veltliner aus dieser Spitzenlage bestechen durch ein würzig-kräftiges Aroma mit Tiefgang.

Der Loibenberg

Der Loibenberg mit seiner südlichen Ausrichtung besteht aus kargem Urgestein mit Lössschichten in den unteren Lagen. Er bekommt von allen Wachauer Spitzenlagen die meiste Sonne ab und verfügt daher über das wärmste Klima der Wachau. Die Konsequenz daraus ist, dass hier die Trauben am frühesten reif werden und der Erntebeginn in der Wachau vom Loibenberg ausgeht. Die unteren Lagen dieser Riede liefern extraktreiche, vollmundige Weine. Aus den oberen, kühleren Zonen kommen mineralische, etwas schlankere Rieslinge mit Tiefgang.

Loibenberg

Die Weißenkirchner Achleiten

Bereits seit dem 12. Jahrhundert wird auf diesen trockenen Steinterrassen nachweislich Wein angebaut. Den oberen Teil der Lage beherrscht Gföhler Gneis, am unteren Hang kommen häufig dunkle, oft geschieferte Feldspatgesteine vor, wodurch die Unterlagen etwas tiefgründiger sind und das Wasser besser speichern. Die Stilistik der Weine lässt sich am besten mit sehr mineralisch, kräftig und fruchtbetont beschreiben.

Die Riede Klaus

Ende der 1950er-Jahre wurde diese Lage von Josef Jamek in harter Handarbeit angelegt. Sie gilt als Paradebeispiel für Terrassenweinbau. Extrem steile sowie karge, „knöcherne" Urgesteinsböden als perfekter Wärmespeicher und die Donau als Feuchtigkeitsspender – das ist Mikroklima in Reinkultur.

Josef Jamek (siehe S. 196) machte mit Rieslingen dieser Lage die entscheidenden Schritte für den Wachauer Weinstil.

Der Tausendeimerberg in Spitz

Bereist man von Melk kommend die Wachau, so heißt bereits der Tausendeimerberg die Weinliebhaber herzlich willkommen. Dieser nach Süden ausgerichtete, terrassierte Berg ist das prägende Zeichen für den Weinbau des gesamten Gebietes.

Den Namen verdankt der Berg übrigens einer Zeit, in der eher die Quantität als die Qualität im Weinbau im Vordergrund stand. Man sprach von einem guten Weinjahr, wenn der Berg 1 000 Eimer Wein lieferte. Das entspricht 56 000 Litern. Heute sind es wesentlich weniger ...

Der Spitzer Singerriedel

Auch diese Lage beheimatet extrem steile Rebanlagen, die üblicherweise südlich ausgerichtet sind. Karge Verwitterungsböden oben sowie leichte Lössanwehungen im unteren Bereich erklären, warum Riesling (oben auf dem Berg) und Veltliner (im unteren Hangbereich) langlebige, kernige und sortentypische Weine hervorbringen.

Die Trockensteinmauern in der Wachau werden aus Natur- und Bruch-stein ohne Mörtel errichtet. Das Schlichten der Steine für diese einzigartigen Bauwerke erfordert Geduld, Gefühl und Erfahrung.

Emmerich Knoll: „Wir haben uns bereits vor 25 Jahren für das Hand-werkliche im Weinbau entschieden – und das mit aller Konsequenz. Wir brauchen auch eine strikte Herkunftsrege-lung, und natürlich stehe ich voll und ganz zum Codex Wachau. Traditio-nelles und Modernes – das steht in der Wachau auf breiten Beinen."

Emmerich Knoll jun. – ein erfolg-reicher Weg wird fortgesetzt!

In Loiben treffen wir Emmerich Knoll – jenen Emmerich, der der „next generation" angehört, und plaudern mit ihm über Tradition, Moder-nes, Verstaubtes und Änderungsbedürftiges …

„Die Wachau", so erklärt er uns, „dieser kleine Landstrich, ist natürlich von den terrassierten Weingärten geprägt. Diese Weingärten wurden bereits vor über 500 Jahren mit Trockenstein angelegt. Damals war der Weinbau klösterlich verbunden, und die Geschichte des Gebietes wurde nicht nur von Richard Löwenherz und seinem Sänger Blondel geprägt. Es waren die Menschen, die mit ihrer Heimat verbunden waren und in mühevoller Handarbeit das ge-schaffen haben, was uns heute zugute kommt: eine intakte Landschaft mit gelebter Kultur."

„Klimatisch befinden wir uns hier an den Aus-läufern des pannonischen Klimas, wesentlich beeinflusst von der Kühle der Waldviertler Fall-winde, die speziell durch die Spitzer Gräben die Region erreichen und dadurch viele mik-roklimatische Einflüsse erwirken – was dazu führen kann, dass sich die Reifephase um bis zu zwei Wochen verzögert."

Weingärten

Unübersehbar erkennt man burgunderähnliche Verhältnisse. Von Steinmauern eingerahmte Weingärten (im Burgund würde man sie wohl als „Clos" bezeichnen) prägen das Bild. „Der Fokus der Topbetriebe ist zweigeteilt: Einerseits liegt er auf den Lagen und andererseits auf zwei Sorten – Riesling und Veltliner", so Emmerich Knoll. „Die Weingärten an der Donau haben zu-meist diese Schwemmlandböden: Schotter, Kie-sel und so weiter, daher wenig Wasserhaltekraft, was den Burgundersorten entgegenkommt. An den Hängen befinden sich Lössauflagen – dort sollte der Veltliner ausgepflanzt sein. Auf den kargen Böden der Terrassen ist es das aufgelegte

Terroir für Riesling. Der kommt mit wenig Wasser aus, und so gelingt es uns gut, dass Terroir ins Weinglas zu bringen."

Auf meine Frage, wodurch sich die zwei besten Lagen des Gebietes – der Kellerberg und der Loibenberg – unterscheiden, erklärt uns Emmerich Knoll: „Der Kellerberg liegt an einer Südostflanke, und die Gräben bringen viel frische Luft vom Norden her in die Anlage. Deshalb ist es auf dem Kellerberg immer etwas kühler als auf dem Loibenberg. Letzterer liegt ganz breit da und ist nicht mit kühlen Fallwinden konfrontiert, zudem geben die Steinterrassen die Wärme in der Nacht an den Stock weiter. Unsere Lage Schütt liegt südwestlich des Kellerberges und bekommt noch einiges von den Fallwinden ab, was wiederum für entsprechendes Aroma sorgt. Zur Abrundung gibt es dann in Loiben noch die Lage Kreutles – eine Bergflusslage mit einem deftigen Mischboden aus Donauschotter, Löss und Verwitterungsböden. Dort wird unser Veltliner zwar etwas schlanker, hat aber dafür eine spürbare Würze und bringt sehr charaktervolle Weine hervor."

Der Codex Wachau

Die rund 200 Betriebe in der Vinea Wachau bezeichnen ihre besten Qualitäten mit den Marken Steinfeder ®, Federspiel ® oder Smaragd ®.

Zusammengefasst sind die Regulierungen der Vinea-Wachau-Winzer seit Mai 2006 im „Codex Wachau", der im Wesentlichen auf sechs Säulen basiert:

Strengstes Herkunftsprinzip

Der Wein kommt ausschließlich aus dem Anbaugebiet Wachau und muss im Weinanbaugebiet Wachau in Flaschen gefüllt werden.

Keine Anreicherung

Die Vinea-Winzer verzichten bei den Marken Steinfeder, Federspiel und Smaragd auf jegliche Anreicherung (Chaptalisierung, siehe S. 19). Das heißt, dass das von Natur und Jahrgang vorgegebene Reifepotenzial und der daraus resultierende natürliche Zuckergehalt der Trauben allein und ausschließlich bestimmend für die Qualität im Glas sind. Daraus ergibt sich in weiterer Folge die Verwendung der Vinea-Marken.

Keine Konzentrierung

Es wird auf jegliche Konzentrierung verzichtet. Die natürliche Zusammensetzung von Most und Wein darf durch technische Verfahren nicht verändert werden.

Keine Aromatisierung

Es findet garantiert keine Aromatisierung statt. Das heißt, man verzichtet auf eine Verfälschung der natürlichen Aromenstruktur – weder der Einsatz von Barrique noch von Holzchips oder Tanninpulver ist gestattet.

Keine Fraktionierung

Es findet garantiert keine Fraktionierung statt. Das Zerlegen des Weines in seine Einzelbestandteile und das willkürliche Wiederzusammensetzen (Spinning Cone Column, kurz SCC, d. h. Schleuderkegelkolonne) wurde von der EU für Weine aus Amerika auf dem EU-Markt gestattet. Die Vinea-Winzer betrachten diese

Technik als Verrat an der Natur und machen davon selbstverständlich keinen Gebrauch.

Natur und sonst nichts

Bei den Marken Steinfeder, Federspiel und Smaragd wird auf viele Möglichkeiten der modernen Weinwirtschaft verzichtet. Das Credo lautet: keine Manipulationen wider die Natur.

An schönen Tagen sonnen sich die Smaragdeidechsen auf den Weinbergterrassen und sind so zum Symbol für Wachauer Trauben mit vollendeter physiologischer Reife und Eleganz geworden

Steinfeder, Federspiel, Smaragd – drei klingende Namen

Ursprünglich hatte man das Premiumsegment noch als Honifogl (österreichische Dialektbezeichnung für den Hänfling oder Hanfvogel, der sich gerne von Hanfkörnern und Weintrauben ernährt) bezeichnet. Mit dieser Benennung stieß man jedoch auf markenrechtliche Probleme. Und so entschloss man sich ab dem Jahrgang 1986 zu einer neuen Bezeichnung– nämlich Smaragd, benannt nach den Smaragdeidechsen, die sich gerne auf den steilen Steinterrassen der Wachauer Weingärten sonnen.

Der Name Federspiel ist auf die Falknerei oder Beizjagd zurückzuführen – eine gerade in der Wachau in früheren Zeiten übliche Form der herrschaftlichen Jagd

Die Qualitätsmarken der Vinea Wachau

Steinfeder – leicht und spritzig

Steinfederweine sind leichte Qualitätsweine mit maximal 11,5 Vol.-% Alkohol sowie einem würzig-fruchtigen Aroma (Grüner Veltliner) oder einer erfrischenden, fruchtigen Spritzigkeit (Riesling) – kurzum: Sie sind der Inbegriff eines perfekten „Terrassenweines".

Als Speisenbegleiter passen diese Weine hervorragend zu kalten Vorspeisen.

Der Name leitet sich vom Steinfedergras ab, das geschützt ist und auf den Terrassen der Wachauer Weinberge in unmittelbarer Nachbarschaft zu den Reben wächst

Federspiel – elegant und mittelgewichtig

Federspiel ist ein Kabinettwein mit einem Alkoholgehalt von 11,5 bis maximal 12,5 Vol.-%.

Bei den Federspielweinen, die hauptsächlich als Grüner Veltliner oder Riesling angeboten werden, handelt es sich um interessante, gehaltvolle und finessenreiche Weine. Die Typizität des Terroirs und der Sorte stehen im Vordergrund.

Man serviert sie gerne zu leichten, warmen Vorspeisen, Fisch oder Hauptspeisen ohne Sauce.

Smaragd – hochreif und kraftvoll

Smaragd ist ein Kabinettwein bzw. eine Spätlese (ab 18,2° KMW) mit mindestens 12,5 Vol.-% Alkohol.

Smaragdweine glänzen durch ihre unaufdringliche Opulenz. Bei diesen großen Wachauer Weinen kommen Lage und Sorte perfekt zum Ausdruck und können somit zu Recht in allen Ligen der Weinwelt mitspielen.

Sie eignen sich als Begleiter zu großen Speisen und sind Weine zum Genießen.

F. X. Pichler – eine Weltmarke aus Österreich

Einer, für den die Bewahrung der Tradition und ein moderner Auftritt keinen Widerspruch darstellen, ist Lucas Pichler.

Die eindrucksvolle Atmosphäre des neuen imposanten Gebäudes ist spürbar und trägt dazu bei, dass wir ganz entspannt – einige Meter über den Rebanlagen – darüber plaudern, was es denn ausmacht, immer an der Spitze der österreichischen Paradewinzer zu stehen und einer Marke wie F. X. Pichler gerecht zu werden.

„Wir haben in den letzten Jahren keine Modetrends mitgemacht, sondern uns auf Traditionelles gestützt und auf das konzentriert, was für uns wichtig ist: das Optimale aus unseren Lagen rauszuholen und immer die Qualität vor die Quantität zu stellen. Mit dem unterzeichneten Codex aller Qualitätswinzer sind irgendwelche kellertechnischen Tricks von vornherein ausgeschlossen, und wenn in anderen Gebieten jährlich zwei bis drei neue Spitzenwinzer dazukommen, so ist das bei uns in der Wachau ja gar nicht möglich. Der Terrassenweinbau zwingt uns geradezu in einen kleineren Rahmen.“

Zu den unterschiedlichen Bedingungen meint Lucas Pichler, dass es in Loiben immer etwas wärmer ist als beispielsweise in Spitz, wo die Weine über eine frischere Säure verfügen. Die Alluviumböden in Loiben haben einen geringeren Humusanteil und natürlich auch eine viel geringere Wasserhaltekraft. Das wirkt sich natürlich mit einer moderateren Säure aus.

Das Haus Pichler hat sich den Rebsorten Grüner Veltliner und Riesling verschrieben, schön aufgeteilt auf jeweils 50 Prozent. Von der Gesamtproduktion entfallen etwa 75 bis 80 Prozent auf Smaragdweine, die wiederum ausschließlich von den Terrassenanlagen stammen. Die Federspielweine kommen aus den flacheren Lagen. „Wir produzieren keine Steinfederweine, manchmal wird uns das als Arroganz ausgelegt, aber es hilft alles nichts – wir haben nicht die Lagen dafür. Mein Großvater hat schon in den 1950er-Jahren erkannt, dass die besten Weine von den Terrassen kommen, und daher das Augenmerk auf diese Lagen gelegt. Heute sind kaum noch interessante, zu uns passende Lagen zu bekommen.“

Lucas Pichler: „Mein Großvater hat schon in den 1950er-Jahren erkannt, dass die besten Weine von den Terrassen kommen.“

Weingut F. X. Pichler

Bis zu vier Lesedurchgänge werden gemacht, und die letzte Traubensorte, die geerntet wird, ist der Grüne Veltliner. Hier zieht sich die Lese bis Ende November, manchmal sogar in den Dezember hinein. „Ich kann nur aus reifen, guten Trauben einen Spitzenwein machen. Im Flachen ist es einfacher, zu lesen, da haben wir eine homogene Reife, aber auf den Terrassen steht beinahe jeder Stock anders zur Sonne, und jene Stöcke, die an der Mauer stehen, bekommen – speziell in der Nacht – mehr Wärme ab. Wir schauen uns das eben dauernd an und beginnen dort mit der Lese, wo es notwendig ist."

Ständig mit dem Image des Vaters leben zu müssen, ist für Lucas Pichler absolut kein Problem. „Ich habe bereits zehn Jahrgänge gemacht, wir sind und sehen uns als Team. Die Weine „F. X. Pichler" sind eine tolle, zur Marke gewordene Produktpalette, und mit dem Neubau haben wir uns eine arbeitstechnische Erleichterung geschaffen. Deswegen wird sich aber unser Weinstil keinesfalls ändern."

Kellertechnisch wird wie immer alles gerebelt, und die Federspielqualität bekommt eine Maischestandzeit von 4 bis 6 Stunden. Die Smaragdkategorie kann gekühlt 12 bis 14 Stunden auf der Maische stehen. Dadurch wird eine optimale Aromaauslaugung erreicht. Die noblen, zurückhaltenden Weine werden ausschließlich im Stahltank gelagert. Smaragde hingegen kommen zur Reifung für sechs Monate in das große Holz. Das sorgt für runde vollmundige Weine.

Die Zukunft der Wachau sieht Lucas Pichler ganz klar: „Die Grundlinie wird sich nicht ändern. Wir haben unseren Stil und werden auch in Zukunft keine Modetrends mitmachen. Die Kategorien Steinfeder, Federspiel und Smaragd haben der Wachau viel gebracht. Wir haben damit ein klares Profil und vermitteln unseren Kunden, dass bei uns alles trocken ausgebaut wird. Ich sehe Federspiel als wichtigste Kategorie für das Gebiet, das sind die klassischen Trinkweine.

Wichtig ist einfach, das wir bei unserem Traubenmaterial immer eine optimale physiologische Reife erreichen. Dann kann im Keller nicht mehr viel schiefgehen. Wir haben halt immer größte Schwierigkeiten bei der Verteilung der Ware an unsere Kunden. Wir wollen unsere Stammkunden nicht verärgern, können aber nur die Ware verteilen, die wir haben. Für den Export bleibt daher immer zu wenig übrig. Wir wollen und können das aber nicht ändern, da wir im Inland mit unseren Weinen entsprechend verankert sein müssen."

„Die Wachau ist konservativ, und wir heben uns diesbezüglich sehr wohl von anderen Gebieten ab."

Das neue Gebäude schmiegt sich förmlich in die Landschaft

Domäne Wachau – ein Weingut mit Geschichte und Zukunft

Eine große Rolle in der Verarbeitung und Vermarktung spielt seit jeher „die" Qualitätsgenossenschaft der Wachau – eine für das Gebiet aufgrund der kleinen Strukturen notwendige Einrichtung.

Die Wachau zählte schon immer zu den klein strukturierten Weinbaugebieten. Unter Fachleuten werden diese Bedingungen deshalb auch des Öfteren als „burgunderähnliche Verhältnisse" bezeichnet. Die Größe eines durchschnittlichen Weingartens liegt unter einem Hektar pro Weinbaubetrieb, ein Umstand, der dazu führt, dass viele Weinbauern ihre selbst geernteten Trauben nicht zu Wein verarbeiten. Die Genossenschaft übernimmt nun die Aufgabe, die Trauben der „Mitbesitzer" entsprechend zu verarbeiten. Die Traubenpreise werden jährlich vom Vorstand festgelegt, und die Lieferanten werden nach einem Schlüssel, der sich aus Menge und Qualität errechnet, bezahlt. Es wird von der Domäne Wachau keine einzige Traube verarbeitet, die nicht aus der Wachau stammt.

440 Hektar – also ein Drittel der gesamten Wachau – werden von der Domäne Wachau verarbeitet. Alle berühmten Lagen befinden sich in ihrem „Portfolio": vom Spitzer Tausendeimerberg über die Weißenkirchner Achleiten bis zum Dürnsteiner Kellerberg und dem Loibenberg, um hier nur einige der wichtigsten Rieden zu nennen.

Die erste urkundliche Nennung der Domäne Wachau geht auf das Jahr 1137 zurück, diese

Kellerschlössel

wurde damals als „Weingut der Herrschaft zu Dürnstein und Thal Wachau" bezeichnet. Zwischenzeitlich befand sich das Weingut im Besitz der Habsburger. Ehe es gegen Ende des 18. Jahrhunderts an das Geschlecht der Starhemberger ging, war es in kirchlichem Besitz. Aus dieser Zeit (1714–1719) stammt auch der Bau des „Kellerschlössels", das nach Plänen des berühmten Architekten Jakob Prandtauer errichtet wurde. Das barocke Schlössel diente als „Ort des Genusses" für die Äbte des Klosters Dürnstein und scheint heute als Emblem der Domäne auf allen Etiketten auf.

Der Startschuss zur Genossenschaft fiel 1938, als die Weinkellerei von Georg von Starhemberg an die damaligen Pächter verkauft wurde. Heute zählt diese Genossenschaft zu den besten Kellereibetrieben und wird von zwei absoluten Spitzenleuten der Weinbranche geführt: **Roman Horvath** und **Heinz Frischengruber.** Ihre Produkte haben einen Dauerplatz an der Spitze der österreichischen Weißweine gepachtet.

Deshalb überzeugten die beiden vorerst die Vorstandsmitglieder davon, als Leitfiguren für alle weiteren Mitglieder der Genossenschaft zu fungieren. Im Detail wurde an einer optimalen Zusammenarbeit mit den Mitgliedern gefeilt und ein Qualitätsmanagement für die Bearbeitung der Weingärten eingeführt. Dies führte sogar so weit, dass eine spezielle Wachauer Begrünungsmischung für die Wachauer Lagen kreiert wurde. Natürlich waren anfänglich keine unmittelbaren Erfolge erkennbar, aber nach zwei bis drei Jahren begannen die gesetzten Maßnahmen zu greifen.

„Die Weingärten sind eine Monokultur, und da bedarf es einer speziellen Behandlung. Unsere Traubenlieferanten sollen das als Ganzes sehen, und der Winzer muss verstehen, was ich unter Qualität verstehe. Je besser das Traubenmaterial ist, desto weniger Arbeit habe ich im Keller!" So skizziert **Heinz Frischengruber**, der unter anderem an der weltberühmten Universität in Geisenheim Önologie studierte, seine Philosophie.

Roman Horvath und Heinz Frischengruber – ein kongeniales Duo sorgt für frischen Wind

2004 bzw. 2005 traten die beiden als Geschäftsführer bzw. als Önologe in das Unternehmen ein und haben seither einen kompromisslosen Qualitätsweg eingeschlagen. Natürlich mussten die zwei „Neuen" zuerst einmal vor den Augen der Mitglieder bestehen.

Roman Horvath, der berufliche Erfahrung in Frankreich und Chile gesammelt hat, ist einer von zwei Weinprofis in Österreich, die den Titel „**Master of Wine**" tragen dürfen. „Wir haben gegenüber unseren Mitgliedern auch eine soziale Verpflichtung und streben natürlich mittel- und langfristig bessere Traubenpreise an. Die harte Arbeit in den Weinbergterrassen muss sich ganz einfach auch bezahlt machen. Die Wachau kann sich nur über die Toplagen definieren – die sind ja schließlich wesentlicher Teil der Kulturlandschaft und unser historisches Erbe."

Die Qualitätssicherung geht so weit, dass in den einzelnen Gemeinden vor der Ernte Lesebesprechungen abgehalten werden. Dabei werden, so es die Natur zulässt, zwei bis vier Erntedurchgänge angestrebt. In der Folge wird ein Leseplan erstellt, und die Traubenlieferanten bringen ihre Ware zu einer der vier Übernahmestellen in Dürnstein, Spitz, Joching und Rossatz-Arnsdorf auf der rechten Donauseite. Somit ist gewährleistet, dass nur gesundes und bestes Traubenmaterial weiterverarbeitet wird, da jede Traube geprüft wird – und Heinz Frischengruber die perfekte Grundlage für gute Weine geliefert bekommt.

Kellertechnisch versucht Heinz Frischengruber erst gar nicht einzugreifen, um das Entfaltungspotenzial speziell bei den Lagenweinen optimal nutzen zu können.

Roman Horvath ergänzend: „Wir haben zu unserem Start das **Bonitur-System** eingeführt, das im Wesentlichen nichts anderes als ein Qualitätssicherungssystem ist. Die freiwillige und partnerschaftliche Zusammenarbeit mit den Mitgliedern ist dabei festgehalten. Es stützt sich auf die Faktoren der Weingartenbesichtigung und Ertragsbeschränkungen. Da wir aufgrund der schwierigen Lagenverhältnisse deutlich unter 6 000 kg pro Hektar liegen, werden die Entstehungskosten in die Höhe gedrückt. Deshalb versuchen wir auch,

den Einsatz diverser Pflanzenschutzmittel so niedrig wie möglich zu halten.

Fragt man bei Roman Horvath nach, wie er die Entwicklung in der nahen Zukunft sieht, so zeigt er sich überzeugt davon, noch mehr im Export aktiv sein zu müssen. „In Österreich ist der Markt für uns gesättigt, das beste Potenzial hat für uns der Markt in Deutschland, Holland, England, Skandinavien, Schweiz und den USA.“

„In Österreich sehen wir auch keinen Konflikt mehr darin, sowohl im Fachhandel und in der Gastronomie als auch im Lebensmitteleinzelhandel positioniert zu sein. Viele namhafte Weinbaubetriebe gehen diesen Weg. Freilich, die Preisstruktur muss dabei transparent und nachvollziehbar sein.“

Auf die Frage, wie sich beide Herren den Wachauer Wein für die Zukunft wünschen, gibt es überhaupt keinen Zweifel: „Die Einzigartigkeit der Lagen soll sich in straffen, fruchtbetonten und eleganten Weinen mit perfekter Balance widerspiegeln. Mineralische und finessenreiche Kreszenzen wollen wir haben und irgendwelche Modetrends machen wir sowieso nicht mit!“

Dem, meine Herren, ist – außer tief empfundenem Respekt – nichts hinzuzufügen!

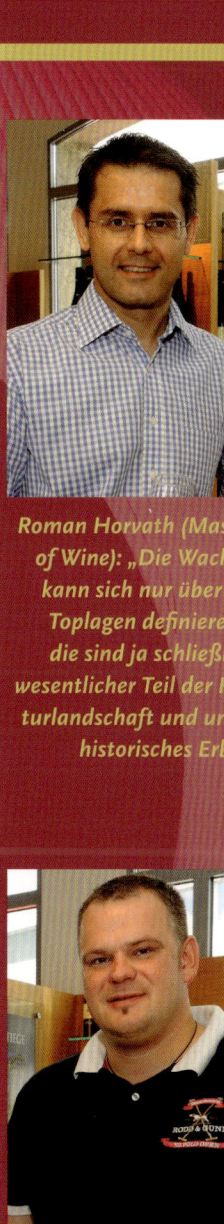

Roman Horvath (Master of Wine): „Die Wachau kann sich nur über die Toplagen definieren – die sind ja schließlich wesentlicher Teil der Kulturlandschaft und unser historisches Erbe.“

Heinz Frischengruber: „Je besser das Traubenmaterial, desto weniger Arbeit habe ich im Keller!“

Das Kamptal

Verwittertes Urgestein auf den Berglagen, das auf den Osthängen von Löss oder Lehm abgelöst wird, bildet den Boden, der vor allem dem Veltliner entgegenkommt. 3 870 Hektar sind hauptsächlich mit Grünem Veltliner und Riesling bestockt. Gute Ergebnisse liefern aber auch Weißburgunder (Pinot blanc) und Chardonnay. Die Bedeutung von Rotweinsorten, oft als Cuvées ausgebaut, steigt.

An der Mündung des Flusses Kamp in die Donau öffnet sich das Kamptal nach Südosten und damit auch dem Einfluss des pannonischen Klimas. Heiße Tage fördern die Reife der Trauben, während der Kaltluftzufluss aus dem Waldviertel für kühle Nächte sorgt. Dies verleiht den weißen Trauben die würzige Aromatik, das feine Säurespiel und ihren unvergleichlichen, kristallklaren, mineralischen Charakter. Klar, dass auch die Rotweine von solchen Bedingungen profitieren – mit ihrer feinbeerigen und delikaten Frucht zählen sie zu den elegantesten des Landes.

Der Verlauf des Kamps bildet die natürliche Verbindung zwischen dem Donautal und dem bis zu 600 Meter höher gelegenen Waldviertel. In einer muschelförmig nach Süden geöffneten Talwindung liegt **Langenlois, Österreichs größte Weinstadt.** Hier dominieren Urgesteins-, Lehm- und Lössböden.

Direkt gegenüber, also jenseits des Kamps, beherrscht der **Zöbinger Heiligenstein** mit seinen berühmten Terrassenlagen den Taleingang. Durch diese natürliche Kessellage wird die Sonneneinstrahlung besonders konzentriert eingefangen, was dazu führt, dass die Temperaturen tagsüber im Weingarten relativ hoch sind. Abends aber strömt kühle Luft aus dem nördlich angrenzenden Waldviertel ein. So entsteht jenes Wechselspiel zwischen Erwärmung und Abkühlung, das für die Ausbildung feiner Fruchtaromen bedeutsam ist.

Weitere bekannte Weinorte sind Gobelsburg, Zöbing, Kammern und Strass im Strassertal,

überragt vom schon erwähnten markanten Heiligenstein, der schon 1280 als Hellenstein erwähnt wurde – also ein Berg, auf den die Sonne „höllisch" heiß brennt. Dieser berühmteste Kamptaler Weinberg besteht aus 270 Millionen Jahre altem Urgestein und bildet das Herzstück des gleichnamigen Naturschutzgebietes. Von der legendären Lage Heiligenstein stammen nicht nur einige weltberühmte Tropfen, sondern man hat von dort auch einen beeindruckenden Ausblick über die gesamte Region. Besonders im Spätsommer ist der Heiligenstein ein beliebtes und äußerst attraktives Ziel für Wanderer.

Toplagen des Kamptales
Der Zöbinger Heiligenstein

Der Zöbinger Heiligenstein zählt nicht nur für mich zu einer der besten Rieslinglagen Europas.

Der Berg ist schon etwas in die Jahre gekommen – wie Experten meinen, ist der Mutterboden ungefähr 270 Millionen Jahre alt – aber er hat es immer noch in sich. Der Wüstensandstein mit vulkanischen Bestandteilen und das brüchige Gestein ermöglichen es den Wurzeln, an mineralische Stoffe zu gelangen, die dem Wein eine jugendliche Frische und Tiefgang verleihen, die Jahrzehnte anhalten.

Die Riede Lamm

Der Untergrund dieser östlichen Teillage des Heiligensteins ist ein sehr kalkreicher, mit Lehm und Siltstein (Schluff) ausgestatteter Boden. Diese Riede ist eine der heißesten Lagen rund um den Heiligenstein. Daher erlangen

hier die Trauben eine besondere Reife und ein sehr dichtes Extrakt, was zur Folge hat, dass der Grüne Veltliner besonders mächtig wirkt und leicht in Richtung Burgunder tendiert – die Quintessenz des Machbaren eben. Die logische Konsequenz daraus: Wer den frisch-fruchtigen und pfeffrigen Veltliner bevorzugt, sollte die Finger davon lassen. Aber es gibt ja genügend Alternativen ...

Der Gaisberg

An sich kann man die Riede Gaisberg auch als südöstlichsten Ausläufer des Manharts-berges bei der Gemeinde Kammern betrachten. Die Erhebung liegt, nur durch die Riede Lamm getrennt, in Nachbarschaft zum Hei-ligenstein.

Diese Riede besteht zum Großteil aus Verwitte-rungsgestein mit Braunerdeauflage. Im oberen Teil gibt es Böden aus verwittertem Glimmer-schiefer. Der untere, etwas östliche Bereich zeigt eine sandige Lössauflage und ist daher besonders gut für unsere nationale Paradesorte – den Grünen Veltliner – geeignet.

Der Käferberg

Der Käferberg weist ebenfalls im Untergrund karges Urgestein auf, das von tonhaltigen Meeresablagerungen überlagert wird, die für zusätzliche Kraft und Dichte des Weines sorgen. Der Käferberg gilt heute als die Kamptaler Toplage für Grünen Veltliner. Die Veltliner aus dieser Lage sind besonders fruchtig-würzig und zeigen sich von einer vielschichtigen Seite ...

Riede Dechant

Geprägt ist diese Riede von tiefgründigem Löss, wodurch eine optimale Wasserversorgung durch das „Schwammverhalten" der Rebstöcke stattfindet. Die flache Lage mit süd-östlicher Ausrichtung ist von Nordosten her windgeschützt. Dadurch erfahren die Rebstöcke eine gleichmäßige Reifung der Trauben. Die Stöcke können wegen der Lössauflage sehr tief wurzeln. Ältere Rebstöcke, die hier stehen, führen zu einer natürlichen Ertragsreduktion. Dieser geringe Ertrag in Verbindung mit der traditionellen kleinbeerigen Selektion bringt Jahr für Jahr mächtige und ausdrucksstarke Grüne Veltliner hervor.

DAC – eine neue Herkunftsbezeichnung

Mit der Herkunftsbezeichnung „DAC" wird die Vermarktung regionaltypischer Qualitätsweine verstärkt. DAC steht für „Districtus Austriae Controllatus", was übersetzt so viel bedeutet wie „österreichische kontrollierte Herkunftsbezeichnung".

Damit reiht sich Österreich ein in die Riege der großen Weinbauländer wie Frankreich, Italien und Spanien, wo der Name sich mehr auf die Herkunft bezieht als auf die Rebsorte. Das Gebiet prägt den Stil der Weine oft viel mehr als die Sorte und der Zuckergehalt der Trauben. Nur ein Wein, der gebietstypisch schmeckt, wird auch danach benannt (wie wir es bei Rioja, Chianti und Bordeaux bestens kennen).

Ein DAC-Wein ist also grundsätzlich kein neuer Wein. Es handelt sich dabei um Qualitätsweine, die geschmacklich unverkennbar für ihre Herkunft aus einem bestimmten Weinbaugebiet stehen. Diese Weine tragen anstelle der Bezeichnung Qualitätswein die Bezeichnung DAC. Entscheidend ist aber nicht das Kürzel DAC, sondern der geografische Begriff, der davorsteht.

Weine mit DAC-Status punkten mit einem **klaren, gebietstypischen Geschmacksprofil** – sie halten, was sie auf dem Etikett versprechen. So präsentiert sich z. B. der Kamptal DAC Klassik Grüner Veltliner immer fruchtbetont mit feiner Würze, während der Weinviertel-DAC Klassik ein trockener, feinfruchtiger, würzig-pfeffriger Grüner Veltliner ist.

Für den österreichischen Export wird es in Zukunft deutlich einfacher werden, österreichischen Wein marketingstrategisch zu positionieren. Bisher war die Vermarktung auf-grund der großen Vielfalt der Rebsorten, der Anbauregionen sowie der vielen Anbaugebiete mit ihren vielen Einzellagen relativ schwierig.

Aber auch der Handel soll künftig mit größeren Mengen beliefert werden können, weil jedes DAC-Gebiet seinen gebietstypischen Wein nach den vom regionalen Weinkomitee bestimmten Vorgaben vermarkten kann, wie z. B.:

- bestimmte Rebsorte,
- bestimmte Fruchttöne,
- Holzeinsatz oder Botrytis-Ton (DAC-abhängig),
- bestimmter Alkoholgehalt,
- bestimmte Geschmacksrichtung (trocken),
- maximaler Restzucker,
- Erstvermarktungstermin.

Alle anderen Qualitätsweine eines DAC-Gebietes dürfen als geografische Herkunft nur mehr das übergeordnete Weinbaugebiet (Bundesland) auf dem Etikett anführen.

Die DAC-Weine des Kamptales
Kamptal DAC (ab Jahrgang 2008)

Kamptal DAC Klassik	■ **Grüner Veltliner:** fruchtbetont, feine Würze, keine Botrytisnote, kein Holzton ■ **Riesling:** duftig, aromatisch, elegant, mineralisch, keine Botrytisnote, kein Holzton ■ Mindestens 12 Vol.-% Alkohol
Kamptal DAC Reserve	■ **Grüner Veltliner und Riesling:** kräftige Stilistik, ausgeprägter Gebiets- und Sortencharakter, dicht und lang im Abgang, zarte Botrytis-Töne und begleitende Holztöne sind erlaubt ■ Mindestens 13 Vol.-% Alkohol

In Österreich gibt es bislang sieben DAC-Gebiete:
Weinviertel DAC
Mittelburgenland DAC
Traisental DAC
Kremstal DAC
Kamptal DAC
Leithaberg DAC
Eisenberg DAC

Verein österreichischer Traditionsweingüter und die Klassifizierung der Lagen

Ab dem Jahr 1990 begann ein kleiner, erlesener Kreis von Weinbauern aus dem Kamptal und dem benachbarten Kremstal, sich in regelmäßigen Abständen zu treffen, um über ihre Leidenschaft, den Wein zu diskutieren. Vieles drehte sich damals bereits um den Begriff „Terroir" – also das Zusammenspiel von Lagen, Böden, Klima und Rebsorte –, der sich wie ein roter Faden durch die Gespräche zog.

In Folge entschloss man sich, mit der Gründung des **Vereines der österreichischen Traditionsweingüter** eine solide Grundlage für die gemeinsamen Interessen zu schaffen. Man beschäftigte sich hauptsächlich damit, die unterschiedlichen Böden, das Kleinklima der verschiedenen Lagen und den Einfluss dieser Faktoren auf die Sorten zu ergründen und zu verstehen. Geologen, Önologen und Ampelografen (die Ampelografie ist die Lehre von der Bestimmung und Beschreibung der Rebsorten sowie ihrer wissenschaftlichen Klassifizierung) wurden und werden konsultiert, um einer Frage mit ewiger Gültigkeit nachzuspüren: Wie beeinflussen diese Bedingungen Qualität und Charakter im Wein?

Mit diesem Denkansatz schufen die österreichischen Traditionsweingüter etwas, das es bisher in Österreich nicht gab: **den Versuch, Lagen zu klassifizieren.** Das Bewusstsein, dass große Weine nur in großen Lagen gedeihen, wohnt dieser Philosophie inne. Die Begriffe „Klassifizierte Lage", „Erste Lage" und „Große Erste Lage" wurden in der Folge geprägt.

Einige Jahre später ist dank der Entwicklung von DAC (Districtus Austriae Controllatus, siehe auch S. 44 f.) die Herkunftsangabe im Donauraum neu geregelt, allerdings wird die Angabe der Lage noch nicht mit einbezogen. Hier versuchen die Traditionsweingüter, Vorarbeit zu leisten. Im ersten Schritt wurden aus den klassischen Einzellagen (klassifizierten Lagen) in jeder Region Erste Lagen klassifiziert.

Es war ein historischer Moment, als die Traditionsweingüter am 30. April 2010 zum Auftakt der Tour de Vin ihre Weine aus rund 50 Ersten Lagen zum ersten Mal präsentierten und eine beinahe zwanzigjährige Beschäftigung mit dem Herkunftsgedanken im Donauraum (Kremstal, Traisental, Kamptal, Wagram) auch sichtbar wurde. Nicht die Zuckergrade (und damit der Alkoholgehalt) stehen im Vordergrund, sondern Identität, Balance, Tiefgang, Komplexität und Finesse – also der Geschmack des Terroirs in den Weinen.

Kritische Gedanken von Hans Stoll zur Klassifizierung der Lagen

Die Großen (Ersten) Lagen der Traditionsweingüter sorgen nicht nur bei mir für Verwirrung! Kritisch gesehen muss zum obigen Thema einfach Folgendes festgehalten werden: Die österreichische Weinszene befindet sich in einer Umbruchsituation wie seit 1985 nicht mehr. Langsam, aber stetig wenden wir uns dem romanischen Einstufungssystem zu, Stichwort DAC. Dieser Umbau wird noch einige Zeit andauern, mit der Konsequenz, dass der Konsument beinahe jährlich von neuen Herkunftsprofilen überrascht wird, was ja ganz wichtig und richtig ist.

Die Marke „Erste Lage Österreichische Traditionsweingüter" ist auf dem Etikett (und in den Preislisten und Katalogen) unmittelbar neben der Lagenbezeichnung abgedruckt. Sie ist markenrechtlich geschützt und darf derzeit nur von den Mitgliedsbetrieben der österreichischen Traditionsweingüter verwendet werden.

Die Marke 1ÖTW *wird nur für Weine aus den Sorten Grüner Veltliner und Riesling verwendet. So baut die Lagenklassifizierung auf dem DAC-System auf und führt dieses noch einen Schritt weiter.*

Ebenso wichtig und richtig ist es aber, dass unsere Leitbetriebe wie die Traditionsweingüter Österreich und auch die steirischen Terroir-Klassik-Winzer den nächsten Schritt der Lagenklassifizierung gehen. Diesen Entscheidungsträgern sei ins Stammbuch geschrieben: Es kann nicht sein, dass in der Steiermark die beste Lage als „Erste Lage" bezeichnet wird, während die besten Lagen der Traditionsweingüter unter 1 ÖTW (bedeutet 1. Lage Österreichische Traditionsweingüter) laufen!

Man schafft es im kleinen Österreich anscheinend nicht, eine einheitliche Bezeichnung der besten Lagen zu finden!

Hannes Hirsch und Willi Bründlmayer – eine Verkostung unter Profis

Langenlois im Spätsommer

An einem sonnigen Spätsommertag trifft man sich in einer kleinen, illustren Runde im Langenloiser Schwillinsky, um über Weine vom Heiligenstein zu plaudern. Willi Bründlmayer, Michael Moosbrugger und Hannes Hirsch haben dazu einige ganz besondere Weine mitgebracht. Hannes Hirsch präsentiert seinen 2003er-Riesling, der sich mächtig und opulent zeigt, sowie seinen 1999er-Riesling, der mit einer erstaunlichen Frische und Eleganz ausgestattet ist. Michael Moosbrugger serviert seinen 2001er, während Willi Bründlmayer einen 2003er beisteuert, um das Ganze zu späterer Stunde noch mit Jahrgängen bis 1993 zu toppen. Erstaunlicherweise zeigen diese fantastischen Weine keinerlei Petroltöne oder Anzeichen von Schwäche, sondern präsentieren sich in einer unerwarteten Frische und Vielschichtigkeit.

Nach dieser beeindruckenden Weinprobe bricht man auf, um sich am Ort des Geschehens – auf dem Heiligenstein – weiteren Fachsimpeleien hinzugeben. Schon die Namensgebung sorgt für Verwirrung, denn der Namen gibt es viele: von Heiligenstein über Höllenstein bis Hellenstein ist alles möglich.

Hannes Hirsch, Michael Moosbrugger und Willi Bründlmayer auf dem Heiligenstein

Die Moosbruggers – vom Arlberg zum Heiligenstein

1996 haben Michael Moosbrugger, welcher der Hotel-Post-Dynastie aus Lech am Arlberg entstammt, und seine Frau Eva in Kooperation mit den Bründlmayers das Weingut Schloss Gobelsburg übernommen. Binnen weniger Jahre ist es gelungen, das traditionsreiche Schlossweingut an die Spitze des Landes zu führen. Das Credo der Betreiber lautet schlicht und einfach, den Charakter des Terroirs und der Rebsorten in den Wein zu bekommen. Dass dies laufend bestens gelingt, bezeugen zahlreiche Top-Platzierungen im In- und Ausland.

Darüber hinaus wurde die Weinmanufaktur in den erlauchten Kreis der Traditionsweingüter Österreichs (siehe S. 46) aufgenommen.

Mineralische, dichte und kompakte Weine, wie der Veltliner-DAC-Reserve von der Riede Grub oder der Riesling-DAC-Reserve vom Gaisberg mit seiner feinen Rasse, sind Zeugen der perfekten Arbeit.

Willi Bründlmayer – der ewig junge Doyen der Weinszene

„Heiligenstein und Lamm bilden die südliche Flanke des Manhartsberges. Auf den Anhöhen nördlich dieser Spitzenlagen erstreckt sich ein Waldgebiet, der Manhartsberg, dessen Eichen und Akazien für die Weinfässer verwendet werden: Akazien für die besten Grünen Veltliner, Eiche für Chardonnay, Grauburgunder und alle Rotweine", so Willi Bründlmayer.

„Die Luftdurchlässigkeit des Holzes lässt die Weine atmen, die Hefe bekommt über die Fass-dauben jene kleinen Mengen an Sauerstoff, die sie während der Gärung und auch Wochen danach benötigt. In den Fässern stellt sich allmählich ein Gleichgewicht der Substanzen ein, was letzten Endes die Reifung großer Weine ermöglicht."

Eine wesentliche Rolle spielt (und spielte) für Willi Bründlmayer immer schon die Reberziehung. Die Böden, speziell auf dem Heiligenstein, speichern Wärme und geben diese an die Stöcke ab. Daher werden die Reben knapp über dem Boden gezogen, womit die Bodenwärme die Trauben erreicht. Trotz allem sollten die Trauben aber nicht zu niedrig hängen, um ein Anspritzen der Beeren bei Gewitterregen zu vermeiden.

Ein guter Teil seiner Lagen, speziell auf dem Heiligenstein, steht in der Lyra-Erziehung, einer Form des Rebstockes, in der sich zwei Laubwände wie zwei Arme der Sonne entgegenstrecken und dabei den darunter wachsenden Trauben Schatten spenden. Diese Erziehungsform bietet den Trauben in extrem heißen Jahren einen besseren Sonnenschutz, lässt aber gleichzeitig eine intensivere Fotosynthese zu, da sich die belichtete und belüftete Blattoberfläche verdoppelt. In kühlen Jahren kann man die Ernte abwarten, da die Blätter nach dem Morgentau wieder rascher abtrocknen und Pilzerkrankungen dadurch weniger Chancen haben, sich auszubreiten.

Und Willi Bründlmayer erklärt weiter: „In das lockere Gestein können die Rebwurzeln sehr tief eindringen und aus den Felsritzen die letzte Feuchtigkeit des Spätsommers gleichzeitig mit den im Wasser gelösten Mineralien aus dem Gestein entnehmen. Das Wachstum ist jedoch karg, die Trauben bleiben klein, aber doch ausreichend ernährt, wohlschmeckend, würzig und gesund."

Alte Pinot-noir-Bestände wurden schon von den Eltern gepflegt und später mit hochwertigen neuen Burgunderselektionen ergänzt. Da es von August bis Oktober im Regelfall sehr trocken ist, hat man in Langenlois sehr gute Voraussetzungen für Pinot noir.

Es macht einfach ungemein Spaß, sich von Willi Bründlmayer durch und über den Heiligenstein kutschieren zu lassen und diesem ganz Großen der österreichischen Weinszene zu lauschen: „Die Situation des österreichischen Weines und der Weinwirtschaft ist eine sehr erfreuliche. Nach dem Weinskandal 1985 stand alles auf Messers Schneide. Damals war hohe Qualität noch nicht wirklich anerkannt. Heute haben viele österreichische Winzer die Zeichen der Zeit erkannt und produzieren tolle Qualität.

In unserer Familie begann die Qualitätsorientierung in den frühen 1950er-Jahren. Mein Vater, der sich immer schon für Spitzenweine

interessiert hat, legte Terrassenweingärten an, die damals niemand wollte. Fast alle Winzer strebten nach dem 2. Weltkrieg den schnellen wirtschaftlichen Erfolg mit einfachen Weinen aus den Tallagen mit fetten Böden an. Meine Eltern haben zu einem Zeitpunkt feine Weine gemacht, als die meisten Konsumenten noch gar nicht so weit waren. Anfang der 1980er-Jahre kam dann die Wende. Mit der feinen Küche wurde auch das Weinthema aktuell. Heute sollten wir Konzepte entwickeln, die für die nächste Generation geeignet sind."

Für Willi Bründlmayer ist es mehr als nur eine Selbstverständlichkeit, dass in seinen Weingärten ausschließlich organische Dünger wie kompostierte Pflanzenabfälle und Gründünger verwendet werden. Es ist das Bestreben aller, die natürlichen Ressourcen intelligent zu nutzen und dem Weingut ein ökologisches Gleichgewicht zu verleihen. Weingärten, die gerodet werden, dürfen sich fünf Jahre erholen, bevor

Willi Bründlmayer: „Die Trockenheit der Lage fördert die Qualität, zu viel Stress lässt die Trauben allerdings bitter werden. Die Weine verlieren dann Frucht und Charme."

Einblicke in den Weinkeller

wieder neu ausgepflanzt wird. Auf den Einsatz von Herbiziden (Unkrautbekämpfungsmitteln) wird zur Gänze verzichtet, und in unmittelbarer Nähe zu den Weingärten werden Wasserstellen errichtet, um für ein ausgewogenes Mikroklima zu sorgen.

Die spritzige Kamptal-Paris-Connection

Das Kamptal liegt beinahe auf derselben geografischen Höhe wie die Champagne in Frankreich. Willi Bründlmayers charmante Gattin Edwige stammt aus Paris – es war also nur ein

weiterer logischer Schritt, sich mit der Herstellung von Sekt zu beschäftigen.

Bei der Sekterzeugung wird auf einen Jahrgangssekt gesetzt, der je nach Traubenreife aus Pinot noir, Pinot gris (Grauburgunder), Chardonnay und Grünem Veltliner bzw. aus Pinot noir, St. Laurent und Zweigelt für den Brut Rosé erzeugt wird. Angestrebt wird gleichzeitig Geschmacksfülle sowie Leichtigkeit, Aroma, Unaufdringlichkeit und Säure mit Frische, jedoch ohne Aggressivität.

Das Degorgieren (Enthefen) findet ebenso im hauseigenen Keller statt, und die Endergebnisse können sich wahrlich sehen lassen.

Es ist schon sehr spät an diesem Abend, als wir uns von Willi Bründlmayer verabschieden. Natürlich sind wir vorher noch in seinem Keller gesessen, um die großen Rotweine des Hauses zu verkosten. So endete der Tag mit dem absoluten Highlight, einem reinsortigen Cabernet Franc aus dem Jahre 1992. Eigentlich unbeschreiblich! Und da fällt mir wieder das Zitat von Bründlmayers Kollegen Ludwig Neumayer ein: „Der beste Lagerplatz für Wein ist die Erinnerung!"

Nach traditioneller Methode wird der Grundwein in Flaschen vergoren, mit der Hefe ca. drei Jahre im unterirdischen Keller gelagert und danach händisch gerüttelt

Alwin Jurtschitsch – Lebensraum Weingarten

Ein weiterer Leitbetrieb des an aktiven Winzern nicht armen Gebietes ist der Traditionsbetrieb Jurtschitsch in Langenlois. Ein Betrieb, in dem scheinbar nicht nach Jahresumsätzen, sondern in Generationen gedacht wird. Hier vollzieht sich gerade wieder einmal ein Generationswechsel – und noch dazu von einem Dreifamilien- in einen Einfamilienbetrieb. Es war eine traurige Fügung des Schicksals, als vor einigen Jahren einer der beiden designierten Nachfolger auf tragische Weise ums Leben kam, und so liegt es nun an Alwin Jurtschitsch, jenen Betrieb, der für Größe und Qualität steht, in die Zukunft zu führen.

In Jurtschitschs Weingärten geht es biologisch-organisch zu

Balance und Harmonie im Wein und im Weinberg – das ist seine Motivation als Weinbauer. Edwin, Paul und Karl Jurtschitsch haben das Familienweingut zu einem der führenden Betriebe Österreichs gemacht. Jetzt sind Edwins Sohn Alwin und dessen Lebensgefährtin **Stefanie Hasselbach** für die Weiterentwicklung des Traditionsweingutes verantwortlich.

Veränderungen müssen dabei nicht immer laut und schnell sein. Die Kraft liegt in der Ruhe und Konsequenz der beiden. Mit viel Feingefühl wurden die gesamten Familienweingärten auf **biologisch-organische Arbeitsweise** umgestellt. Das war eine der Bedingungen, die Alwin, der lange Zeit in Weingärten rund um den Erdball gelernt und gearbeitet hatte, an seine Rückkehr auf das Familienweingut knüpfte. Der „Guerilla-Gärtner" bekämpft die Monokultur im Weinbau, indem Bäume, Sträucher und Kräuter wieder Platz im Weingarten finden

und so Nützlinge anlocken. Seine Weinberge sind blühende Gärten voll Vogelgezwitscher. Kompost vom Feinsten wird selbst hergestellt und als natürlicher Dünger in die Weingärten ausgebracht. Regenwürmer und alles andere, was im und auf dem Boden kreucht und fleucht, danken es ihm.

Im Zuge des Generationswechsels wird sich das Weingut Jurtschitsch verkleinern, denn Alwin und Stefanie folgen ihrem Grundsatz von Balance und Optimierung, nicht der Maximierung. In einer schnelllebigen Weinwelt möchten sie sich genügend Zeit für das wesentliche Handwerk im Weingarten und Keller nehmen. Nicht nur die ökologische Verantwortung der Familienweingärten liegt der jungen Generation am Herzen, sondern auch die soziale Verantwortung. Deshalb wird die Tradition der langjährigen Kamptaler Traubenlieferanten des Weinguts Jurtschitsch weitergeführt.

„Der biologische Weinbau ist für mich die Zukunft, er ist eine intelligente Form der Landwirtschaft. Es ist für mich wichtig, dass auch alle Mitarbeiter diesen Grundsatz mittragen, denn ohne den Faktor Mensch gibt es auch keinen Bioweinbau. Bis man seine Reben, seinen Boden und das Klima (Terroir) versteht, braucht es seine Zeit. Es ist noch kein Biobauer vom Himmel gefallen und das hat mich zu einem geduldigen Menschen gemacht."

Die vielen fleißigen Hände der Traubenproduzenten sind maßgeblich verantwortlich für die Erhaltung und Gestaltung der kleinstrukturierten Kamptaler Wein-Kulturlandschaft.

Weinkeller im Weingut Jurtschitsch – der schwarze Schimmel auf den Flaschen ist ein Indikator für ein perfektes Kellerklima

Im Keller gibt es keine Revolution, aber trotzdem viel Veränderung. Dass die Qualität im Weingarten entsteht, ist auch nichts Neues. So achten Alwin und Stefanie auf sauberste und gesunde Trauben. „Unsere großen Lagen brauchen keine Botrytis, um imposanter zu werden. Wir wollen den puren Geschmack des Bodens, der Herkunft, nicht der Botrytis. Mit hundertprozentig gesundem Traubengut können wir die Maischestandzeit ins Extrem treiben. 2010 konnten wir ganz beruhigt Grüner-Veltliner-Trauben zwei Tage lang im eigenen Saft mazerieren lassen. So wird der Stoff des Bodens aus der Schale herausgelöst und bringt uns würzig-salzig-mineralische Weine. Die ersten Lagen werden ausschließlich mit spontaner (natürlicher) Hefeflora vergoren."

Hannes Hirsch – den Mutigen gehört die Zukunft!

Ein weiterer etablierter Winzer und eiserner Verfechter der biodynamischen Wirtschaftsweise ist Hannes Hirsch aus dem nahen Kammern, direkt am Heiligenstein gelegen. „Bio" ist für ihn kein Modewort – er hat diesbezüglich schon alles von seinem Vater Josef übernehmen können. Der hatte sich schon seit den 1970er-Jahren mit der natürlichen Bewirtschaftung von Weingärten beschäftigt.

Hannes Hirsch betreibt biodynamischen Weinbau seit über fünf Jahren auf höchstem Niveau. Schon bei der damaligen Umstellung attestierten ihm die Berater, dass seine Böden bereits viel weiter seien als jene von Vergleichsbetrieben.

Biodynamischer Weinbau

Höchste Qualität im Einklang von Mensch und Natur – so lässt sich die Philosophie des biodynamischen Weinbaus mit wenigen Worten zusammenfassen.

Der biodynamische Landbau geht auf den österreichischen Anthroposophen Rudolf Steiner (1861–1925) zurück, der von dem Grundgedanken ausging, dass ein landwirtschaftlicher Betrieb als Organismus zu sehen sei. Das Konzept weist Ähnlichkeiten zu dem der Homöopathie auf, die dem Körper keine direkte Hilfe, sondern Unterstützung zur Selbsthilfe geben will.

Der biodynamische Weinbau stellt höchste Anforderungen an den Anbau und die Arbeit im Weinkeller. Statt Technik und Chemie sind von den Winzern besonderes

Fachwissen, ein hohes Maß an Intuition und intensive Beschäftigung mit dem Weinberg gefordert.

Pestizide, Künstdünger und synthetische Spritzmittel, die aus einem konventionell geführten Weingarten nicht wegzudenken sind, werden von vornherein ausgeschlossen. Vielmehr wird der Boden mit Kompost revitalisiert und mit Mineralien behandelt, damit er wieder zum Lebensraum vielfältiger Mikroorganismen wird und sich ein natürliches Gleichgewicht einstellt.

So berichtete das Darmstädter Institut für Biologisch-Dynamische Forschung, dass die Artenvielfalt, die Menge von Mikroorganismen und der Humusgehalt der bewirtschafteten Böden schon nach einigen Jahren biologisch-dynamischen Anbaus signifikant ansteigen.

Mit dem Einsatz biologisch-dynamischer Präparate in geringsten Dosen werden Bodenleben, Wachstum und die Qualität der Pflanzen gefördert. Es gibt verschiedene Arten von Präparaten für bestimmte Anwendungsgebiete: Feld- oder Spritzpräparate (Hornkiesel und Hornmist), Düngerzusatzpräparate (aus Schafgarbe, Kamille, Brennnessel, Eichenrinde, Löwenzahn und Baldrian), Spezialpräparate wie Schachtelhalmabkochung und die Aschenpräparate zur Unkraut- und Schädlingskontrolle.

Auch die kosmischen Kräfte wie Mondphasen und andere Gestirnkonstellationen werden mit einbezogen. Speziell jene des Mondes beeinflussen gemäß dieser Philosophie maßgeblich die Entwicklung der Pflanzen.

Gleichzeitig sind die Erträge deutlich unter dem Niveau konventionell arbeitender Winzer. Die Erträge pro Hektar belaufen sich bei den trockenen Weinen auf 20 bis 50 Hektoliter, bei den Süßweinen oft sogar unter 10 Hektoliter. Im Durchschnitt liegt der Hektarertrag damit um 50 bis 70 Prozent unter dem eines konventionell, mit Kunstdünger arbeitenden Betriebes (ca. 90 bis zu 110 Hektoliter pro Hektar).

Hannes Hirsch dazu: „Heute, wo wir uns wieder auf alte Werte besinnen und mehr Zeit denn je im Weingarten verbringen, können wir uns viel intensiver mit den Stöcken beschäftigen. Ich lasse den Trauben einfach die Zeit zum optimalen Ausreifen. Tritt Botrytis auf, dann mache ich eine negative Auslese – damit ist das Wegschneiden der befallenen Teile gemeint.

Bei der Mineralik habe ich den Plafond erreicht, bei der Biodynamik kann ich noch ständig dazulernen. Für mich ist es das höchste Ziel, nur bestes Traubenmaterial nach Hause zu bringen und keine Weine mit hohem Alkoholgehalt zu produzieren. Ich mache mindestens drei Erntedurchgänge bei jeder Sorte. Daher gibt es bei mir nur Spontangärung, und wenn es mit der Gärung vorbei ist, dann ist das Thema auch für mich erledigt. Egal, wie viel Alkohol im Wein ist. Großer Wein braucht keinen üppigen Alkoholwert. Ich gehe auch mit der Gärtemperatur bewusst etwas höher, auf etwa 20–22 °C. Die Hefe fühlt sich dabei wohler, und ich bekomme nicht diese Zuckerlfrucht in den Wein. Dafür nehme ich ohne Weiteres auch etwas Restzucker in Kauf!"

„Ich kann Ihnen nicht erklären, wie Biodynamik wirkt, ich kann nur durch das steigende Bodenleben in Zahlen belegen, dass sie wirkt."

Claude Bourguignon (renommierter französischer Mikrobiologe, der u. a. viele Böden im Burgund untersuchte)

Für Hannes Hirsch klingt alles rund um die kosmischen Kräfte irgendwie logisch, meint er doch: „Früher hatten die Friseure in San Francisco eine Woche vor Vollmond auch nichts zu tun, in dieser Phase ließ sich niemand die Haare schneiden!"

(Anmerkung: Haare sollen angeblich schneller wachsen, wenn man sie bei zunehmendem Mond schneidet.)

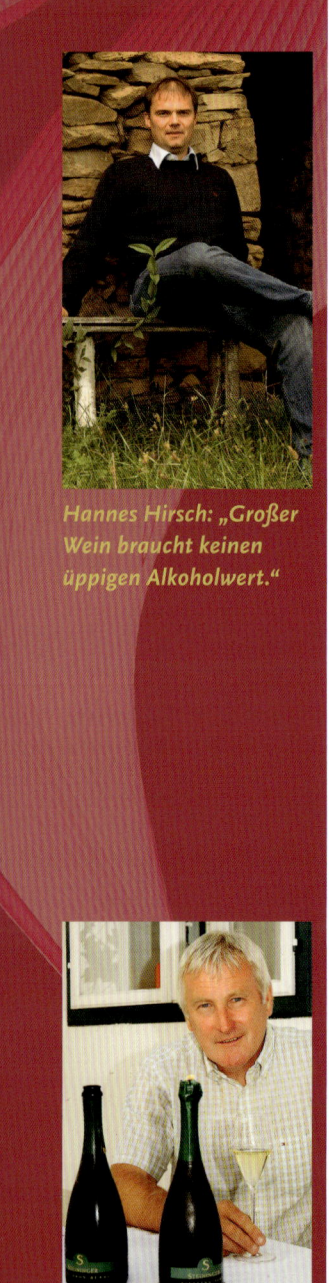

Hannes Hirsch: „Großer Wein braucht keinen üppigen Alkoholwert."

Karl Steininger: „Alkohol und CO$_2$ geben bekanntlich keinen Geschmack, und daher braucht es einen guten Grundwein, um einen entsprechenden Sekt zu machen."

Hannes Hirsch hat immer nach seinen Visionen gehandelt. Vor etwas mehr als zehn Jahren hat er die Entscheidung getroffen, sich nur auf zwei Rebsorten zu spezialisieren. Konsequent riss er drei Hektar roter Reben aus und pflanzte mit Riesling und Veltliner neu aus. Es sind die Lagen Heiligenstein, Lamm, Grub und Renner, die ihn faszinieren und mit denen er sich auseinandersetzt, um das Terroir in den Wein zu bringen.

Und Mut zu Neuem hatte er immer schon: 2004 war Hannes Hirsch der erste renommierte Winzer, der seine gesamte Produktpalette auf **Flaschen mit Schraubverschluss** umstellte.

Ich sehe heute noch die Schlagzeilen vor mir, wie so mancher prominente Chefredakteur einer Fachzeitschrift den Untergang des Abendlandes prophezeite. Auch höre ich noch die Worte einiger sehr bekannter Winzer, die mir damals ins Ohr flüsterten: „Ich würde ja auch gern auf Schrauber umstellen, aber ich trau mich das noch nicht. Wir bräuchten noch ein paar Kollegen wie den Hirsch, die damit vorpreschen …!"

Karl Steininger – der Pionier der modernen Sekterzeugung

Werden von Fachzeitschriften Sektverkostungen und Bewertungen durchgeführt, so ist es fast schon überflüssig, sich Gedanken darüber zu machen, wer den ersten Platz bei den diversen Sektkategorien belegen wird. Eigentlich sollte Karl Steininger mit seinen Spitzenprodukten außer Konkurrenz starten. Denn er spielt in einer eigenen Liga.

„Wir leben das Thema Wein, produzieren Riesling, Veltliner und viele andere Sorten in allen Kategorien, von leicht-fruchtig über die Klassiklinie bis zum Reservesegment. Wir haben auch immer Essig und Weinbrand hergestellt und irgendwann sind wir auf die Idee der Versektung gekommen", erzählt Karl Steininger. „Sehr rasch haben wir aber erkannt, dass wir niemals Champagner kopieren können. Die Burgundersorten der Champagne erbringen andere Grundweine, als dies bei uns möglich ist.

Ich war schon immer von der Fruchtigkeit unserer Weine begeistert, und es kam mir der Gedanke, dass dies auch beim Sekt funktionieren könnte. Dabei wurde mir sehr bald klar, dass ich nur aus besten Grundweinen auch entsprechende Sekte machen kann. Alkohol und CO$_2$ geben bekanntlich keinen Geschmack, und daher braucht es einen guten Grundwein."

„Österreichweit wurde in den 1990er-Jahren das Augenmerk voll auf die Qualität der Stillweine gelegt, der Sekt ist dabei etwas in Abseits geraten. Während die Weine immer besser wurden, kamen die Schaumweine ins Stocken. Es war nur ein logischer Schritt, dass ich auch beim Sekt das Gleiche erreichen wollte, da die Billigprodukte stagnierten, während die guten Qualitäten sich auf dem Markt durchsetzten."

Es scheint so, dass die Konsumenten langsam, aber sicher auch bei Schaumwein jenen Qualitätsweg mitgehen, der beim Wein schon lange selbstverständlich ist. International gesehen ist Schaumwein zur Markenstrategie geworden, wie bei Cava, Champagner, Franciacorta & Co.

klar erkennbar ist. In Japan gibt es Fachmärkte, wo Steininger-Sekte mitten unter Champagnermarken stehen. Dies bedarf natürlich einer entsprechenden Fachberatung.

Was Verkostungen und deren Bewertung angeht, ist Karl Steininger eines völlig klar: „Diese Verkostungen sind natürlich ein Parameter. Ich muss und kann nicht immer Erster sein, aber im ersten Drittel, da spielt es sich ab. Es ist mein persönlicher Anspruch, dort dabei zu sein."

Karl Steininger schafft es übrigens mühelos, mit seinen sortenreinen Schaumweinen ein ganzes Menü zu begleiten. Muskatellersekt als Aperitif, Veltliner- oder Rieslingsekt zum Fisch und die Burgundersekte als Begleiter zu den Hauptspeisen. „Wenn es bei großen Menüs zum Hauptgericht mit dicken Saucen auch noch schwere Weine gibt, dann schlafen die Leute um 22.00 Uhr bei Tisch ein. Man braucht einfach mal ein erfrischendes Glas Sekt."

Spricht man Karl Steininger auf die eigene Liga an, in der er spielt, meint er ganz trocken: „Eigene Liga gefällt mir ganz gut – trotzdem, bei den Sektverkostungen und speziell wenn die sortenreinen Produkte an der Reihe sind, sagen die Verkoster nicht gut oder schlecht, sondern sie erkennen sofort meine sortenreine Stilistik!"

Natürlich würde er sich freuen, wenn noch mehr Kollegen auf diesen Zug aufspringen und das Thema Schaumweine aufwerten würden. „Sektmachen ist ein großer Aufwand, und man sollte das nicht mit einem kleinen Wein

machen. Fachhandel und Gastronomie brauchen ohnehin wieder mehr Nischenprodukte."

Nach der Reifezeit muss die Hefe entfernt werden. Dazu werden die Flaschen anfangs fast waagrecht in Rüttelpulte gesteckt. Während der nächsten Wochen werden die Flaschen jeden Tag etwas gerüttelt, gedreht und steiler gestellt, bis sich der Hefesatz beim Kronkorken absetzt.

im Flaschenhals) mit dem Kopf nach unten in ein Eisbad. Auf dieses wird bei ihm verzichtet.

Vielmehr bedient sich Karl Steininger der sogenannten **warmen Degorgiermethode.** „Ich bin draufgekommen, dass durch das Entfernen des Eispfropfens manchmal Heferückstände an der Glaswand zurückbleiben. Deswegen riechen und schmecken viele Schaumweine sehr hefig. Beim Champagner gehört das ja auch zum Geschmacksprofil. Bei meinen Sekten würde es aber der Fruchtigkeit schaden. Daher werden bei uns die Flaschen nach dem Rüttelpult mit dem Hals nach unten in Kisten gegeben.

Was die Fruchtigkeit seiner Sekte angeht, verrät Karl Steininger uns dazu noch eine spezielle Produktionsmethode. Er ist auf die **Urmethode des Degorgierens** zurückgekommen: Bei den meisten Schaumweinen, die nach der Flaschengärmethode erzeugt werden, steckt man die Flaschen nach der Lagerung auf dem Rüttelpult (dabei sammeln sich die Heferückstände

Nachdem sich die Heferückstände abgesetzt haben, wird die Flasche vorsichtig herausgenommen, leicht nach oben geschwenkt, und die Luftblase arbeitet sich langsam nach oben. Genau dann, wenn diese die Hefeablagerung erreicht, wird der Kronenkork geöffnet, und durch den Druck von etwa 6 Bar werden die Heferückstände aus der Flasche geschleudert."

Deutlich sieht man die Heferückstände im Flaschenhals

━━━━━━━━━━━━━━━━━━ TIPP

Ganz nebenbei hat Karl Steininger zusammen mit Weinpfarrer Hans Denk auch noch ein spezielles Sektglas entworfen, das die Vorzüge seiner Produkte beim Genießen noch mehr unterstreicht. Für alle, die über diese Gläser nicht verfügen: Genießen Sie die ausgesprochen fruchtbetonten Sekte aus dem Hause Steininger mit einer Temperatur von etwa 8 °C aus einem Chardonnayglas!

Der Sekt soll übrigens nicht länger als drei bis vier Jahre gelagert werden.

Die LOISIUM Weinwelt

Bereits von Weitem sieht man das imposante Besucherzentrum des LOISIUM, den Kubus.

Die LOISIUM Weinwelt ist ein 900 Jahre altes Labyrinth durch die alten Weinkeller der Weinstadt Langenlois, das zu einem außergewöhnlichen Rundgang mit vielen interessanten Details und „Gschichterln" rund um das Thema Wein einlädt. Umgesetzt wurde dieses Projekt von den drei Langenloiser Familien Steininger, Haimerl und Nidetzky.

Der Name LOISIUM setzt sich aus den Worten Langenlois und Elysium zusammen. Der Ausdruck „Elysium" stammt aus der griechischen Mythologie und bezeichnet das Paradies, den Aufenthaltsort der Seligen.

Das Kremstal

Etwa 2 400 Hektar umfasst die Rebfläche dieses ehrwürdigen Weinbaugebietes. Auf kargen Urgesteinsverwitterungsböden und jeder Menge Lössanwehungen an den Hängen stehen Grüner Veltliner und Riesling. Wer sich mit großer österreichischer Weinbautradition beschäftigen will, ist hier am richtigen Platz.

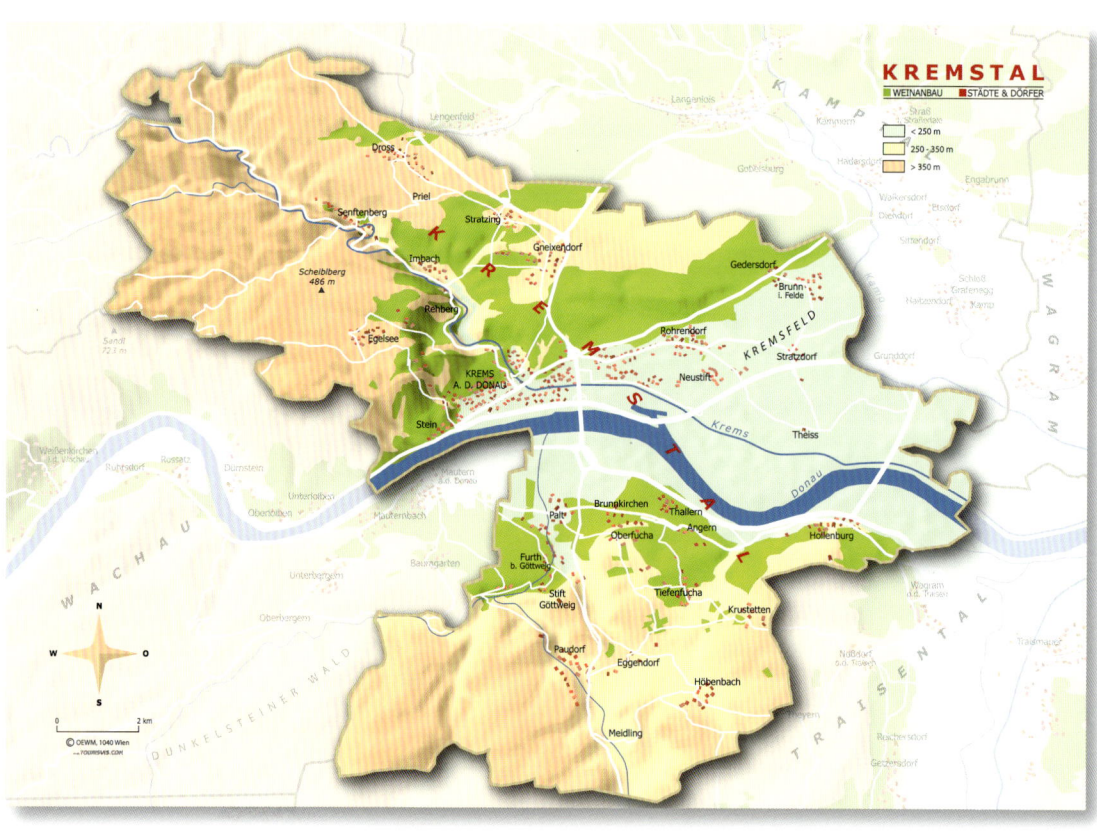

Das landschaftlich abwechslungsreiche Gebiet kann man getrost dreigeteilt betrachten: Da ist die Stadt Krems mit den nördlichen Lagen über Stratzing bis Senftenberg, südlich davon der Göttweiger Berg mit den Rieden um das gleichnamige Stift und die Gemeinden Paudorf und Palt sowie östlich von Krems die ansprechende Gegend um Rohrendorf bis nach Gedersdorf. Bekannt ist Rohrendorf auch für seine Kellergasse, welche die längste Österreichs ist.

Charakteristisch für dieses Gebiet ist ein ständiger Austausch von Luftmassen unterschiedlicher Temperaturen. Während sich aus östlicher Richtung das pannonische Klima daranmacht, trockene und heiße Luft in das Donautal zu befördern, strömt Kaltluft aus dem rauen, nördlich gelegenen Waldviertel in das Tal der Krems. Vor allem nachts kommt es deshalb immer wieder zu massiver Abkühlung, was die Fruchtigkeit und die Frische der Weine unterstützt.

Krems im Zentrum des Weinbaugebietes ist eine der ältesten Weinstädte Österreichs, mit romantischen, engen Straßen und historisch wertvollen Bauwerken aus Spätgotik, Renaissance und Barock. Im Gegensatz dazu gibt es in Krems auch ein pulsierendes Leben durch die Donauuniversität und eine attraktive Lokalszene.

Einen wunderbaren Überblick über die Landschaft des Kremstals gewinnt man auf der Anhöhe des Stiftes Göttweig, von den „Zwei Pappeln" in Rohrendorf oder vom Wetterkreuz Richtung Krustetten. Hier am östlichen Ein-

Stift Göttweig

gang zur Wachau weitet sich das enge Donautal zur sonnendurchfluteten Ebene. Diesen Wesenszug der Öffnung zeigen auch die Weine: Während die Weine aus dem Donautal schlank und mineralisch sind, zeigen die Weine der weiten Ebene weniger Mineralität, dafür aber mehr Extraktdichte.

Die Grünen Veltliner sind zugänglich, fruchtig und mit typischem „Pfefferl" versehen, die Rieslinge von den Steinterrassen hingegen duftig und elegant. Südlich der Donau, am Fuße des Stiftes Göttweig, findet man neben Weißweinen mit kerniger Struktur auch bemerkenswerte Rotweine, die nördliche Eleganz mit südlichem Temperament vereinen.

Toplagen des Kremstales

Der Pfaffenberg – Erste Lage ÖTW

Der Steiner Pfaffenberg ist die westlichste Lage des Kremstales. Kleine Teile davon liegen sogar in der Wachau. Der Steiner Pfaffenberg (Stein ist ein Ortsteil von Krems) ist eine der besten Lagen für Riesling in ganz Österreich. Die Böden im westlichen Teil bestehen aus Gföhler Gneis, im Osten herrscht Amphibolitgestein (mit einem hohen Anteil an Olivin, Granat und Quarz) vor. Der Riesling vom Pfaffenberg präsentiert sich daher besonders mineralisch und ist mit einer ausgeprägten Säurestruktur versehen. Die Weingüter der Familie Salomon und des „Grenzgängers" Emmerich Knoll ernten hier ihre Rieslinge.

Kremser Wachtberg – Erste Lage ÖTW

Hier, auf dieser südöstlich ausgerichteten Lage, eingezwängt zwischen Kögl und Kremsleiten, ist die Wachau wohl (auch geologisch) endgültig zu Ende. Eine breite Lössauflage ist der „Wohlfühlboden" für Grünen Veltliner. Durch die Terrassenlage kann der Lössboden seine Schwammfunktion perfekt ausspielen. Mit 33 Hektar zeigt hier unsere Hauptsorte eine gewaltige Präsenz.

Gebling – Erste Lage ÖTW

Die terrassierte Lage ist langgezogen und südlich ausgerichtet. Der Boden besteht aus Konglomerat-Verwitterungsgestein, ideal für Riesling und Grünen Veltliner. Überraschend gute Ergebnisse liefern zudem Chardonnay und Pinot noir. Die Weine aus der Lage Gebling sind mineralisch tiefgründig, ausdrucksstark und elegant.

Die Großlage Göttweiger Berg

Kaum ein anderes Gebiet verfügt über einen größeren Mix an Bodenstrukturen als die Hänge und flachen Lagen rund um den Göttweiger Berg – von Urgestein über Lehm und Löss bis kalkhaltigem Tegel, durchwachsen mit Schotterschichten im Flachen. Diese Böden erlauben es den Winzern, das breite Spektrum der österreichischen Sortenvielfalt auszuspielen.

Als perfekte Ergänzung gesellen sich dazu die mikroklimatischen Umstände: Das warme pannonische Klima wird mit kühlen Winden aus dem Dunkelsteiner Wald „aufgefrischt"! Aromabildung, was willst du mehr ...

Kremser Sandgrube

Nördlich der Stadt Krems, auf dem Weg nach Langenlois (leider von der durchgehenden Autostraße zerschnitten), liegt unmittelbar an der Stadtgrenze eine der wahrscheinlich bekanntesten Lagen des Kremstales, etwa 350 Hektar groß.

Warme, nach Süden geneigte Lössterrassen zeichnen diese Riede aus. Die Weine präsentieren sich mit dezenter Würze und dem typischen Veltlinerpfefferl.

Die DAC-Weine des Kremstales

Per Verordnung vom 10. Dezember 2007 wurde das Herkunftsprinzip für Weine aus dem Kremstal eingeführt. Damit sich Weine als Kremstal DAC bezeichnen dürfen, müssen folgende Punkte eingehalten werden:

Kremstal DAC

Kremstal DAC Klassik	■ **Grüner Veltliner:** frisch, fruchtig, würzig, keine Botrytisnote, kein Holzton ■ **Riesling:** kräftig, kernig, aromatisch, mineralisch, keine Botrytisnote, kein Holzton ■ Mindestens 12 Vol.-% Alkohol
Kremstal DAC Reserve	■ **Grüner Veltliner und Riesling:** kräftige Stilistik, ausgeprägte Sortenaromatik, dicht und lang im Abgang, zarte Holztöne sowie dezente Botrytistöne sind erlaubt, es muss jedoch die Typizität der Rebsorte im Vordergrund stehen ■ Mindestens 13 Vol.-% Alkohol

Nikolaus Moser – Tradition verpflichtet

Die Familie Moser hat in Österreich eine lange Weinbautradition – genau genommen seit 1848. Der bekannteste Pionier war Prof. Dr. Lenz Moser, der in den 1950er-Jahren die hohe Erziehungsform der Reben begründete (mehr dazu auf S. 192).

„In der damaligen Zeit war dies eine bahnbrechende Entwicklung", so Niki Moser, „heute müssen wir jedoch wieder ganz andere Wege gehen." Lenz Moser übergab seinen Betrieb an die Söhne Sepp und Laurenz – Sepp Moser war für die Weingärten zuständig, Laurenz Moser für Keller und Vermarktung. Die Weinkellerei Lenz Moser war und ist der österreichische Großbetrieb, der in die ganze Welt exportierte und dies auch heute noch tut. Als im Zuge des Weinskandals 1985 die Exportmärkte gänzlich zusammenbrachen, schlitterte die Firmengruppe in große Schwierigkeiten und wurde verkauft. Sepp Moser entschloss sich 1987, neue Wege zu beschreiten. Er übernahm das Atriumhaus, baute den Keller des Hauses zur Kellerei um und konzentrierte sich darauf, aus den besten Lagen im Kremstal und in Apetlon das optimale Traubenmaterial zu

Nikolaus Moser

bekommen. Somit ist das Weingut Sepp Moser eines der jüngsten Weingüter Österreichs und zugleich auch eines der traditionsreichsten.

Heute wird das Weingut von **Nikolaus Moser** geführt, den seine Lehr- und Wanderjahre nach Bordeaux und Burgund führten. Wie sein Großvater Lenz Moser versteht sich auch Niki Moser als Weinpionier – allerdings in einer ganz anderen Richtung: Seit 2006 arbeitet der Betrieb **nach dem Demeter-Prinzip biodynamisch.** Die Böden sollen „leben", und es ist das große Ziel, möglichst gesunde Reben zu pflegen, die auf ausgewogenen Böden wachsen. Das Weingut Sepp Moser unter der Leitung von Niki Moser ist übrigens eines der ersten Weingüter Österreichs, das auf biodynamischen Weinbau umgestellt hat.

Es wird ausnahmslos nur mit Handlese geerntet. Die Verarbeitung und Vinifizierung des Lesegutes, das vom Neusiedler See und aus dem Kremstal stammt, erfolgt ausschließlich im Rohrendorfer Keller – Reinzuchthefen, Enzyme etc. wurden schon vor einigen Jahren verbannt.

Es ist einer dieser traumhaften Spätsommertage, an dem wir uns mit Niki Moser im Atrium-

haus treffen und über seine Lagen, seine Weine und seine Weinphilosophie ins Plaudern kommen.

Das Atriumhaus

Dieses Haus zieht einen in seinen Bann. Lenz Moser, der berühmte Großvater, wollte schon immer in einem Haus nach römischem Vorbild wohnen. Mitte der 1960er-Jahre ging Prof. Moser daran, sich diesen Traum zu erfüllen, und ließ sich das von ihm selbst geplante Gebäude errichten. Es gibt viele bemerkenswerte Aspekte in diesem Haus: Zum einen spiegelt es exakt die Größe eines römischen Atriums wider, zum anderen hat Lenz Moser Relikte aus dem zweiten Weltkrieg zusammengetragen, die alles andere als alltäglich sind. So „spendete" wohl der Wiener Nordbahnhof die Stiege, die den Haupteingang ziert, während die Säulen im Inneren von der ehemaligen Salztorbrücke stammen. Gerne zog sich Lenz Moser hier zurück, um an seinen eigenen Gemälden und Skulpturen zu arbeiten.

Eine weitere, weltweit einzigartige Sammlung geht auf das Konto von Sepp Moser: Römergläser in allen Arten und Größen! Mit seinem lichtdurchfluteten Innenraum voller Pflanzen,

dem liebevoll eingerichteten Verkostungsraum und der neu gestalteten Terrasse mit Blick auf Stift Göttweig eignet und öffnet sich das Haus für eine perfekte Plauderstunde in bester Atmosphäre.

Noch leicht verwirrt von der neuen Lagenklassifizierung, war dies natürlich für mich das brennendste Thema, mit dem ich mein Gegenüber konfrontierte ...

Niki Moser im Atriumhaus

Niki Moser zur neuen Lagenklassifizierung: „Bereits mit der Gründung der Traditionsweingüter im Jahr 1992 war es das erklärte Ziel, eine Lagenklassifizierung in Österreich einzuführen. Mit der Entstehung der DACs im Kamp-, Krems- und Traisental hat man die Basis für diese Lagenklassifizierung geschaffen. Wir – die Traditionsweingüter – haben uns hier bewusst an den VdP (Verband der deutschen Prädikatsweingüter) angelehnt und mit den Kollegen abgesprochen. Sogar unser Logo ist ähnlich dem des VdP, da wir alle den gleichen Grundgedanken haben. Vielleicht können wir auch eine Gleichschaltung mit den steirischen Terroir-Klassikwinzern erreichen. Ich wäre auch dafür, die geringfügigen Unterschiede der Kamptal-, Kremstal- und Traisental-DACs anzugleichen. Irgendwie ist es eine Vision, hier zu einer Donauland-DAC zu verschmelzen, denn international tun wir uns sicherlich schwer, den Unterschied zwischen diesen drei Gebieten hervorzuheben.

Wir hatten mit der Lage Gebling die erste Lagenbezeichnung. Bereits 1284, als Zisterziensermönche von Burgund nach Österreich kamen, entdeckten diese die tolle Lage. Damals waren selbstverständlich die Burgundersorten, angeführt von Pinot noir, in der Überzahl. Allerdings muss man heute ein großer Fan dieser Rebsorte sein, um sich damit zu beschäftigen. Wie die Bezeichnung Gebling entstand, darüber rätseln viele – zwei Thesen haben sich verhärtet: Entweder ist die Namensgebung auf den gelblichen Boden zurückzuführen oder es hat was mit dem gelben Herbstlaub zu tun. Wir werden das wohl nicht mehr ergründen können."

In Apetlon (am Neusiedler See) bewirtschaften die Mosers 27 Hektar Rebfläche und beschäftigen sich dort primär mit den Rotweinen. Speziell der Zweigelt bereitet dort sehr viel Freude, und irgendwie wird dies ja auch in Richtung Neusiedler-See-DAC gehen.

Das Gebiet bietet aber auch sehr gute Voraussetzungen für Cabernet Sauvignon und Merlot. Der Rebenbestand ist dort über 40 Jahre alt und liefert kleine Beeren mit einem perfekten Saft-Fruchtfleisch-Verhältnis.

Wer in Apetlon Lagen besitzt, sollte selbstverständlich auch Weißwein auspflanzen. Einerseits liefern speziell die Burgundersorten hervorragende Basisweine für die Sektherstellung, und andererseits ermöglicht das dortige Terroir, wirklich perfekte Prädikatsweine zu machen.

Der Exportanteil des Hauses bewegt sich bei respektablen 60 Prozent und wie fast überall üblich, ist Deutschland der größte Markt, gefolgt von der Schweiz, Holland und den USA. In durchschnittlich guten Ertragsjahren produziert der Betrieb etwa 300 000 Flaschen Wein mit einem hohen Qualitätsanspruch.

Wieder einmal tief beeindruckt von der Atmosphäre des Hauses und vom Gesprächspartner, machen wir uns abermals auf die Reise. Wir wollen an diesem Nachmittag noch den nördlichen Teil des Kremstales besuchen, wo uns bereits Martin Nigl erwartet.

Martin Nigl und das Terroir im nördlichen Kremstal

Im nördlichen Kremstal befindet sich der idyllische Ort Senftenberg, bewacht von der hoch über den Weingärten stehenden Burgruine. Direkt darunter liegt das Weingut Martin Nigls, des Senftenberger Pioniers der typischen Terroir-Weine des Kremstales.

Das Weingut Nigl am Fuße der Burgruine Senftenberg

„Die Böden", meint Martin Nigl, „sind bei uns um einiges karger als im östlichen oder gar südlichen Kremstal. Je weiter die Weingärten sich in Richtung Krems ausweiten, desto mehr Lössschichten kommen vor. Aber hier in Senftenberg beherrschen Glimmer und Schiefer die Bodenstruktur – damit kommt die entsprechende Mineralik zustande. Die Aromatik der Weine verdanken wir den nördlichen, kühlen Fallwinden.

Die Klimaverschiebung wird die Weinbaugrenzen in Zukunft sicherlich weiter nach Norden versetzen, aber Klimaschwankungen hat es ja immer schon gegeben."

„Die kargen Böden um Senftenberg herum verfügen nicht unbedingt über eine hohe Wasserhaltekraft, aus diesem Grund ist eine Bewässerung der terrassenförmig angelegten Weingärten wichtig. Riesling und Veltliner halten sich in diesem Gebiet die Waage, ergänzt wird der Rebsortenmix mit den aromatischen Sorten Muskateller und vor allem Sauvignon blanc."

Und weiter: „Der hohe Rieslinganteil in und um Senftenberg ist mit den Steillagen zu erklären – dort trocknen die Trauben besser aus als in Tallagen und werden dadurch von der Fäulnis am ehesten verschont. Der Neuburger kann hier in guten Jahren wirklich interessante Ergebnissen liefern, während umgekehrt der Veltliner vielleicht nicht unbedingt die herzhafte Säure wie in Krems aufweist. Das hängt mit der etwas späteren Ernte zusammen, dafür aber kommt mehr Mineralik in den Traubensaft. Und eine Woche später ernten kann in Bezug auf Botrytis sehr viel ausmachen ...", so Martin Nigl.

Senftenberg

Martin Nigl: „Hier in Senftenberg beherrschen Glimmer und Schiefer die Bodenstruktur – damit kommt die entsprechende Mineralik zustande."

Das Traisental

Auch wenn dieses Weinbaugebiet erst 1995 gegründet wurde, wird hier bereits seit Jahrtausenden Weinbau betrieben. So belegen Funde wie Weinsamen, die bei Ausgrabungen zutage kamen, dass bereits in der früheren Bronzezeit (um 2000 v. Chr.) Wein angebaut wurde (und nicht erst, nachdem die Römer die Provinz Noricum gegründet hatten). Somit ist das jüngste Weinbaugebiet Österreichs wahrscheinlich zugleich auch das älteste!

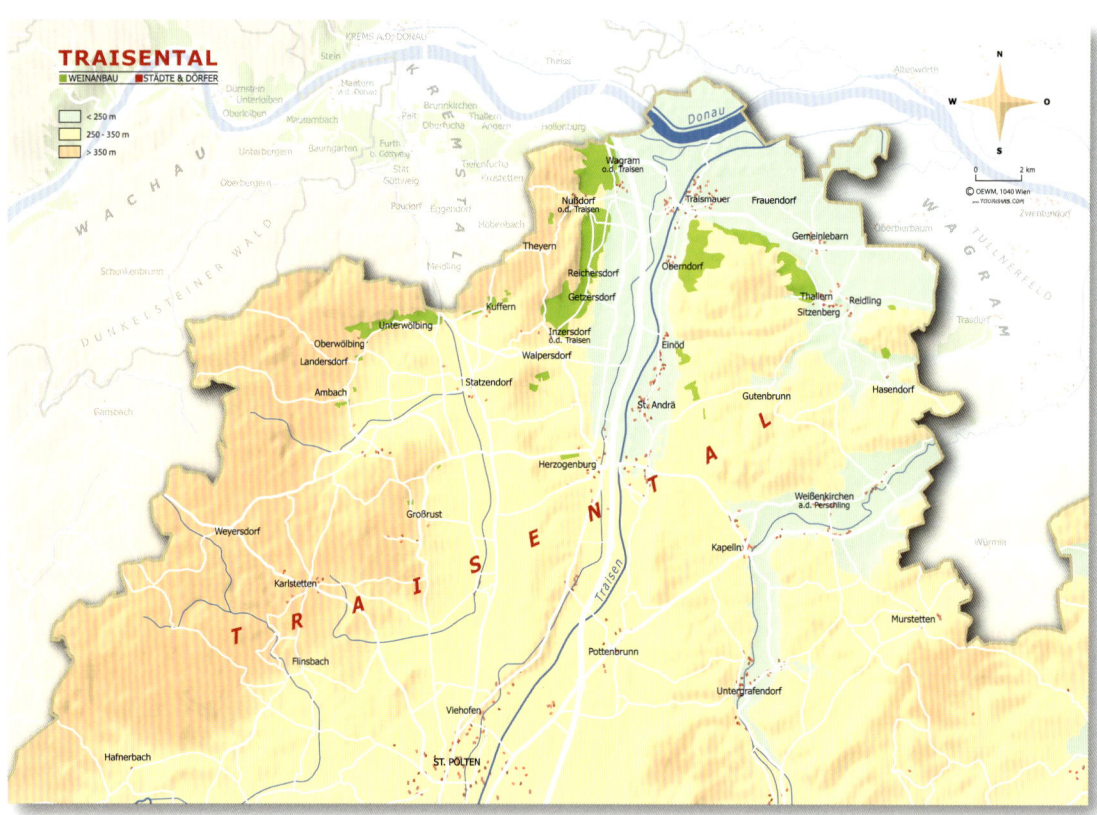

Das eher kleine Weinbaugebiet als südlicher Nachbar der Wachau, des Krems- und Kamptales präsentiert sich heute als eine innovative Weinbauoase mit einer traditionellen Heurigenkultur.

Eingegrenzt wird das Gebiet im Norden von der Donau und im Süden durch die Landeshauptstadt St. Pölten. Dazwischen liegen beschauliche Dörfer und Märkte wie Inzersdorf, Reichersdorf und Nussdorf, in denen zu einem großen Teil gemischte Landwirtschaft betrieben wird. Die Stadt Traismauer liegt am Unterlauf der Traisen und bietet den Besuchern der Rieden einen eindrucksvollen Ausblick auf das benachbarte Kremstal.

Auf einer Rebanbaufläche von 790 Hektar finden Grüner Veltliner und Riesling ideale Voraussetzungen. Daneben haben sich alle Varianten der Burgunderfamilie als beachtenswerte Nischenprodukte etabliert.

Die komplexen geologischen Verhältnisse fallen je nach Ortschaft sehr unterschiedlich aus. Während im Osten entlang der Traisen die Lössböden dominieren, beherrschen im Westen, angrenzend an die Wachau und das Kremstal, zum Teil auch Urgesteinsböden den Untergrund der Rieden. Diese außergewöhnliche Vielfalt der Böden – von mächtigen Lössterrassen über mineralische Verwitterungsböden bis hin zu einzigartigen Konglomeratlagen – ermöglicht es den Winzern somit, aromatische Terroir-Weine zu keltern.

Die meisten großen Weine der Welt wachsen auf kalkreichen Böden. Das Traisental ist das einzige Weinbaugebiet Niederösterreichs, wo diese Bodenart dominiert. Kalkkonglomerate mit verdichtetem Eisen als Mutterboden und einer Lössauflage bilden die Basis der besten Rieden. Diese einzigartige Bodenformation ist reich an wertvollen Mineralien, nimmt bei Regen eine Speicherfunktion wahr und gibt bei Trockenheit das Wasser an die Reben zurück.

Verglichen mit den anderen Weinbaugebieten ist das Traisental mit seinem Anteil an Grünem Veltliner absolut führend: Beinahe 70 Prozent der gesamten Rebanbaufläche sind mit Grünem Veltliner bestockt. Die Böden verleihen ihm seine unverwechselbare Würze sowie sein klares, sortentypisches Aroma.

Dem Riesling gibt das spezielle Terroir geballte Kraft und einen straffen Körper mit spezieller Säurestruktur. Die Spitzenweine haben dadurch auch ein entsprechend großes Potenzial zur Lagerung.

Klimatisch gesehen liegt das Traisental am Schnittpunkt von pannonischem und kontinentalem Klima. Frische Winde aus den nahen Alpen treffen hier auf warme Luftströmungen aus dem Donautal. Dies führt zu teilweise extremen Temperaturunterschieden zwischen Tag und Nacht, was vor allem in der Endphase der Reifung die Aromenbildung in der Beerenhaut fördert. Das Ergebnis sind entsprechend aromatische und duftige Weine.

Die DAC-Weine des Traisentales

Mit dem Jahrgang 2006 wurde für das Traisental die kontrollierte Herkunftsbezeichnung DAC in den Bereichen Klassik und Reserve für Grünen Veltliner und Riesling eingeführt. Auch für dieses Gebiet war die Einführung der Bezeichnung DAC eine wichtige Entscheidung: Weine mit einem klaren Sorten- und Herkunftsprofil werden somit zum Aushängeschild der Region.

Traisental DAC

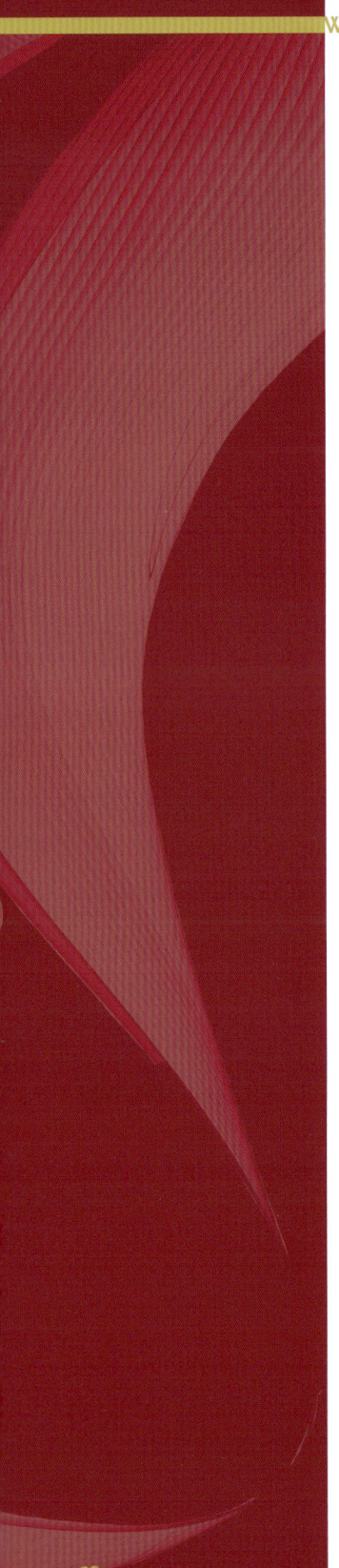

Traisental DAC Klassik	■ **Grüner Veltliner:** frisch-fruchtig mit würzigen Tönen, max. 4 g Restzucker, keine Botrytisnote, kein spürbarer Holzton ■ **Riesling:** kräftig mit kerniger Säure und mineralisch, max. 9 g Restzucker, keine Botrytisnote, kein Holzton ■ 12 oder 12,5 Vol.-% Alkohol
Traisental DAC Reserve	■ **Grüner Veltliner und Riesling:** kräftige Weine mit Tiefgang und Volumen, trocken ■ Mindestens 13 Vol.-% Alkohol

Toplagen des Traisentales
Obere Steigen

Diese Riede mit dem für das Gebiet typischen Kalkgesteinsboden liegt in der Gemeinde Reichersdorf. Optimal in terrassierter Form angelegt, speichert der Boden das Wasser perfekt und versorgt den Traubensaft mit der nötigen Mineralik. Gespickt sind diese Böden mit Lehm- und Sandschichten, was in der Folge speziell beim Grünen Veltliner zu saftig-würzigen Ergebnissen führt.

Etwas ganz Spezielles in dieser Riede ist das unterirdische Tunnelsystem aus dem 17. Jahrhundert, das als Fluchtweg für kriegerische Zeiten errichtet wurde und noch teilweise erhalten ist.

Berg – Erste Lage ÖTW

Ja – es ist nun mal auch hier so: Das Beste kommt vom Berg. Bedingt durch die höhere Lage reifen die Trauben langsamer und dadurch länger. Dies führt zu opulenten Ergebnissen, und nur die besten und physiologisch reifsten Trauben werden verarbeitet. So entstehen jene Weine, für die Markus Huber berühmt ist: Traisental DAC Reserve Grüner Veltliner oder Riesling – Weine mit Kraft und Tiefgang!

Markus Huber – ganz oben auf dem Weinolymp!

In Reichersdorf treffen wir auf Markus Huber. Markus Huber gehört der zehnten Generation von Winzern an, die in Reichersdorf

die optimalen Lagen seit über 220 Jahren bewirtschaften. Er ist wohl als der Leitwolf der „next generation" anzusehen. Markus wurde schon mit vielen Attributen in der nationalen und internationalen Presse versehen: Wunderkind des Weines, Aufsteiger des Jahres und so weiter – ein junger Winzer mit Vision und Dimension.

Eigentlich wollte er in jungen Jahren Fußballprofi werden – zum Glück für die österreichische Weinszene hat er dann doch den Weg zum Wein gefunden und ist nach etlichen Wanderjahren in Österreich und Südafrika in den elterlichen Betrieb eingestiegen. So spielt er nicht beim Fußball in der ersten Liga, sondern in der Champions League der Weinszene!

Markus Huber mit der nächsten Generation der Huber'schen Winzer

Durch Zufall habe ich Markus das erste Mal 2001 in Südafrika getroffen – nicht ahnend, welches Potenzial in diesem damaligen Praktikanten schlummerte. Seine Weine sind an Klarheit und Finesse kaum zu überbieten – immer kommen die Sortentypizität und vor allem der Herkunftscharakter voll durch. Dies erreicht er mit einer nachhaltigen Bewirtschaftung der Böden und einer rigorosen Ertragseinschränkung.

Aufgrund seiner laufenden und anhaltenden nationalen und internationalen Erfolge wurde der Weinbaubetrieb von Markus Huber in den elitären Verband der Österreichischen Traditionsweingüter aufgenommen. Dies hatte natürlich zur Konsequenz, dass die besten Lagen der angewandten und schon erwähnten Lagenklassifizierung (siehe S. 46 f.) zugeführt wurden.

Ludwig Neumayer – Weine von bestechender Eleganz

In Inzersdorf an der Traisen ist Ludwig Neumayer der Platzhirsch unter den Topwinzern. Seine Philosophie des Weinmachens ist klar auf den Punkt gebracht: Große Weine zeichnen sich durch feinste Eleganz aus!

„Ich habe zwar kräftige Weine, aber keine fetten Böden. Meine Weine haben Eleganz und Finesse. Ich achte darauf, keine Botrytis zu haben, auch nicht beim Riesling. Die Weine können dadurch besser reifen und bleiben länger jung. Natürlich reift im Garten der

Veltliner schneller aus, doch wenn ich bereits alle Rebsorten geerntet habe, dann freue ich mich auf die Rieslinglese."

Gerade in meinen Lagen herrschen unterschiedliche Mikroklimata. Das ist der Grund, warum die Weine ständig etwas unterschiedlich präsent sein können", so Ludwig Neumayer über seine Art, sich mit dem Wein zu verständigen. Er arbeitet naturnahe und macht seinen „Wein vom Stein" zur Marke.

„Der Wein vom Stein ist facettenreich. Der Wein muss einen guten Trinkfluss haben. Ich freu mich auch nicht am Abend auf einen Veltliner mit 14 Vol.-% Alkohol. Ein guter Wein muss nicht alkohollastig sein. Ich lege großen Wert darauf, auch bei meinen Reserveweinen das Terroir hervorzuholen und dieses nicht mit Holz oder Alkohol zu übertünchen. Durch die steinigen Böden brauchen meine Weine Zeit, sich zu entfalten."

Ludwig Neumayer: „Der beste Lagerplatz für Wein ist die Erinnerung!"

Der Wagram

Eigentlich ist es ja nur ein Katzensprung von der Weinmetropole Krems in das benachbarte Weinbaugebiet Wagram, doch scheinbar machen ein paar Kilometer, die man von der Autobahnabfahrt Richtung Norden fahren müsste, schon so viel aus, dass die Weintouristiker eher ausbleiben – was der Idylle der Landschaft und der Dörfer mit Sicherheit zugute kommt ...

Als Folge eines eiszeitlichen Gletschers entstand die markante Geländestufe, die sich viele Kilometer entlang der Donau erstreckt – der Wagram, in früheren (lyrischeren) Zeiten als „Wogenrain" bezeichnet, da er zunächst durch Meeresablagerungen und später durch eiszeitliche Erosions- und Ablagerungsprozesse entstanden war.

Der Wagram besteht aus Schichten aus angewehtem Lehm, Sand und Kalk – dem sogenannten **Löss**. Diese winzigen Bodenpartikel auf felsigem Untergrund ermöglichen den Wurzeln der Rebstöcke, Wasser und Mineralstoffe selbst aus großen Tiefen aufzunehmen. Bewässerung und Mineraldünger sind daher nicht notwendig. Für die optimale Terroir-Struktur sorgt zusätzlich der hohe Kalkanteil von 30 bis 40 Prozent. Diese Kalkschichten entstanden durch Einschlüsse von Schalentieren (Muscheln, Schnecken etc.) und bieten beste Bedingungen für Grünen Veltliner und die Burgundersorten.

Die Melange aus kontinentalem und pannonischem Klima sorgt für warme Tage und kühle Nächte, zusätzlich gesellen sich frische Winde aus dem Waldviertel dazu – üblicherweise das beste Szenario für die Aromabildung in der Beerenhaut.

Das Weinbaugebiet mit der jüngsten Namensgebung verfügt über 2 500 Hektar Weingärten. Typisch für das Gebiet sind seine **außerordentlich würzig-pfeffrigen Grünen Veltliner sowie seine herzhaften Weißburgunder (Pinots blancs)** von enormer Substanz, die auf den tiefgründigen Lössböden prächtig gedeihen.

Rotweine aus dem Wagram verdienen ebenfalls Beachtung und sollten keinesfalls unterschätzt werden. Es sind die warmen, gut durchlüfteten Böden, die speziell dem Blauen Zweigelt und vor allem dem Pinot noir entgegenkommen. Immerhin: Es sind 530 Hektar Rotweinreben, die hier ausgepflanzt sind und immer mehr an Bedeutung gewinnen.

Roter Veltliner – die Wagramer Ursorte

Neben dem alles dominierenden Grünen Veltliner ist wohl der Rote Veltliner die lokale Spezialität und kann getrost als Wagramer Ursorte bezeichnet werden. Eine Rebsorte, die, um ihre optimale Aromatik entfalten zu können, das entsprechende Umfeld braucht – also beste Südlagen, trockenes Klima und gut durchlüftete Böden, die sich entsprechend erwärmen

Winzer Franz Leth und Autor Hans Stoll im Gespräch über Löss: Mit seiner bis zu 20 Meter dicken Lössschicht ist der Wagram in Österreich einzigartig

können. Der komplizierte Geselle dankt es später mit einem opulenten, fruchtig-würzigen, langlebigen und bestens ausbalancierten Wein.

Seinen Namen verdankt der Rote Veltliner übrigens der Tatsache, dass sich bei den reifen Trauben die Beerenhaut rötlich färbt

Autochthones vom Wagram – der Frührote Veltliner

Der Frührote Veltliner ist eine Kreuzung zwischen Silvaner und Rotem Veltliner. Der Marktanteil liegt in Österreich gerade einmal bei knapp 1 Prozent. Diese Rebsorte ist mit etwa 400 Hektar Anbaufläche in Niederösterreich und hauptsächlich hier am Wagram zu Hause.

Der Frührote Veltliner macht zurzeit so etwas wie eine Imagekorrektur durch. Kam diese Sorte in früheren Jahren eher als Schankwein im sogenannten „Doppler" (2-Liter-Flasche, von manchen auch liebevoll als „Austro-Magnum" bezeichnet) auf den Markt, so gibt es heute eine wachsende Schar von Enthusiasten, die sich dieser international sehr bekannten Sorte (Malvasia) annehmen. Also doch nicht so autochthon (alteingesessen), wie viele meinen ...

Wie der Name schon sagt, verfärben sich die Blattspitzen früh rot, aber auch die Trauben selbst reifen rasch aus. An sich liefert diese Rebsorte säurearme Weine, die ein subtiles Aroma nach Orangenblüten, Mandeln und Nüssen aufweisen.

Wagram und Terroir

Der fruchtbare Löss, das variantenreiche Kleinklima und die optimale Südausrichtung des Wagrams vereinigen sich hier zu einem großartigen, unverwechselbaren Terroir, das Weine mit einem klaren Geschmacksprofil hervorbringt.

Das Weinbaugebiet Wagram teilt sich in die nördlich der Donau gelegene Region mit den bekannten Weinbauorten Kirchberg, Feuersbrunn, Fels und Großriedenthal sowie die südlich der Donau gelegene Großlage Donauland, in deren östlichem Teil die Stadt Klosterneuburg liegt.

Die erste Weinbauschule der Welt
Die 1860 gegründete Weinbauschule Klosterneuburg (übrigens die erste der Welt) war anfänglich im Prälatenhof (Kuchlhof) des Chorherrenstiftes untergebracht. Sie wurde von August Wilhelm Freiherr von Babo geleitet, der u. a. die Klosterneuburger Mostwaage (1861) entwickelte. Auch an der Optimierung der Veredelungstechnik (europäische Reben wurden dabei auf reblausimmune amerikanische Unterlagsreben gepfropft), war er wesentlich beteiligt, um die Reblauskatastrophe in den Griff zu bekommen. Somit konnte die damals noch sehr junge Weinbauschule einen wichtigen Beitrag zur Rettung des europäischen Weinbaus leisten.

Das Augustiner Chorherrenstift wiederum gehört zu den größten Weinbaubetrieben des Landes und bewirtschaftet 108 Hektar Rebflächen in Klosterneuburg, Wien, Gumpoldskirchen und Tattendorf. Da seit seiner Gründung im Jahre 1114 ohne Unterbrechung Wein angebaut wird, ist es das älteste Weingut Österreichs.

Wenn Sie in diese Gegend kommen, dann ist es ein Muss, die Weine des Stiftes Klosterneuburg im historischen Gewölbe der Stiftsvinothek zu verkosten. Und wenn Sie schon mal dort sind, dann werfen Sie auch gleich einen Blick (oder auch mehrere) in den imposanten, mehrgeschossigen Weinkeller, wo jährlich am 15. November (Leopolditag) das legendäre Klosterneuburger Fasslrutschen stattfindet – sozusagen der traditionelle Startschuss für den Heurigen.

Die nördlich der Donau am Wagram gelegenen Weinbauorte erlebten in den letzten Jahren einen großen Aufschwung, getragen von Spitzenbetrieben, die als Impulsgeber für die Region gelten.

Von Gaisdutten, Honigler und anderen Raritäten

Eine europaweite Rarität ist das von Franz Leth senior angelegte „lebende" Rebenmuseum. Der direkt hinter dem alten Familienkeller in der Kellergasse Floß (in Fels am Wagram) gelegene Rebsortenweingarten beherbergt über 220 (!) Rebsorten, die sonst kaum noch anzutreffen sind und von denen pro Sorte 15 Stöcke gezogen werden. Jährlich werden 50 Sorten ausgesucht, deren Trauben dann vinifiziert werden.

Wann haben Sie zuletzt (oder haben Sie überhaupt schon einmal) Weine getrunken, die aus Rebsorten wie Gaisdutten, Honigler, Heunisch oder Petersiliengutedel gemacht wurden? Eine wahre Fundgrube für Individualisten!

Der neueste Streich von Franz Leth senior ist der **gemischte Satz „Simply Wow",** der aus ca. 200 verschiedenen Rebsorten gekeltert wurde und mit Sicherheit weltweit einzigartig ist.

Neben Fels und Kirchberg am Wagram hat sich auch die idyllisch gelegene Ortschaft **Großriedenthal** in der Weinszene etabliert. Großriedenthal ist eingebettet zwischen Rebflächen am Goldberg, Hausberg und Marienberg. Mit etwa 500 Hektar Weingärten zählt Großriedenthal zu den bedeutendsten Weinbaugemeinden am Wagram. Hier finden jährlich die internationalen Weinbautage statt, und mit dem Eiswein – dem „flüssigen Gold" –, der hier regelmäßig produziert werden kann, hat man sich im nördlichsten Teil des Wagrams einen Namen gemacht.

Petersiliengutedel – eine der Raritäten im Rebenmuseum von Franz Leth senior

Großriedenthal – das Zentrum des „flüssigen Goldes"

Eine der beliebtesten Süßweinvarianten ist der **Eiswein.** Dieser Wein ist edelsüß (der Zuckergehalt im Most muss mindestens 25° nach der Klosterneuburger Mostwaage aufweisen), und es bedarf einer besonderen Leseart, um diesen herrlichen Tropfen erzeugen zu können.

Bei extrem kalten Temperaturen – das österreichische Weingesetz schreibt für die Eisweinernte mindestens –7 °C vor – gefriert das Wasser im Saft der Beeren zu Eiskristallen. Zucker, Säure und alle anderen Inhaltstoffe konzentrieren sich zu einem extraktintensiven Most. Je kälter, desto intensiver und dichter ist der Most. Das Lesegut wird in den Keller gebracht, um dort sofort die Essenz aus Zucker und frischer Säure abzupressen. Somit hat man Wasser in gefrorener Form von den anderen Inhaltsstoffen getrennt. Damit es auf gar keinen Fall zum Auftauen des Eises vor dem Keltern kommt, wird die Ernte meist in der Nacht – ab Mitternacht ist es am kältesten – durchgeführt. Manche bezeichnen diese Art der Ernte auch als „die Nacht der langen Messer", wenn es denn wieder einmal so weit ist! Denn nur all zu oft heißt es warten und bangen, ob die Minusgrade tatsächlich anhalten!

Die bekanntesten Produktionsländer für Eiswein sind neben Österreich noch Deutschland und Kanada. In Kanada und Neuseeland gibt es allerdings auch die Methode des „Frostings", bei dem die Trauben in Kühlhäusern gefroren werden – die Weine werden also industriell gefertigt. Bei uns ist diese Art allerdings – Gott sei Dank – verboten. Sollten Sie trotzdem in manchen Läden auf sehr preiswerten Eiswein stoßen, so liegt das daran, dass diese Trauben dafür nicht von Hand gelesen, sondern maschinell geerntet wurden.

Toplagen des Wagrams
Rosenberg und Spiegel – Erste Lage ÖTW

Der Feuersbrunner Hengstberg ist die Heimat der beiden nach Süden ausgerichteten großen Lagen Rosenberg und Spiegel. Speziell der unmittelbar unter der „Spitze" des Hengstberges gelegene **Rosenberg** mit seiner breiten, tiefgründigen Lössauflage verfügt über eine sehr gute Speicherfähigkeit. An der Nordseite werden die Rieden von einem Mischwald eingegrenzt, der für eine optimale Aromabildung durch den wechselnden Temperaturbereich zwischen Tag und Nacht sorgt.

FEUERSBRUNNER ROSENBERG

Die benachbarte westliche Lage Spiegel hat eine dünnere Lössauflage und grenzt an die Ausläufer des Heiligensteins. Die Wurzeln der Rebstöcke treffen hier auf Schotter- und Gneisböden. Bedingt durch die kühlere Lage präsentieren sich die Weine mit mehr Aroma, und aufgrund der Bodenstruktur sind sie wesentlich mineralischer.

Brunnthal und Scheiben

Bei Fels am obersten Drittel des Wagram-Hanges auf etwa 300 Meter Seehöhe befindet sich die Lage **Brunnthal.** Wie in diesem Gebiet üblich, handelt es sich wieder um eine tiefgründige Lössschicht mit sehr hohem Kalkanteil. Diese Mischung ergibt – speziell bei Grünem Veltliner – sehr fruchtige, mineralische Weine. Der aromatische Sauvignon blanc erreicht hier ausgesprochen elegante, exotische Töne.

FEUERSBRUNNER SPIEGEL

Die Lage **Scheiben** wiederum befindet sich in der Hangmitte auf etwa 250 Metern Seehöhe und hat eine der mächtigsten Lössschichten von beinahe 20 Metern Dicke. Die Rieden sind in südlicher Richtung angelegt und können sich dadurch den ganzen Tag „sonnen".

Aufgrund dieser Bedingungen ist die Lage Scheiben auch bekannt für mächtige und körperreiche Weine.

Die Großlage Klosterneuburg

Die zum Großteil zum Stift Klosterneuburg gehörenden Weingärten stehen auf Löss- und Lehmschichten und einem tertiären, sandigen Verwitterungsboden. Die Rieden sind alle südlich und südöstlich ausgerichtet, während der Wienerwald für die übliche Aromenbildung sorgt.

Weingut Bernhard Ott

Vom Geschmacksprofil her ergibt diese Kombination frische, aromatische und fruchtbetonte Rieslinge und Grüne Veltliner.

Weingüter Wagram

Für neue Vermarktungsstrategien haben sich zwölf Spitzenwinzer der Region zur Markengemeinschaft **„Weingüter Wagram"** zusammengeschlossen. Penibles Verkosten, Spitzenprodukte in allen Kategorien und neue Akzente für das Gebiet – das sind die wesentlichen Kriterien, die sich das Dutzend auf seine Fahne geheftet hat.

Bernhard Ott – Mr. Veltliner

Etwas südwestlich von Großriedenthal liegt Feuersbrunn. Hier befindet sich die Heimat von Topwinzer Bernhard Ott, der in der internationalen Weinszene längst als „Mr. Veltliner" bezeichnet wird.

Er bewirtschaftet 32 Hektar und produziert ausschließlich Weißwein. Hier, im westlichen Teil des Wagrams am 374 Meter hohen Hengstberg mit seinen Lagen Spiegel und Rosenberg, verfügt Bernhard Ott über Gföhler Gneisböden mit Schotterbänken der Urdonau und Alpenverwitterungssand mit hohem Kalkanteil. Der Hengstberg ist höher als der in unmittelbarer Nachbarschaft befindliche Gaisberg und der Heiligenstein.

„Das sind zu 100 Prozent Böden für Weißweine, speziell für Veltliner. Ich habe zu einem

Zeitpunkt voll auf Veltliner gesetzt, wo sich meine Kollegen noch mit Chardonnay, Cabernet Sauvignon & Co. auseinandergesetzt haben", so Bernhard Ott.

Bernhard Ott arbeitet seit geraumer Zeit auch mit biodynamischem Weinbau und versucht, vom Boden weg die Rebstöcke so eigenständig wie nur möglich zu belassen.

„Wir machen Begrünungen und lassen Kräuter zwischen den Rebzeilen wachsen. Ich muss nichts tun, um die Stöcke in Stress zu versetzen. Der Rebstock muss doch nicht leiden, um große Weine zu liefern – Wellness für die Rebe ist angesagt!"

Die Böden werden mit eigenem Kompost versorgt, und gerade in der Vegetationszeit ist Bernhard Ott jeden Tag im Weingarten. Da heißt es beobachten, wie sich die Trauben entwickeln, und hier macht er sich auch seine Gedanken: „Wann ernten wir, was schneiden wir?"

Bis zu sechs Wochen dauert für den Spitzenwinzer die Ernte. Hat er die Trauben im Keller, dann entscheidet er spontan, ob Rebeln und Maischen angesagt sind oder eine Ganztraubenpressung vorgenommen wird. Letztere erweist sich als die schonendere Methode, speziell bei schwierigen Jahrgängen. Bei den Trauben aus den biologischen Weingärten muss der Kellermeister auch nicht in den Gärprozess eingreifen. Spontangärung setzt ein, und alles nimmt seinen natürlichen Verlauf.

Wein aus Tonamphoren

Im Jahr 2009 hat sich Bernhardt Ott einen lang gehegten Traum erfüllt: Aus Veltlinertrauben stellte er einen Wein her, ohne auch nur irgendetwas dafür zu tun. Er „ließ" ihn sozusagen „werden". Bernhard Ott hatte sich dafür in Georgien Tonamphoren verschafft, die zwischen 500 bis 2 500 Kilogramm fassen. Diese wurden mit gerebelten Veltlinertrauben gefüllt, verschlossen und im Lössboden vergraben. Nach fünf Monaten wurden die Amphoren wieder geöffnet, und fertiger, klarer Wein war das Resultat! Bei diesem Verfahren findet eine Gärung innerhalb der Beerenhaut statt, und eine monatelange Mazeration holt alle wesentlichen Stoffe aus der Beerenhaut. Aufgrund des speziell porösen Tons der Amphoren kann der entstehende Wein seinen Reifeprozess im Gefäß abschließen.

Bernhard Ott: „Ich versuche immer, meinen Konsumenten Freude zu geben und sie nie zu enttäuschen!" So macht man aus einem Namen ein Programm!

1 500 Flaschen gab es von diesem eigenwilligen Wein, der auf der VieVinum erstmals verkostet wurde und auf Anhieb Topbewertungen erhielt

Im Gespräch
mit Franz Leth, Fels am Wagram

Hans Stoll: „Alle reden hier von Veltliner und dessen Lust auf Löss, doch eigentlich wäre eure Spezialität der Rote Veltliner!"

Franz Leth: „Keine Frage – unsere autochthone Sorte ist der Rote Veltliner, und darauf sind wir sehr stolz, aber der Hauptabsatz liegt beim Grünen Veltliner!"

Hans Stoll: „Worin unterscheiden sich diese beiden Rebsorten?"

Franz Leth: „Für den Roten Veltliner ist auf alle Fälle das perfekte, auf ihn abgestimmte Terroir wichtig. Roter Veltliner reift sehr spät und braucht daher die Südlagen. Dort hat man die entsprechende Reifezeit und gut abtrocknende Böden."

Hans Stoll: „Das bedeutet, Roter Veltliner braucht mehr Wärme?"

Franz Leth: „Der Rote Veltliner friert ein ganzes Jahr! Wir achten wirklich genau, wo er am besten hinpasst. Er stellt extreme Anforderungen an den Boden, ist unglaublich fäulnisempfindlich und erfordert daher viel Laubarbeit. Deshalb ist schottriger Lössboden wegen der Erwärmung optimal."

Hans Stoll: „Wie sieht es mit der Weinstilistik beim Roten Veltliner aus?"

Franz Leth: „Generell bringt in der mittleren bis unteren Reife der Grüne Veltliner bessere Ergebnisse. Aber bei hoher Reife dankt es der Rote Veltliner mit perfekter Extraktfülle und pikanter Säure. Er hält dann lange und intensiv am Gaumen. Diese Rebsorte bringt bei optimaler Vinifizierung das ganze Potenzial des Terroirs nicht nur in die Nase, sondern auch auf den Gaumen."

Hans Stoll: „Das bedeutet, dass es einen Leichtwein aus dieser Sorte nicht gibt?"

Franz Leth: „Richtig! Roter Veltliner unter 18° KMW bringt keine Qualität. Aber alles, was darübergeht, überrascht sehr positiv. Aus dieser Sorte gibt es keinen faden Wein. Das Primäraroma ist zwar eher dezent, aber mit etwas Luft macht er dann auf und überrascht mit exotischen, würzigen Eindrücken in Richtung Orangen und Mandarinen, aber auch mit nussigen Akzenten."

Hans Stoll: „Wie sieht die Weinstilistik im Hause Leth allgemein aus?"

Franz Leth: „Es ist nicht meine Philosophie, Jungweine zu machen, wir brauchen diese aber für den Markt. Die Drehzahlweine sind – auch im Exportgeschäft – die Klassikweine. Reserveweine bringen hingegen die Aufmerksamkeit."

Hans Stoll: „Das Potenzial für entsprechende kräftige Weine ist ja vorhanden."

Franz Leth: „Unsere Lage Brunnthal ist mit Grünem Veltliner bestockt, der relativ früh sein Potenzial zeigt. Außerdem entwickelt sich auf dieser Lage auch der Pinot noir hervorragend. Die Riede Scheiben bringt Weine mit mächtigem Potenzial hervor, das sind langlebige Weine – auf alle Fälle entstehen dort unsere Flaggschiffweine."

Hans Stoll: *„Wie sieht es mit dem anderen Rebsortenmix aus?"*

Franz Leth: *„Die Böden zur Donau hin sind schottriger und mineralischer, daher haben wir dort Riesling ausgepflanzt. Ein Wein mit pikanter Note und Substanz. An den Lösshängen haben wir auch einen guten Teil Sauvignon blanc – alles in Waldnähe wegen der Aromabildung. Wir wollen aber einen reifen, mächtigen Sauvignon blanc."*

Hans Stoll: *„Wie sieht die persönliche Weinphilosophie von Franz Leth aus?"*

Franz Leth: *„Ich bin ein Verfechter der späten Lese und lasse die Frucht ausreifen. Die Trauben sollen so lange wie möglich am Stock hängen. Das bringt eine ausgeprägte Aromatik. Wenn die Trauben zu früh vom Stock kommen, unmittelbar nach Abschluss der Zuckerbildung, dann bekommt man einen Wein, der nur nach Säure und Alkohol schmeckt. Gerbstoffe, die ein grünes, unreifes Aroma bringen, sind da noch gar nicht abgebaut und so schmecken die Weine dann auch – grün und unreif!"*

Hans Stoll: *„Lässt sich das vom Vegetationsverlauf her so einfach einrichten?"*

Franz Leth: *„Wir haben zum Glück aufgrund unserer klimatischen Bedingungen meistens einen sehr trockenen Herbst und kaum Botrytis. Natürlich kann ich nicht alles im November lesen – wir brauchen auch Klassikweine."*

Hans Stoll: *„Wie sieht generell eure Vermarktungsstrategie aus – Stichwort DAC?"*

Franz Leth: *„Ich selber habe einen sehr hohen Exportanteil von 70 Prozent. Da sieht es konkret so aus, dass sich der Käufer zuerst für österreichischen Wein entscheidet, sich dann die Rebsorte ansieht und sich erst an dritter Stelle für den Produzenten interessiert. Auf dem Inlandsmarkt ist es sicher angebracht, ein klares Produktprofil anzubieten. Der Konsument soll sich beim Kauf für ein Geschmacksprofil entscheiden. Wir sind auf alle Fälle schon mal alle sehr froh, den Namen ‚Wagram' auf dem Etikett zu haben. Früher stand Donauland darauf und wir wurden ständig mit einem Buchklub verwechselt."*

Carnuntum

Unter Carnuntum versteht man heute das Gebiet östlich von Wien und südlich der Donau. Carnuntum kann auf eine lange Weinbautradition zurückblicken. Seit den Kelten wird in dieser fruchtbaren Landschaft Weinbau betrieben. Die erste Hochblüte erlebte dieses Gebiet unter den Römern.

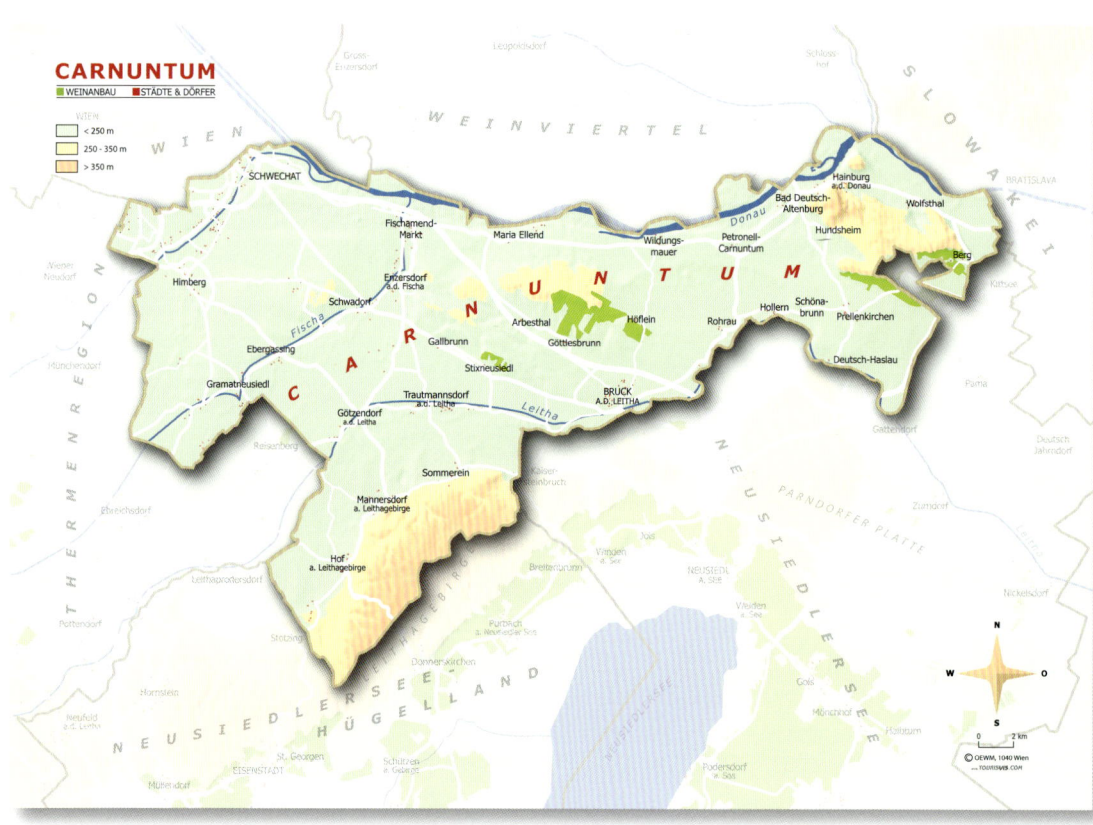

Der Name des Gebiets bezieht sich auf die antike Hauptstadt der damaligen römischen Provinz Oberpannonien. Carnuntum hatte zu seiner Blütezeit etwa 50 000 Einwohner. Im Archäologischen Park Carnuntum wird diese Zeit zu neuem Leben erweckt. Einzigartige Baudenkmäler und Rekonstruktionen, lebendige Führungen, prunkvolle Schätze und spektakuläre römische Feste zeugen vom einstigen Glanz.

Das Heidentor wurde als Symbol für das Gebiet gewählt und prägt die Aufmachung der Weine der Rubin-Carnuntum-Winzer

Heute kann man getrost von einem kleinen Aufbruchwunder sprechen, allein die Entwicklungen der letzten Dekaden haben eine Reihe von Topbetrieben an die österreichische und internationale Spitze gebracht. Gerade einmal um die 900 Hektar Weingärten sind östlich von Wien bis zur slowakischen Grenze angelegt – doch diese sind vom Feinsten. Es gibt wenig Weinbaugebiete in Österreich, wo der Zusammenhalt der Winzer so demonstriert wird wie hier. Niemand bricht aus dieser Qualitätsphalanx aus. Gepflegte Weingärten, so weit das Auge reicht!

Das Weinbaugebiet liegt in einer sogenannten Kessellage: im Norden die Donau, eingegrenzt vom Leithagebirge im Süden, den Hainburger Bergen im Osten und dem Arbesthaler Hügelland im Westen. Das milde, warme Klima des knapp 20 Kilometer entfernten Neusiedler Sees trägt ebenso dazu bei wie die erfrischende Kühle vom Westen. Üblicherweise nutzen die Trauben dieses Zusammenspiel in der entsprechenden Vegetationsphase zu einer perfekten Aromenanreicherung in der Beerenhaut und zur vollen Ausreifung.

Die Bodenstruktur wurde im Verlauf von Tausenden Jahren durch die Donau geprägt. Schottererosionen und karge Steinböden mit Lössanwehungen mischen sich mit erdigen, lehmigen Sandböden sowie teilweise auch Kiesböden durch. Ein spezielles Terroir, das für die Winzer einen weiten Spielraum zur eigenwilligen Entfaltung von gehaltvollen Veltlinern, finessenreichen Chardonnays, aber auch Weinen aus den typischen Rotweinrebsorten der Region – Blauem Zweigelt, St. Laurent, Blaufränkisch – zulässt.

Vor allem aus dem Blauen Zweigelt weiß eine Gruppe von innovativen Winzern wunderbare Weine zu keltern, die es alljährlich an die österreichische Spitze schaffen.

Ergänzt wird der bunte Reigen mit den internationalen „big players" Cabernet Sauvignon und Merlot. Die frühere Dominanz der Weißweinsorten ist stark rückläufig, während der Rotweinanteil in den letzten Jahren auf beinahe 50 Prozent aller Auspflanzungen geklettert ist.

Toplagen in Carnuntum

Ausgangsort für den Wein-Boom der vergangenen Jahrzehnte, aber auch für die derzeitige Aufbruchstimmung der jungen Generation ist eindeutig das beschauliche **Göttlesbrunn**. Gab es bis Mitte der 1980er-Jahre – und viele Wein-

freunde erinnern sich an diese Zeit mit gemischten Gefühlen – fast nur landwirtschaftliche Mischbetriebe, so haben damals auch einige Pioniere damit begonnen, sich auf den Weinbau zu spezialisieren.

Rosenberg

Die nach Süden ausgerichtete Lage Rosenberg mit sehr unterschiedlichen Bodenverhältnissen (von Schotter über sandige Lehmschichten bis hin zu Kalkmergel, einem Sedimentgestein aus Kalk und Ton) ist für die Bordeaux-Sorten (Cabernet Sauvignon, Cabernet Franc und Merlot) ein ideales Terrain. Durch die mineralischen Böden und ihre gute Fähigkeit zur Wärmespeicherung kommen aus dieser Lage sehr ausdrucksstarke und facettenreiche Rotweine.

Das erste große, internationale Aufsehen gelang wohl **Gerhard Markowitsch** – dem damaligen „Wilden" der Weinszene – mit seiner Cuvée Rosenberg aus einem Hauptanteil an Blauem Zweigelt sowie aus Cabernet Sauvignon und Merlot. Er gab mit diesem Wein die Richtung vor: Blauer Zweigelt! Carnuntum ist wohl die beste Heimat für diese Rebsorte, und bis heute gibt es im gesamten Gebiet kaum eine Cuvée, die nicht vom Blauen Zweigelt dominiert wird. Göttlesbrunn wurde somit zum Rotwein-Eldorado der Region.

Schüttenberg

Der Schüttenberg gilt als die höchste Erhebung im Arbesthaler Hügelland. Hier herrschen sehr warme und trockene Bedingungen vor, und die steilen Hänge mit Schotterböden (auch als Alluviumböden bezeichnet) verfügen über wenig Wasserhaltekraft. Dieses Terroir erinnert stark an das Rhône-Tal in Frankreich. Es ist daher nicht verwunderlich, dass einer der Topwinzer Österreichs, **Franz Netzl** (siehe auch S. 84 ff.), genau jene Rebsorte hier ausgepflanzt hat, die im Rhône-Tal am meisten verbreitet ist: **Syrah.** Diese Sorte liebt und braucht jene Art von Böden, um ihre typisch würzige Aromatik zu entwickeln. Franz Netzls kräftig ausgebaute Weine gehören zu den besten des Landes und beweisen, dass auch Syrah aus Österreich internationale Beachtung erlangen kann.

Schüttenberg

Bärnreiser

Die nach Süden ausgerichtete Hanglage bietet optimale Sonneneinstrahlung, die tiefgründigen Lössböden speichern zum einen die Feuchtigkeit und zum anderen die Wärme des

Tages. In Summe ergibt das optimale Bedingungen für hochreife und dunkelbeerige blaue Trauben wie Merlot, Zweigelt und St. Laurent.

Edles Tal

„Nomen est omen" – so edel der Name, so edel die Lage. Tatsächlich stehen die Rebstöcke hier auf sehr nährstoffreichem Untergrund. Die Vegetation hat es hier nicht so eilig, und daher ist eine optimale Ausreifung des Traubenmaterials gegeben. Durch die Tallage zieht ständig ein angenehmes „Lüfterl", das die Trauben relativ schnell auftrocknet. Speziell den Burgundersorten wie St. Laurent kommt das sehr entgegen, da durch das rasche Auftrocknen eine Fäulnisbildung verhindert wird.

Haidacker

Der sanft in die Landschaft eingebettete Südwesthang ist einer optimalen Sonnenbestrahlung ausgesetzt. Durch die Nähe zur (kühlen) Donau ist wiederum für eine sehr gute Aromabildung gesorgt. Diese kommt speziell den Weißweinsorten und auch dem Blauen Zweigelt zugute.

Weitere Lagen sind **Altenberg** und **Aubühel**.

Markengemeinschaft „Rubin Carnuntum Weingüter"

Sie bringt im Wesentlichen zwei Produktlinien auf den Markt.

Primus Carnuntum

Diese Weißweine zeichnen sich durch Frische und elegante Fruchtigkeit aus. Am besten kommen diese Vorzüge beim Jungwein zur Geltung. Daher keltern seit 1988 mehr als 50 Winzer einen Primeur, den Primus Carnuntum.

„Der Erste" zu sein, ist für die Winzer keine Frage des Lesetermins, sondern der Reife. Der Primus Carnuntum ist ein Kabinettwein aus der Sorte **Grüner Veltliner.** Die strenge Mengenkontrolle und der hohe Qualitätsstandard garantieren, dass er ein herzhaft frischer Jungwein ist, der Reife mit jugendlicher Leichtigkeit verbindet. Durch die entsprechende Reife bewahrt der Primus Carnuntum seine Qualität über den nächsten Jahrgang hinaus.

Rubin Carnuntum

Die Winzer der Markengemeinschaft haben das große Potenzial der Rotweine dieses Gebietes neu entdeckt. Während das Mikroklima um den Leithaberg und das Arbesthaler Hügelland die Rebsorte Blauer Zweigelt begünstigt, hat der Blaufränkische rund um die Hainburger Berge eine lange Tradition und gedeiht dort besonders ausgewogen und sortentypisch.

Der gehaltvolle Rubin Carnuntum ist das Markenzeichen der Rubin-Carnuntum-Weingüter. Nur die Sorten **Blauer Zweigelt und Blaufränkisch** tragen diesen Namen. Die gebietstypischen Merkmale sind ein zartfruchtiges Bukett und samtige Tannine.

Die strengen internen Mengen- und Qualitätskontrollen garantieren, dass nur die besten Rotweine des jeweiligen Jahrgangs den Namen Rubin Carnuntum tragen.

Im Gespräch

mit Franz Netzl, Göttlesbrunn

Hans Stoll: „Ihr habt in den letzten Jahrzehnten einen großen Aufschwung erlebt. Wie ist es dazu gekommen?"

Franz Netzl: „Wir haben uns mit den verschiedenen Bodenstrukturen auseinandergesetzt und das im Arbesthaler Hügelland eigene Mikroklima mit seinen 600 Hektar Rebfläche optimal ausgenutzt."

Hans Stoll: „Wie stellen sich die Klimaunterschiede dar?"

Franz Netzl: „Natürlich dominiert bei uns das pannonische Klima, aber es ist etwas kühler als am Neusiedler See. Das verhindert zum einen Botrytis und fördert zum anderen die optimale Aromabildung. Unsere Trauben sind zu 100 Prozent botrytisfrei – sollte dennoch etwas Botrytis auftreten, dann reagieren wir mit einer Negativauslese und schneiden das befallene Material vom Stock."

Hans Stoll: „Aber es wäre doch auch spannend, Beerenauslesen zu machen ..."

Franz Netzl: „Nein, wir legen auf Prädikatsweine keinen Wert. Wir sind dafür klimatisch gesehen einfach nicht in einer optimalen Region und konzentrieren uns lieber auf unsere Stärken!"

Hans Stoll: „Worin liegen diese?"

Franz Netzl: „Ich betrachte mich als Zweigeltwinzer. Das ist eine große und schöne Herausforderung. 60 Prozent unserer Rebfläche haben wir mit Zweigelt bestockt. Bisher haben wir diese Sorte meistens als Cuvée-Partner für Rubin Carnuntum verwendet. Jetzt wollen wir hauptsächlich hochwertigen Zweigelt machen und diesen auch im Premiumsegment platzieren."

Hans Stoll: „Liegt St. Laurent bei euch auch im Trend?"

Franz Netzl: „Wir haben mit dem Schüttenberg neben dem Syrah auch eine Toplage für den St. Laurent. Durch den angrenzenden Maria Ellender Wald bekommen wir frische, trockene Luftströme, die den St. Laurent nach dem Morgentau rasch abtrocknen."

Hans Stoll: „Wie sieht es geologisch rund um Göttlesbrunn noch aus?"

Franz Netzl: „Wir verfügen über Hanglagen mit schottrigem Untergrund und Lössböden mit einem sehr hohen Kalkanteil, versehen mit Humusauflagen. Dadurch bekommen wir die Mineralik und Finesse in den Wein."

Franz Netzl: „Unsere Trauben sind zu 100 Prozent botrytisfrei."

Hans Stoll: „Schüttenberg sagt mir allerdings auch etwas in Bezug auf Weißwein."

Franz Netzl: „Ja, richtig. Durch den schottrigen Boden und die erwähnte Kühle können wir dort auch extrem gut mit Sauvignon blanc arbeiten. Wir sehen eine gewisse Wertigkeit bei fruchtig-aromatischen Weißweinen. Meine Tochter Christina liebt zudem füllig-cremige Weißweine, und so haben wir mit dem Jahrgang 2009 auch ein Barriquefass mit Sauvignon blanc gemacht. Das Ergebnis ist wirklich fulminant."

Hans Stoll: „In Carnuntum waren früher die Weißweine vorherrschend?"

Franz Netz: „Erst in den letzten Jahren sind – speziell in Göttlesbrunn – die Rotweine dominant geworden. In unserem Haus haben wir aber auch etwas Welschriesling, Grünen Veltliner im Kabinettbereich und exotisch anmutende Chardonnays. Bei Primusweinen, die Anfang November auf den Markt kommen, sind wir jedoch nicht dabei."

Hans Stoll: „Verfolgt ihr bezüglich Kellertechnik gewisse Trends?"

Franz Netzl: „Auch wenn es schon etwas langweilig klingen mag – höchste Priorität hat nun einmal das beste Traubenmaterial. Im Keller sind uns die Hände gebunden. Wir rebeln und machen nachher mit dem Rüttler eine Beerenselektion."

Hans Stoll: „Eine Beerenselektion mit dem Rüttler, wie darf man das verstehen?"

Franz Netzl: „Durch das Vibrieren fallen schlechte Beeren raus – das können Beeren sein, die klein und unreif sind, aber auch welche, die verhagelt und aufgeschlagen sind. So etwas kommt dann nicht mehr zur Maische. Aus hygienischen Gründen machen wir die Maischestandzeit ausschließlich im Edelstahltank und das Ganze so lange wie möglich. Sobald die Hauptgärung vorbei ist, habe ich absolut keinen Einfluss mehr auf das entstehende Produkt."

Christina Netzl

Hans Stoll: *„Wie sieht bei euren Produktlinien der Holzeinsatz aus?"*

Franz Netzl: *„Die Klassikweine kommen für einige Monate in letztgebrauchte Fässer, die Selektionsweine wie auch der Rubin Carnuntum in zweitbefüllte Fässer, und beim Premiumsegment wie Edles Tal oder Anna Christina variieren wir zwischen 2/3 und 1/3 neuer Fässer.*

Hans Stoll: *„Ein für mich großartiges Erlebnis ist es, hier durch die Weingärten zu fahren – ich habe selten eine durchgehende Weingartenpflege von dieser Qualität gesehen!"*

Franz Netzl: *„Das geht scheinbar nur bei uns. Wir sind 44 Rubin-Carnuntum-Winzer, die sich der bedingungslosen Weingartenpflege verschrieben haben. Natürlich hat jeder seine eigene Philosophie was die Arbeit in den Rieden anbelangt, aber alle schauen auf optimale Pflege und Sauberkeit."*

Hans Stoll: *„Rubin Carnuntum ist mehr als eine Marke?"*

Franz Netzl: *„Rubin Carnuntum ist Marken- und Qualitätsbezeichnung. Jeder Betrieb führt ein Rubin-Carnuntum-Produkt. Seit 1992 machen wir das mit einer strengen Kostkommission, die sich aus internationalen Weinjournalisten und Winzern zusammensetzt und bei der selbstverständlich die Weine verdeckt verkostet werden."*

Das Weinviertel

Das Weinviertel als größtes Weinbaugebiet Österreichs ist in seiner Vielfalt ein lohnendes Ziel für weinkulinarische Entdeckungen. An die 14 000 Hektar Reben umfasst dieser „Weinriese".

Der Grüne Veltliner prägt in seiner ganzen Bandbreite – vom leichten „Terrassenwein" bis zum langlebigen „Powerwein" – das Weinviertel. Aber auch leichtgewichtige Welschrieslinge, finessenreiche Weißburgunder (Pinots blancs) und kernige Rieslinge sowie Grundweine für Sekt aus Poysdorf werden im Weinviertel produziert.

Die speziell im letzten Jahrzehnt entstandene vinophile Dynamik des Weinviertels zeigt sich vor allem darin, dass es das erste Weinbaugebiet in Österreich war, das einen Herkunftswein mit Profil auf den Markt gebracht hat: Der gebietstypische Grüne Veltliner wird unter der Bezeichnung **Weinviertel DAC** vermarktet. Aber darüber etwas später.

Ohne eine Spaltung dieses Gebietes zu beabsichtigen, muss es wohl – zwecks besserer Überschaubarkeit – dreigeteilt betrachtet werden.

Retz

WESTLICHES WEINVIERTEL – TROCKEN UND KARG DAS LAND, KERNIG DIE WEINE

Heiß und trocken ist es im Land unter dem Manhartsberg, der einer der wesentlichen Einflussfaktoren für den Weinbau im westlichen Weinviertel ist. Viele Sonnenstunden im Sommer und kühle Winde im Herbst lassen die Trauben ideal reifen, sorgen für entsprechendes Aroma und prägen dadurch den Charakter der Grünen Veltliner, Rieslinge und Weißburgunder. Zu den weiteren Spezialitäten zählen Rotweine der Sorte Blauer Zweigelt sowie Rotweincuvées, die sich durch Konzentration, Struktur und Fruchttiefe auszeichnen.

Die Stadt **Retz** mit ihren Windmühlen als Wahrzeichen ist uraltes Zentrum des Weinbaus und Weinhandels der Region. Durch die Stadt zu schlendern, sich treiben zu lassen und die Atmosphäre mit dem südlichen Flair zu genießen, hat einen überaus entspannenden Charakter. Die in die Ausläufer des Manhartsberges eingebettete Stadt steht auf einer wasserfesten Schicht aus Lehm, Tegel und Mergel und ist zum Teil mehrstöckig unterkellert. Diese Weinkeller sollen länger als das überirdische Straßennetz sein und haben eine Gesamtlänge von über 20 Kilometern! Ein absolutes „must see"!

Die Weine aus Retz und Umgebung sind von ihrem Profil her sehr typisch für Weine aus nördlichen Anbaugebieten: frisch, fruchtbetont, elegant und spritzig! Egal ob Veltliner, Riesling oder auch Weißburgunder (Pinot blanc – dieser tritt hier absolut nicht mehr

„burgundisch" auf), diese Weine zeigen eine sehr elegante Mineralik.

Südlich von Retz liegt die Marktgemeinde **Röschitz** mit bemerkenswerten Lagen und Rieden wie Reipersberg, Galgenberg sowie Steinleiten.

Die Böden in Röschitz bestehen aus ausgesprochen kargem, kristallinem Urgestein mit Lössanwehungen und Lehmschichten. Sie verfügen über eine besonders gute Wasserhaltekraft und lassen daher frische, (im positiven Sinne) säurebetonte, würzige Grüne Veltliner und Rieslinge mit feiner Mineralik entstehen.

Johannes Kölbl – blitzsaubere Weine mit klarer Struktur

Röschitz ist auch die Heimat von Johannes Kölbl. Blitzsaubere Weine mit einer klaren Struktur sind sein Markenzeichen. Im Unterschied zum östlichen Weinviertel, erklärt er uns, ist das Klima hier etwas frischer. Der kühle Wind vom Waldviertel beeinflusst die Aromatik der Weine und lässt sehr fruchtbetonte Noten entstehen. Die Böden beinhalten mehr Urgestein und liefern eine intensivere Minera-

Ein Blick ins Himmelreich
Der schauderhafte Name Galgenberg stammt übrigens vom alten Marktrecht, nach dem eben auch Gericht gehalten wurde. Als Ausgleich dazu sieht man jedoch vom Galgenberg gleich auf die gegenüberliegende Lage Himmelreich (fraglich, ob es ein Trost für jene war, die den letzten Weg zum Galgen antraten ...).

lik. Kölbls Urgesteinsriesling kommt von der Lage Galgenberg und zeigt die für Riesling typischen Steinobstnoten.

Der Sauvignon blanc steht ebenso auf Graniturgestein, was dem Wein eine resche Säure und klare typische Fruchtnoten verleiht. Mit Löss würde der Sauvignon blanc wohl nicht die typischen Aromen erreichen.

Das Weingut der Kölbls dürfte zu einem der ältesten des Landes gehören. Seit 1660 – und das ist urkundlich erwähnt – betreibt die Familie ohne Unterbrechung auf diesem Hof Weinbau. Die Tradition dürfte wohl weitergeführt werden, denn der Wunsch von Hannes Kölbl ist es, dass beide Söhne die Weinbauschule besuchen. Sollte es mit den Söhnen nicht klappen, könnte auch noch die Tochter in die Presche springen ...

Hannes Kölbls typische Terroir-Weine wie DAC Klassik, Riesling Galgenberg und Chardonnay „Granit" sind jene Weine, die im Besonderen seine Handschrift tragen.

Mailberg Valley
Neue Wege zu gehen ist das eine, richtiges Marketing zu machen das andere. Die Namensgebung Mailberg Valley zählt wohl nicht zu den großen Marketingwürfen der Gegenwart ...

Trotzdem steht Mailberg Valley seit über zehn Jahren für eine garantierte Herkunft der typischen Weine aus Mailberg. 120 Winzer sind es, die etwa 300 Hektar Wein in dieser Kessellage bewirtschaften.

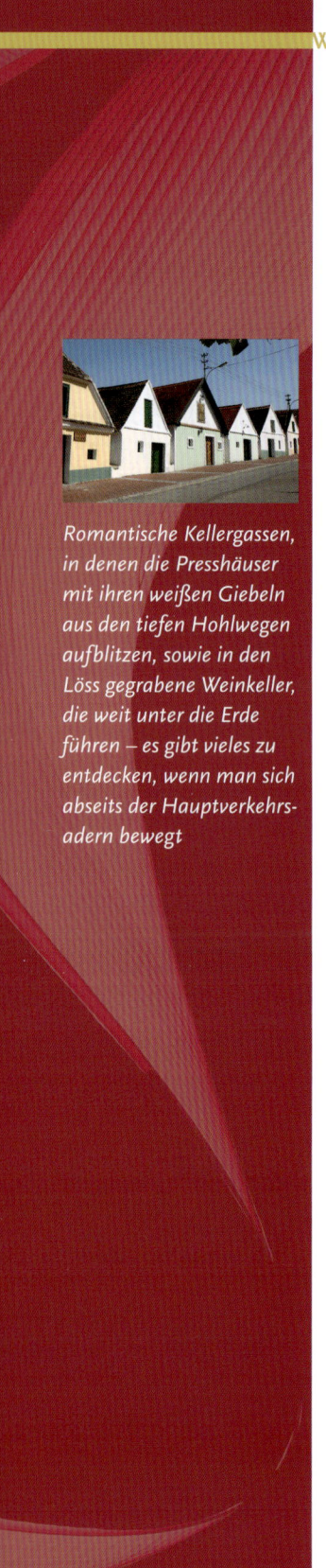

Romantische Kellergassen, in denen die Presshäuser mit ihren weißen Giebeln aus den tiefen Hohlwegen aufblitzen, sowie in den Löss gegrabene Weinkeller, die weit unter die Erde führen – es gibt vieles zu entdecken, wenn man sich abseits der Hauptverkehrsadern bewegt

Der Mailberger „Qualitätsmix" (ich wollte immer schon einen Alternativbegriff für Terroir verwenden) entsteht zum einen aus dem Zusammenspiel des frischen Klimas im nördlichen Weinviertel und der geschützten Kessellage der Weingärten im kleinen Tal. Zum anderen sind die Mailberger Böden sehr kalkreich und mit lehmigen Sand- und Lössschichten überzogen. Dabei entstehen Weine, die etwas später ausreifen und mit einer feingliedrigen Säure ausgestattet sind.

Neben dem Grünen Veltliner können sich in dieser speziellen Lage auch die weißen Burgundersorten wie Weißburgunder (Pinot blanc) und Chardonnay hervorragend entwickeln. Zudem erzielt man auch im Rotweinbereich mit Blauem Zweigelt beachtliche Erfolge.

Wie das Schlossweingut des Malteser Ritterordens seit Jahren unter Beweis stellt, kann man hier auch mit Cuvées im internationalen Stil durchaus respektable Erfolge erzielen.

Fährt man von Retz Richtung Osten zum Veltlinerland – ein Weg, der sich allemal lohnt und keine Stunde dauert –, so kommt man zu einem sehr geschichtsträchtigen Weinbauort der Region: Falkenstein.

Falkenstein

185 Hektar Weingärten sind es, die in dieser historischen Gemeinde ausgepflanzt sind. Hier sind die geologischen und klimatischen Bedingungen ideal für die gebietstypischen „Grünen" und die Burgundersorten. Kalkklippen und warme Kessellagen sorgen für eine perfekte Reifung des Traubenmaterials.

Das Falkensteiner Berggericht und was es damit auf sich hatte

Um mehr Informationen über diese historische Begebenheit zu erhalten, machen wir Station in Falkenstein und recherchieren über die Gerichtsbarkeiten in alten Zeiten (speziell zwischen dem 13. und 18. Jahrhundert), wo das Falkensteiner Berggericht für alle „Untaten" in Zusammenhang mit Wein zwischen Wien und Brünn zuständig war. Jährlich, und zwar am Markustag (25. April), hatten sich alle Weinbergbesitzer zum „Bergtaiding" zu versammeln, und es wurde manches verhandelt, aber auch festgelegt: Lesetermine und Qualitätskontrollen wurden – man kann es kaum glauben – für damalige Zeiten relativ basisdemokratisch entschieden, ebenso wie der neue Bergrichter mit seinem zur Seite stehenden Bergmeister gewählt wurde.

Bis zum heutigen Tag haben sich die Falkensteiner Winzer zu einer Gemeinschaft zusammengeschlossen, deren Ziel es ist, das Erbe ihrer Väter behutsam und mit höchster Qualität weiterzuführen. Damals wie heute kontrolliert ein gewählter Bergmeister die Weingärten und die Weinernte. Ihm obliegt es auch, alljährlich im Frühjahr eine Jury aus anerkannten Weinexperten und Fachjournalisten zusammenzustellen und einzuberufen. Die Jury verkostet die Weine und zeichnet die besten von ihnen mit dem **Berggerichtssiegel** aus.

Irgendwie schade, dass diese Art der Tradition so wenig Beachtung findet. Aber immerhin wird hier eine Geschichte hochgehalten, die über 500 Jahre Bestand hat – und wer weiß, vielleicht überdauert diese Markengemeinschaft manch andere Modeerscheinung.

Es ist nur ein kleiner Sprung von unserem Berggericht in das Ortszentrum. Romantisch ist dieser Ort mit seiner idyllischen Kellergasse, wo man gerne bei einem Glas Wein sitzt, sich einer zünftigen Jause widmet und sich von dem alten Gemäuer der Burgruine, die auf uns herabblickt, in die Geschichte zurückversetzen lässt.

ÖSTLICHES WEINVIERTEL – VELTLINERLAND

Einfach „Brünnerstrassler" wurden sie früher genannt, die bekannten reschen Weine aus den Weingärten, die sich an der Straße nach Brünn befanden. Die Nähe zu Wien machte es vielen Weinbauern einfach, das selbst erzeugte Produkt durch „Ab-Hof-Verkauf" an den Mann zu bringen.

Das Veltlinerland hat seinen Namen von unserer autochthonen Paraderebsorte Grüner Veltliner. Und hier, in dieser Region, hat der „Grüne", wie er kurz genannt wird, seine eigentliche Heimat. Da es den „Grünen" fast nur bei uns in Österreich gibt, gehört er weltweit gesehen zu den Raritäten und wird daher, speziell von den Winzern des Veltlinerlandes, auch mit besonderer Liebe und Sorgfalt gepflegt. Der Wein ist im Veltlinerland nicht nur ein Produkt,

das für den Lebensunterhalt der Bevölkerung sorgt, sondern auch ein uraltes, traditionsreiches Kulturgut, das beinahe alle Lebensbereiche durchdringt.

Zentrum des Veltlinerlandes ist die Stadt **Poysdorf.** Hier wurde der Weinbau bereits 1194 erstmals urkundlich erwähnt. Wein und Weinbau prägen die an Kulturdenkmälern reiche Stadt, und das Thema Wein wird hier spürbar „gelebt".

Auf rund 5 300 Hektar Rebanbaufläche reifen im Veltlinerland alle Weinstile und Typen: vom gehaltvollen, typisch pfeffrigen DAC-Wein in der Klassiklinie über den kraftvollen Grünen Veltliner DAC Reserve bis zu hohen Prädikatsweinen wie Beerenauslese, Strohwein und – wenn es die Temperaturen erlauben – auch Eiswein.

Fritz Rieder, der Weinrieder aus Kleinhadersdorf unmittelbar neben Poysdorf, hat schon Mitte der 1980er-Jahre erkannt, dass man etwas Besonderes schaffen kann, wenn man die positiven, von der Natur gegebenen Grundlagen nutzt. So entstanden in dieser Gegend Eisweine (siehe auch S. 75) der Extraklasse, und eine von Rieders Spezialitäten hat sich längst als legendärer Wein etabliert: sein **St.-Laurent-Eiswein.**

Was für die Qualität der Weinerzeugung gilt, gilt ebenso für die Produktion von hochwertigen Schaumweinen: Nur aus guten Grundweinen kann auch ein entsprechend qualitätsvoller Sekt erzeugt werden. Für alle Schaumweinliebhaber unter uns: Sekt ist eigentlich nur eine andere

Bezeichnung für Schaumwein im deutschsprachigen Raum, der nach der zweiten Gärung einen CO_2-Druck von mindestens 3,5 Bar aufweisen muss.

Gerade die Region um die Stadt Poysdorf gilt schon seit Langem als Lieferant für perfektes Material für die Herstellung von großen Schaumweinen, die sich auch international messen können. Kein Wunder – liegt doch das Weinviertel auf derselben geografischen Höhe wie die Champagne in Frankreich. Deshalb gibt es in der Stilistik der Grundweine kaum Unterschiede zum französischen Pendant. Das Veltlinerland ist Heimat einiger Winzer, die hervorragende Winzersekte mit eigenständigem Profil erzeugen.

Am Abend durch die romantische Poysdorfer Kellergasse zu schlendern, ist mehr als beeindruckend – ewig schade, dass nur wenige der Kellergassenlokale als Heurige betrieben werden! Wie auch immer – wenn Sie durch die Kellergasse an den Lössschluchten vorbeigehen, sollten Sie unbedingt ein besonderes Ziel in der Körnergasse ansteuern. Eigentlich ist es nicht zu verfehlen – denn wenn Sie die weiße Taube erkennen, braucht es nur noch einen Schwenk und Sie befinden sich im urig-gemütlichen Innenhof einer Spitzenwinzerfamilie der Region: dem von Helmut und Monika Taubenschuss.

Helmut und Monika Taubenschuss – Weine für Genießer

Der Abschied von der Dopplerware als dem Hauptsegment und die ersten Abfüllungen der Spitzenweine in Bouteillen (damals 0,7 l)

fanden auf diesem Weingut bereits 1942 (!) statt. Man kann sich nur vage vorstellen, welches Echo damals in der näheren Umgebung dadurch ausgelöst wurde! Zu einer Zeit, als Quantität alleine aus Gründen der Not im Vordergrund stand, stellten sich Helmut Taubenschuss' Vorgänger schon auf eine Strategie um, die unter dem Motto „Weniger ist manchmal mehr" lief.

Innenhof im Weingut Taubenschuss

Heute ist dieser Weinbaubetrieb hochdekoriert und mit seinen Premiumprodukten immer im Spitzensegment platziert. Und dennoch: Das Preisleistungsverhältnis ist mehr als kundenfreundlich.

Die Tradition des Weinbaus wird bei den „Taubenschüssen" schon seit dem Jahre 1670 „genetisch" vererbt. Umso erfreulicher, dass

Helmut Taubenschuss mit seinem Sohn Markus

auch bei diesem Familienweingut die nächste Generation schon in den Startlöchern steht! Sohn Markus, der zurzeit die Weinbauschule besucht, hat bereits seinen ersten Wein produziert, Sohn Thomas wird wohl die Marketingschiene des Hauses übernehmen – dafür ist Mutter Monika mit Sicherheit die beste Lehrmeisterin.

In der ersten Reihe steht im Hause Taubenschuss – wie sollte es anders sein – der Grüne Veltliner.

Die **DAC-Classic-Linie** ist schnörkellos, geradlinig, fruchtbetont, mit einem dezenten, jedoch typischen Pfefferl ausgestattet – kurzum: Der Genießer erfreut sich über einen angenehmen Trinkfluss. Die nächste Stufe stellt der „Grüne" der **Riede Herrmannschachern** dar, der mineralischer und würziger ist. Dieser Veltliner gehört übrigens zu den Stammgästen beim Salon Österreichischer Wein. Ein finessenreicher Veltlinertyp ist jener von der **Riede Tenn**. Deren Boden verfügt über einen höheren Kalkanteil und macht aus diesem Wein den Burgundertyp unter den Veltlinern.

Der mächtigste Vertreter dieser Rebsorte (und in Zukunft wahrscheinlich auch die Weinviertel DAC Reserve) ist der „Dienstälteste" aus den Taubenschuss'schen Weingärten, der „**MX Alte Reben**" – ein Veltliner aus der Riede Maxendorf mit großer Substanz und unterschiedlichsten Aromen, angefangen beim gelben Steinobst über exotische Nuancen bis hin zu würzigen Eindrücken, ausgestattet mit einer eleganten Säure und wunderschön anhaltendem Abgang. Dieser Wein steht bei bedeutenden Verkostun-

gen immer – und dies völlig zu Recht – im Fokus und spielt seine wahre Größe meist erst nach Jahren aus.

Helmut Taubenschuss hat im Laufe der Jahre eine besondere Affinität zum schwierigen Weißburgunder (Pinot blanc) entwickelt. Er geht mit dieser Rebsorte regelmäßig an die Grenzen des Machbaren.

Es ist bereits einige Jahre her, dass ich mit Helmut Taubenschuss in seinem urgemütlichen Verkostungsraum zusammensaß und mit einem Weißburgunder ein Verkostungserlebnis der besonderen Art hatte: Dass es an der Brünnerstraße ein Terroir gibt, welches dem Wein ein derartiges Potenzial verleihen kann sowie eine jugendliche Frische mitgibt, die möglicherweise einige Jahrzehnte anhält, überraschte mich wirklich. Helmut Taubenschuss bereitete es damals ein sichtliches Vergnügen, nach beinahe jedem schon wunderbar ausgereiften Wein mit leicht verschmitztem Lächeln zu sagen: „Warte mal – einen habe ich noch obendrauf ..." Und so kosteten wir uns mit Hingabe bis 1980 zurück ...

Helmut Taubenschuss: *„Wenn ich mich so umsehe, bin ich scheinbar der letzte Winzer in der Gegend, der noch händisch ernte. Ich verzichte ganz bewusst auf maschinellen Einsatz."*

Im Gespräch

mit Helmut Taubenschuss, Poysdorf

Hans Stoll: *„Was macht die Einzigartigkeit der Veltliner aus dem Weinviertel aus?"*

Helmut Taubenschuss: *„Zum einen verfügen wir über ein spezielles Terroir mit Lehm und Lössböden, die teilweise einen hohen Kalkanteil aufweisen. Andererseits reifen unsere Weine durch die kleinklimatischen Bedingungen optimal aus."*

Hans Stoll: *„Das bedeutet, dass eure Veltliner auf gar keinen Fall uniform sind, da es so viele unterschiedliche Bodenstrukturen gibt."*

Helmut Taubenschuss: *„Ganz genau so ist es! Ich denke da an unsere Paradelage, die Riede Maxendorf, wo wir unsere ältesten Rebstöcke haben. Diese stehen auf sandigen Lössböden, rein südlich ausgerichtet. Ganz anders ist die Situation mit der Lage am Weißen Berg. Da geben die lehmigen Lössböden den Ton an, und der Wein bekommt eine spezielle würzig-fruchtige Struktur, die sich besonders gut für die Weinviertel-DAC-Produktion eignet."*

Hans Stoll: *„Mein persönlicher Liebling ist der Grüner Veltliner der Riede Tenn ..."*

Helmut Taubenschuss: *„Das ist eine exponierte Lage, bestens geeignet für finessenreiche Weine mit Tiefgang und Langlebigkeit. Somit haben wir allein durch drei verschiedene Lagen völlig unterschiedliche Charaktereigenschaften bei den Weinen. Die Riede Herrmannschachern zum Bei-*

spiel, um noch eine weitere Variante ins Spiel zu bringen, zeigt sich von einer ganz anderen Seite: Die Mineralik dieses Weines ist aufgrund des leichten Lehmbodens viel stärker ausgeprägt als bei jedem anderen unserer Veltliner."*

Hans Stoll: *„Um auf das optimale Ausreifen des Lesegutes zurückzukommen: Was bedeutet das in Bezug auf das Terroir konkret?"*

Helmut Taubenschuss: *„Wir sind aufgrund der Vegetation das österreichische Weinbaugebiet mit der spätesten Ernte von weißen Trauben. Das bedeutet, unsere Weine reifen langsam und bauen entsprechendes Extrakt auf, was gerade den Premiumweinen zugutekommt. Zu einem Zeitpunkt, wo andere Gebiete längst mit der Ernte fertig sind, beginnen wir erst und machen meistens zwei bis drei Lesedurchgänge, alles per Hand. Ich glaube, wenn ich mich so umsehe, bin ich scheinbar der letzte Winzer in der Gegend, der noch händisch ernte. Ich verzichte ganz bewusst auf maschinellen Einsatz."*

Hans Stoll: *„Warum geht es gerade mit den Burgundersorten in dieser Region so gut?"*

Helmut Taubenschuss: *„Wie bereits erwähnt, lieben die sensiblen Burgundersorten eine langsame, lange Vegetationsphase, und wir verfügen über einige Rieden mit sehr hohem Kalkanteil in den Böden, was der Finesse der Weine besonders guttut. Den Rest erledigen wir mit unseren Hausaufgaben – also intensiver Pflege der Weingärten!"*

SÜDLICHES WEINVIERTEL – WEITES LAND, WEINE VOLLER CHARAKTER

Vor den Toren Wiens gelegen präsentiert sich auch die Weinkultur ganz nach dem Geschmack der Wiener: urige Heurige mit deftiger Jause, pfeffrige Grüne Veltliner, Rieslinge mit überwältigender Frucht, kräftige Weißburgunder (Pinots blancs) und elegante Chardonnays.

Die Böden sind typisch für diese Gegend: Lössanwehungen und lehmige Schichten wechseln sich mit Flyschböden ab. Die Bezeichnung Flysch stammt aus dem Schweizerischen und bedeutet ungefähr so viel wie unbefestigtes Hangmaterial, das zum Wegrutschen neigt. Bei uns im Weinbau steht die Bezeichnung Flyschboden für ton- und kalkhaltige Sandgesteinsböden. Diese Sandgesteinsböden beherrschen auch das Wiener Becken.

Hier im südlichen Weinviertel nahe bei Wien sind großartige Spargelkulturen angelegt. Kein Wunder also, dass die beiden „Bodenschätze" kulinarisch wie geschaffen füreinander sind. Oftmals haben wir bei diversen kulinarischen Veranstaltungen nach dem optimalen Spargelwein gesucht. Je nach Zubereitungsart passt einmal besser der Sauvignon blanc, ein anderes Mal der Weißburgunder, in seltenen Fällen der Riesling, aber durch die Bank kann man mit dem Grünen Veltliner zu Spargelgerichten keinen Fehler machen.

Wolkersdorf liegt am Rande des fruchtbaren Marchfeldes. Das trockene Klima begünstigt

hier die oben erwähnten Weißweinsorten, aber durchaus auch den Blauen Zweigelt.

Das **Matzner Hügelland** wird durch den Matzner Wald geteilt. Die Weine nördlich davon zeichnen sich durch Frische und Spritzigkeit aus, südlich davon sind sie blumig und vollmundig.

Mannersdorf an der March mit seinem pannonischen Klimaeinfluss bringt auch Traminer- und Prädikatsweine zur vollen Reife. Markant für Korneuburg und Umgebung sind die bukettreichen und spritzigen Weine, vornehmlich Grüne Veltliner, aber auch Rieslinge von außerordentlicher Mineralität.

Die DAC-Weine des Weinviertels

Wo Weinviertel DAC draufsteht, ist der typische, würzig-fruchtige „Grüne" drin. Strenge Kriterien sorgen dafür, dass sein hohes qualitatives Niveau und der einzigartige Weinstil gesichert sind.

Weinviertel DAC

Weinviertel DAC Klassik	
	■ **Rebsorte:** Grüner Veltliner
	■ **Alkoholgehalt:** mindestens 12 Vol.-% Alkohol
	■ **Restzucker:** max. 6 g/Liter
	■ **Charakteristik:** frisch, fruchtig, würzig, pfeffrig (typisches „Pfefferl"), weder Holz- noch Botrytistöne
	■ Darf erst ab 1. März des auf die Ernte folgenden Jahres verkauft werden

Bei dieser Verkostung müssen mindestens fünf von sechs Verkostern dem Wein das Niveau eines Weinviertel DAC zusprechen. Erst nach dieser abgeschlossenen Prüfung darf der Wein als Weinviertel DAC vermarktet werden. Bei einem Stimmenverhältnis von 4 : 2 darf der Wein nicht als DAC bezeichnet werden.

Weinviertel DAC Reserve (ab 2009)	
	■ **Rebsorte:** Grüner Veltliner
	■ **Alkoholgehalt:** mindestens 13 Vol.-% Alkohol
	■ **Charakteristik:** trocken, kräftige Gesamterscheinung, würzig, typischer pfeffriger Geschmack, zarte Botrytis- und Holztöne sind zulässig, dichte Struktur und langer Abgang
	■ Darf erst ab 15. März des auf die Ernte folgenden Jahres verkauft werden

Zusätzlich muss ab dem Jahrgang 2012 jeder Betrieb, der Weinviertel-DAC-Reserve-Weine herstellt und in Verkehr bringt, nach einem regionalen Qualitätsmanagementsystem zertifiziert sein. Dieses System wird vom Regionalen Weinkomitee Weinviertel erarbeitet und von einem externen Auditor durchgeführt.

Roman Pfaffl – Weinviertler DAC-Pionier

In Stetten, unweit von Korneuburg und etwas nördlich von Wien, treffen wir auf den Weinviertler DAC-Pionier Roman Pfaffl.

Es ist bereits später Vormittag, als wir im Hause Pfaffl ankommen. Während sich der Meister der Fotografie mit dem Junior des Hauses auf Motivjagd begibt, sitze ich mit Roman Pfaffl – dem „Mittleren", denn alle Männer im Hause Pfaffl hören auf den Namen Roman – im gemütlichen Essbereich des Hauses. Wir plaudern über Geschichte und Geschichten, während es aus der Küche ausgesprochen verführerisch nach Gebackenem duftet! Gar nicht so einfach für einen Autor, sich auf das Gespräch zu konzentrieren, wenn man sich in Gedanken schon damit beschäftigt, welcher der Pfaffl-Weine wohl am Besten zu den gebackenen Leckerbissen passen könnte ...

Roman Pfaffl erzählt: „Vor der Reblausplage gab es wesentlich mehr Weinbau als jetzt. Der Großteil der Betriebe lebte damals von der Buschenschank. Unser Betrieb war ein landwirtschaftlicher Mischbetrieb, und wir hatten 1978 gerade mal 0,7 Hektar Wein ausgepflanzt. In der Folge gab es ständig zu wenig Wein, und daher war eine gewisse Vergrößerung das Gebot der Stunde. Noch vor den Problemen der 1980er-Jahre haben wir unsere Produktion auf Qualitätswein ausgerichtet. Das erlaubte uns ein ständiges Wachstum. 1985 waren wir noch ein Minibetrieb, trotzdem habe ich es unmittelbar nach dem Weinskandal riskiert, in die Offensive zu gehen, da die Konsumenten mehr Vertrauen zu Klein- und Familienbetrieben hatten. Wir haben ständig zugekauft und sind heute bei 70 Hektar angekommen. Diese Entwicklung – vom Dopplerweinerzeuger zum Qualitätsweinproduzenten – war signifikant für unsere Region."

„Unsere Böden bestehen großteils aus Löss, durchzogen von Flysch-Schichten", erklärt Roman Pfaffl weiter, „diese Flysch-Schichten gibt es entlang der Alpen von Vorarlberg bis zum Korneuburger Becken, und sie beinhalten viele Fossilien. Flysch ist eigentlich eine Art versteinerter Löss, der durch Erdkrustenverschiebung entstanden ist. Flysch bedeutet ja Abrutschen. Das ganze Bodensegment ist zudem mit Mergel durchzogen, der durch zerriebenen Sandstein entstanden ist. Unser Klima ist eindeutig als pannonisch zu bezeichnen, und die Mineralität unserer Weine ist ganz stark vom jeweiligen Jahrgang abhängig. Je trockener der Jahrgang ist, desto weniger Mineralstoffe kommen in die Pflanze, ergo in den Wein.

Wir verzichten schon seit Längerem auf Düngung der Böden. Bei Neuauspflanzungen lassen wir bereits im ersten Jahr Gras zwischen den Rebzeilen wachsen. Der Stock hat dabei eine gewisse Konkurrenz und baut sein Wurzelsystem eher langsam auf. Nach fünf bis sechs Jahren bringen dann die neuen Anlagen einen optimalen Ertrag.

Wir versuchen bewusst, so spät wie möglich zu ernten, da wir dadurch mehr Inhaltstoffe in das Extrakt hineinbekommen. Ist man zu früh mit der Ernte dran, dann kommen unweigerlich grüne Stoffe und Töne in den Saft, was später im Wein gar nicht rund läuft. Die Zuckergrade wurden in den letzten Jahren ständig mehr – hier hat sich sicher die Klimaerwärmung etwas bemerkbar gemacht.

Roman Pfaffl junior

Wie schon gesagt, wir versuchen so spät wie möglich zu ernten. Ich sehe da keine große Botrytisgefahr, da wir im Herbst leichte, trockene Winde haben und die Fäulnis dadurch kaum auftritt. Wir sind ganz klar ein typischer Veltlinerbetrieb. Ich wollte immer schon aus dem, wovon ich viel habe, etwas Besonderes machen. 45 Prozent unserer 70 Hektar sind nur mit Veltliner bestockt. Diese Sorte beherrscht den Großteil unserer Lagen und ist auch im Export

Roman Pfaffl junior und Roman Pfaffl der „Mittlere"

Ein eigens dafür geschaffener Brunnen sorgt für optimale Feuchtigkeit im Weinkeller Roman Pfaffls

das Um und Auf. Etwa 70 Prozent unserer gesamten Produktion gehen in den Export – neben dem EU-Raum sind wir stark in den USA, Asien und auch in Australien vertreten.

Auf die Frage zu Weinviertel DAC antwortet Roman Pfaffl: „Zur Schaffung des ersten in Österreich eingeführten DACs war eine kleine Gruppe von 21 Funktionären betraut. Diese haben sich aus Vertretern der Bauern, des Handels, der Genossenschaften und der Sekterzeuger zusammengesetzt. Anfangs gab es einen gewaltigen Aufruhr in der Kollegenschaft bis hin zu Drohanrufen. Die Spitzenbetriebe in der Region wollten ja nicht mal mehr Weinviertel auf das Etikett schreiben, Niederösterreich war denen ja schon genug. Letztlich war es die Preisschiene, die man für den Weinviertel DAC eingezogen hat, welche die Kollegen überzeugte. Die Grundfrage, die sich danach für uns stellte, war für mich immer klar: Warum kommt der Konsument ins Weinviertel? Der Unbedarfte kauft nur Grünen Veltliner und

der Weinfan weiß ohnehin, was er will. Dies belegt auch eine Studie der ÖWM (Österreichische Weinmarketing GmbH).

Nach Einführung des Weinviertel DAC ging es steil bergauf. Heute ist der Weinviertel DAC aus den Weinkarten nicht mehr wegzudenken, und die Schaffung des Weinviertel DAC Reserve war nur noch ein weiterer logischer Schritt. Die Weine mit 12,5 Vol.-% Alkohol – das sind die Konsumweine. Der Weinfreak will einfach noch was darüber haben – der weiß ja sogar die Schuhnummer vom Winzer –, und das Topsegment verkauft sich eben nur über den Namen."

... Übrigens: es war Pfaffls 2009er Weißburgunder „Nussern", der zum saftigen Backhenderl kredenzt wurde – ein knackig-frischer Pinot-Typ mit wunderbaren Kernobstnoten, der am Gaumen vollmundig, saftig, mit Nuss- und Zitrusaromen und langem Abgang, glänzte. Ein wahrlich toller Begleiter!

Die Thermenregion

Auf 2 2000 Hektar steinigen und kargen, teilweise auch schweren, lehmigen Böden mit hohem Kalkanteil gedeiht südlich von Wien gelegen eine seltene Vielfalt an autochthonen und internationalen Rebsorten.

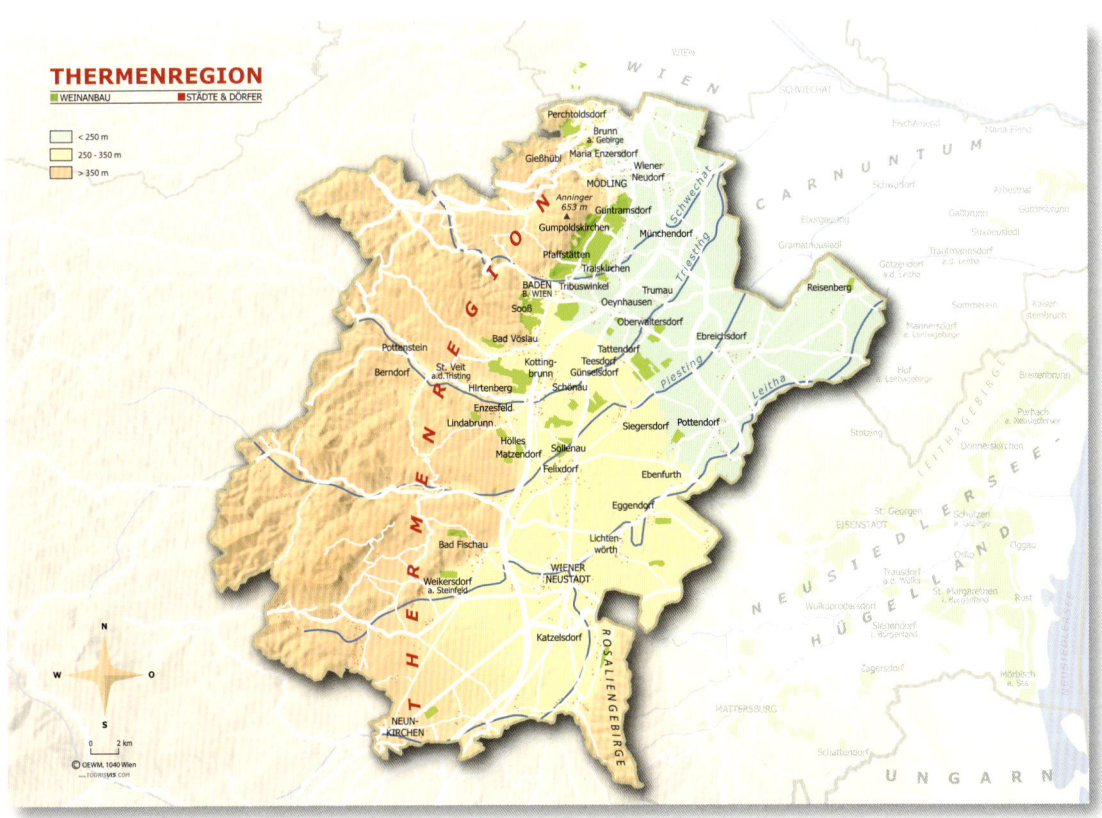

Das Klima ist pannonisch geprägt, mit trockenen, heißen Sommern und kalten Wintern.

In kaum einem anderen österreichischen Weinanbaugebiet ist der Anteil an Kalkböden so hoch wie hier in der Thermenregion. Diese Kalkböden, die sich aus fossilen Muschel-, Knochen- und Fischanteilen zusammensetzen, verfügen über eine entsprechende Speicherkapazität und versorgen die Rebstöcke mit Feuchtigkeit und mineralisch-salzigen Geschmacksnoten.

Die Thermenregion hat durchaus eine gewisse Ähnlichkeit mit dem großen französischen Weinbaugebiet Burgund. Es wundert also nicht, dass man sich bei der Auswahl der Rebsorten am „großen Bruder" orientiert hat. Es sind zweifellos die Burgunder oder burgunderähnlichen Sorten, die heute beinahe in der gesamten Thermenregion den Ton angeben: Pinot noir, St. Laurent, Weißburgunder (Pinot blanc), Neuburger und Chardonnay brin-

gen, bedingt durch den hohen Kalkanteil der Böden, finessenreiche Terroir-Weine hervor – nicht üppig und mit Holz überdeckt, sondern mit einer feingliedrigen, engmaschigen Note. Diesen Umstand haben sich in den letzten Jahren namhafte Rotweinproduzenten zunutze gemacht, und so entfallen ca. 1 000 Hektar der Fläche auf rote Rebsorten wie Blauer Zweigelt, St. Laurent und Pinot noir.

Aber auch aus den autochthonen Sorten **Zierfandler** und **Rotgipfler** gelingen Klassiker mit edlen Aromen, nerviger Säure und enormem Alterungspotenzial. Gerade mit diesen beiden lokalen Rebsorten beweisen Spitzenwinzer immer wieder, wie wunderbar daraus gekelterte blitzsaubere, frische und wohlbalancierte Weine schmecken können. In besonderen Lagen und Jahren gelingt es auch, daraus hochwertige Prädikatsweine zu produzieren. Das etwas verstaubte Image dieser beiden Rebsorten wird wohl bald endgültig der Vergangenheit angehören ...

Zierfandler und Rotgipfler – zwei Lokalmatadore

Der Zierfandler bereitet den Winzern seit jeher mehr Kopfzerbrechen als der veltlinerähnliche Rotgipfler.

Um **Othmar Biegler** aus Gumpoldskirchen zu zitieren: „Die Weine des dünnschaligen, botrytisanfälligen Zierfandlers sind von der Struktur her etwas schlanker als die des Rotgipflers und zeigen ständig ein anderes Gesicht. Trotz allem – ein fantastischer Essensbegleiter, mit exotischen Noten sowie Steinobst- und Zitrusaromen. Allerdings: Zierfandler und Holz vertragen sich nicht! Der Rotgipfler hingegen bevorzugt Gesteinsverwitterungsböden. Er ist runder, extraktreicher, opulenter, mit einem exotischen Früchtekorb ausgestattet und wird – je kräftiger er ist – immer burgunderähnlicher."

„Freilich", so Biegler, „für eine DAC-Bezeichnung wird es sich bei diesen edlen Sorten nicht ausgehen. Es fehlt wohl an der Menge. Die Chance, wieder ein besseres Image auf dem Weinmarkt zu schaffen, ist sicher vorhanden. Die Typizität der Sorte und das Terroir müssen in das Glas kommen, und wir dürfen auf keinen Fall mit entsprechenden Hefen verwechselbare und austauschbare Einheitsweine machen."

Der blauer Portugieser, jene frühreife Rebsorte, die hier auch als Vöslauer Traube bezeichnet wird, ist hingegen auf dem absteigenden Ast.

Ein amüsantes Detail am Rande: Die von Johann Graf von Fries 1772 aus Porto nach Österreich gebrachte Rebsorte ist zwar im gesamten Donauraum vertreten, in Portugal jedoch überhaupt nicht bekannt.

Toplagen der Thermenregion

Der Anninger

Wie ein Gürtel umspannt der Wienerwald Wien vom Westen über den Süden bis hin zum Osten, und der Anninger gilt mit einer Seehöhe von 675 Metern als seine höchste Erhebung. Der Berg mit seiner Kalkhochfläche verfügt durch seine Südostlage über ein spezielles Mikroklima. Die Ausläufer des Anningers reichen in die Gemeinden Mödling, Hinterbrühl, Pfaffstätten und Gumpoldskirchen. Dort sind es einzelne Rieden, die als Spitzenlage gelten, wie Mandelhöhe, Igeln, Spiegel und Wiege, um nur einige zu nennen. Reife, gehaltvolle Rotgipfler und Zierfandler stammen aus diesen Rieden.

Der Harterberg bei Baden

Dieser Berg verfügt über hohe, dichte Lehmschichten mit enormem Kalkanteil und abwechselnden Mergel-Schotter-Schichten – kurzum: ein idealer Wasserspeicher und optimal für den Anbau von Rotweinsorten.

Im Süden von Baden ist der Harterberg beinahe eine Monopollage des **Spitzenwinzers Leo Aumann.** Cabernet Sauvignon und Merlot

Othmar Biegler: „Zierfandler ziert sich!"

geben bei seiner edlen Cuvée den Ton an, ein kleiner Teil Blauer Zweigelt rundet diesen großartigen Wein ab.

Gradenthal bei Sooss

Diese lang gestreckte Kessellage an den Abhängen des Soosser Lindkogels weist Lössböden auf, die einen hohen Sandanteil haben und mit Kalkstein durchzogen sind – an sich optimal für Blauen Zweigelt. Hier zeigt diese Rebsorte allerdings sehr würzige Kräutertöne – ein typischer Terroir-Wein eben! Christian Fischer (siehe S. 105 ff.) beweist uns jedes Jahr aufs Neue, welche tollen Ergebnisse diese Lage im Zweigeltbereich hervorbringen kann.

Eigentlich ist die Thermenregion zweigeteilt zu betrachten: die eher von Weißwein dominierten Orte nördlich von Baden, wie Gumpoldskirchen, Traiskirchen und Pfaffstätten, sowie die südlich von Baden gelegenen Rotweinhochburgen Sooss, Bad Vöslau und Tattendorf.

Zweigelt

Um vorerst noch im Norden zu verharren: Gumpoldskirchen war einst bis in die 1970er-Jahre Zentrum der Weißweinproduktion. Was man den damaligen Verbänden und Funktionären heute noch zum Vorwurf machen könnte, ist die Tatsache, dass man es verabsäumte, die Marke und das Produkt „Gumpoldskirchner" entsprechend zu schützen. Es war mehr als abenteuerlich, was sich zu jener Zeit alles unter der Bezeichnung „Gumpoldskirchner" auf dem Markt befand. Noch heute leiden manche Spitzenerzeuger unter diesem Image.

Robert Schlumberger – eine Erfolgsgeschichte

Für den größten Aufschwung im Rotweinanbau der heutigen Thermenregion sorgte **Robert Schlumberger – Edler von Goldeck** (1814–1879). Der vormalige Kellermeister des Champagnerhauses Ruinart in Reims war es, der die internationalen Rebsorten Cabernet Sauvignon und Merlot in die Region brachte. Bekannt wurde er vor allem durch seine Schaumweine, die er nach der traditionellen Flaschengärmethode erzeugte.

Seinen ersten Weingarten erwarb er in Bad Vöslau in der Lage Goldeck, von der sich nicht nur die Bezeichnung des Weingutes ableitete, sondern auch die der Weinmarke, die seither mit dem Hause Schlumberger eng verbunden ist.

Wien erlebte zur Mitte des 19. Jahrhunderts eine große Ausdehnung des Wohnraumes, der auf Kosten der Weingärten ging. Durch den Verlust der Weingärten gab es aber auch immer weniger Hauswein. Schlumberger erkannte diesen Umstand als große

Marktchance für Buschenschanken und den Ab-Hof-Verkauf. Der Betrieb bewirtschaftete zur Mitte des 19. Jahrhunderts gewaltige 160 Hektar Weingärten und belieferte sogar das englische Königshaus.

Ein weiterer Meilenstein gelang Schlumberger mit dem ersten Markenwein Österreichs: dem Vöslauer Goldeck. Dieser war der erste österreichische Rotwein, der zum Markenschutz (im Jahre 1859) angemeldet wurde.

Schlumberger-Produkte werden heute von der Underberg AG vermarktet.

Gumpoldskirchen war, was den Wein anbelangt, schon immer ein sehr geschichtsträchtiger Ort. Beinahe jedes Kloster besaß in und um Gumpoldskirchen Weingärten. Beim Bau des Nordturmes des Wiener Stephansdomes (gegen Ende des 15. Jahrhunderts) soll sogar der Mörtel mit einem ganzen Jahrgangswein aus Gumpoldskirchen „angereichert" worden sein!

Freigut Thallern

Eine der wesentlichen Säulen der (Wein-)Geschichte in der Region ist das **Freigut Thallern**, das sich im Besitz des Zisterzienserordens von Stift Heiligenkreuz befindet. Seit dem Jahr 1141 wird hier ohne Unterbrechung auf 30 Hektar Wein angebaut.

Heute sind es drei Winzerpersönlichkeiten, die für die Weinqualität verantwortlich sind: **Karl Alphart**, der lokale Weißweinspezialist, **Leo**

Aumann aus Tribuswinkel, der sich mit entsprechendem Rotwein-Know-how einbringt, und der steirische Starwinzer **Erich Polz**. Die Vermarkung der Weine liegt in den Händen des international erfahrenen Weinprofis Willi Balanjuk.

Die Lagen des Weingutes auf der mittleren Höhe des Anningers (siehe S. 101) weisen Böden auf, die – wie im gesamten Gebiet – vom Muschelkalk geprägt sind. Vom fruchtbetonten Messwein über Weißweine aus Riesling und den weißen Burgundersorten bis hin zu eleganten Rotweinen aus Pinot noir und St. Laurent reicht das Weinportfolio des zukunftsträchtigen, neu geführten Weingutes.

Karl Alphart – Mr. Rotgipfler

In der Nachbarstadt Traiskirchen ist wohl Karl Alphart derjenige, der im Orchester der Weinmacher die erste Geige spielt. „Mr. Rotgipfler", wie er nicht nur von Winzerkollegen respektvoll bezeichnet wird, hat sich schon seit Jahren vom kompliziert-schwierigen Zierfandler getrennt und sich auf Rotgipfler und Neuburger spezialisiert.

Alleine mit der Namensbezeichnung Neuburger pflegt er ein nachvollziehbares Wortspiel – während viele Winzer sich mit Legenden über die Herkunft beschäftigen, ist die Sache für ihn ganz klar: Neuburger stammt von Kloster Neuburg. Neuburger ist für Karl Alphart eine ganz wichtige Sorte – Weine aus der Neuburgerrebe sind optimale Speisebegleiter, die aber auch als Solisten eine gute Figur machen. Allerdings, so Alphart, können leichte Neuburger gar nichts!

Karl Alphart: „Leichte Neuburger können gar nichts!"

Neuburger

Neuburger gehört zu den frühreifen Sorten, und die dichtbeerigen Trauben können bei feuchtwarmem Wetter schnell einmal zur Fäulnisbildung neigen. Allerdings zeigt diese Sorte bei optimalem Reifeverlauf die perfekte Balance zwischen Körper, Alkohol, Säure und Restzucker. Mittelgewichtige Neuburger mit

einem Alkoholgehalt um die 12,5 Vol.-% sind deshalb auch perfekte Begleiter zu Gebackenem und vielen Käsearten.

„Dem Chardonnay hingegen wird als Sorte zu viel angelastet – viele erwarten sich vom Chardonnay einfach Unmögliches!" Karl Alphart ist immer schon bekennender Chardonnay-Fan gewesen. Weine aus dieser lockerbeerigen und widerstandsfähigen Rebsorte haben dem Hause Alphart schon etliche nationale und internationale Preise eingebracht.

Kaum eine andere Rebsorte bringt seiner Meinung nach das Terroir so in das Glas wie diese große, weiße Burgunderleitsorte. Wie viele seiner Kollegen weiß aber auch Karl Alphart, dass Qualität im Weingarten entsteht. Und so gibt es kaum Arbeiten im Weingarten, die nicht von einem Familienmitglied überwacht werden. Auch bei Karl Alphart steht die nächste Generation bereits in den Startlöchern: Sohn Florian ist jetzt schon als Kellermeister von der Verarbeitung der Trauben bis zur Abfüllung der Flaschen für die gesamte Vinifizierung verantwortlich.

Etwas weiter südlich in den benachbarten Weinbauorten Sooss, Tattendorf und Bad Vöslau dominieren, wie bereits erwähnt, die blauen Trauben. Rotwein war in diesem Gebiet schon immer mehr vertreten. Die Hauptvermarktung passierte von jeher über die Buschenschanken, was den Winzern den direkten Kontakt zu den Kunden brachte. In der heutigen Zeit scheint dieses System für die Spitzenerzeuger aber eher ein Fluch denn ein Segen.

Eine Tatsache kommt immer wieder klar zum Ausdruck: Die Paradewinzer wünschen sich mehr Kollegen, die sich auf internationalen Messen dem harten Wettbewerb stellen und die Spitze der Weinmacher aus der Thermenregion etwas verbreitern. Der „Motor" unter den Winzern der Thermenregion war zweifelsohne der 2009 auf tragische Weise ums Leben gekommene Hans Reinisch aus Tattendorf. Dazu meint Karl Alphart: „Hans Reinisch war uns in seinem Denken um zehn Jahre voraus – uns fehlt dieser Typ, der für die Region Gas gab!"

Christian Fischer – der Rotweinpionier der Thermenregion

In Sooss sind wir mit Christian Fischer verabredet, und es macht gewaltigen Spaß, sich mit einem Winzer seines Kalibers über Weinbau, Kellertechnik und Vermarktung zu unterhalten.

So erzählt er, dass Pinot noir (Blauer Burgunder) immer mehr an Boden gewinnt, diese frühreife Rebsorte den Produzenten aber auch gewaltig herausfordert. Pinot noir bevorzugt Kalkböden, die hier reichlich vorhanden sind, und liebt mäßig warme Tage sowie kühle Nächte. So entsteht das eigenwillige Aroma, meistens mit einem Hauch von Waldbeeren, Himbeeren und moosigen Untertönen hinterlegt. Optimale Pinots noirs stammen meistens von reifen Rebstöcken mit niedrigem Ertrag. Stehen die Stöcke in Randzonen von Wäldern und Hügellagen, dann kann sich diese „launische Diva" voll entfalten.

Christian Fischer

St. Laurent – eine Rebsorte auf dem Weg zur großen Karriere

Einer der engsten Verwandten des Pinot noir ist zweifelsfrei **St. Laurent.** Lange Zeit als Nischenprodukt in vielen Weinbaubetrieben geführt, erhält diese Rebsorte jetzt jene Aufmerksamkeit, die ihr gebührt.

Und genau die Thermenregion ist es, die dieser Leitsorte, die wahrscheinlich aus dem Elsass stammt, das optimale Umfeld bietet. Der Name leitet sich vom heiligen Laurentius ab, dessen Namenstag der 10. August ist. Bei normalem Vegetationsverlauf beginnen um diesen Tag herum die blauen Trauben mit dem Verfärben und eine der ersten Rebsorten, die „Farbe bekennt", ist eben der St. Laurent.

Pinot noir (Blauer Burgunder)

Christian Fischer setzt ausschließlich auf Fässer aus französischer Eiche

Christian Fischer: „Kalifornische Eiche macht die Weine zu fett. Wir wollen tiefgründige Weine mit Finesse, da kämpfen wir, was den Barrique-Ausbau anbelangt, lieber mit dem Florett als mit dem Schwert."

ell, je nach Grundmaterial kann sie bis zu drei Wochen betragen. Freilich, die Farbauslaugung benötigt nicht länger als zehn Tage, der Rest dient allerdings der Aromengewinnung und der Gerbstoffauslaugung.

Mit dieser Methode werden komplexe Weine geschaffen. Christian Fischer meint dazu: „Eigentlich kann ich mir im Weingarten schon ein Bild darüber machen, wie ich vinifizieren werde."

Der Gärung wird nicht unmittelbar mit Feinhefen unter die Arme gegriffen. Die Natürlichkeit der Spontanhefen darf sich durchsetzen und der spätere Ausbau des Jungweines erfolgt zumindest bei Christian Fischer ausschließlich in französischem Holz.

In der Jugend ist diese lang reifende Sorte oftmals streng, mit viel Tannin und Säure ausgerüstet. Wer diese Weine allerdings entsprechend länger im Keller reifen lässt, wird mit einem weichen, ausgewogenen und komplexen Wein belohnt.

Doch auch die später reifenden Bordeaux-Sorten wie Cabernet Sauvignon und Merlot fühlen sich hier in der Thermenregion sehr wohl. Speziell bei mildem Oktoberwetter kann sich das Traubenmaterial perfekt entwickeln. Lockerbeerig wollen es die Weinbauern haben, notfalls schreitet man auch zur Traubenteilung, je nachdem, wie sich der Vegetationsverlauf gestaltet. Wie allerorts üblich, finden ständige Qualitäts-Checks in den Weingärten statt.

Kellertechnisch wird hier weitestgehend auf diverse Tricks, wie sie bei der Herstellung moderner, industriell erzeugter Weine angewendet werden, verzichtet. Die Beeren werden nach dem Rebeln nochmals selektiert. Die Maischestandzeit gestaltet sich sehr individu-

Im Gespräch
mit Christian Fischer, Sooss

Hans Stoll: „Sie betreiben Ihr Weingut mit einem extrem hohen Anteil an Rotwein. Ist das typisch für die Thermenregion?"

Christian Fischer: *„Unsere Region war schon immer zweigeteilt. Nördlich von Baden ist seit Urzeiten der Weißwein dominant, südlich von Baden bestimmt der Rotwein das Geschehen."*

Hans Stoll: „Wir sitzen hier wohl auf sehr geschichtsträchtigem Boden?"

Christian Fischer: *„Das kann ich nur bestätigen – Sooss ist eine römische Ortschaft gewesen und hat alle Höhen und Tiefen des Weinbaus miterlebt, inklusive einer zweimaligen Zerstörung während der Türkenbelagerungen."*

Hans Stoll: „Wie lange blickt Ihre Familie auf den Weinbau zurück?"

Christian Fischer: „Unser Haus ist eines von insgesamt 48 sogenannten Urhäusern in Sooss. Auf diese Urhäuser wurde sogar der Wald aus der Umgebung aufgeteilt, und so besitzen wir heute noch 8 Hektar Wald. Die Familie Fischer betreibt auf diesem Grund und Boden den Weinbau seit dem Jahre 1662!"

Hans Stoll: „Wie hat sich für Sie persönlich die Weinszene in den letzten Jahren verändert?"

Christian Fischer: „Wir hatten immer schon einen hohen Rotweinanteil, und bis in die 1980er-Jahre spielte auch bei uns der Blaue Portugieser eine große Rolle. Bis mir klar wurde, dass ich mit dieser Rebsorte niemals einen Premiumwein machen kann."

Hans Stoll: „Sie haben also zum richtigen Zeitpunkt reagiert?"

Christian Fischer: „Richtig. Ich habe dann den Blauen Zweigelt ins Spiel gebracht, und diese Rebsorte hat uns gezeigt, dass wir mit gleichem Aufwand wesentlich bessere Ergebnisse erzielen."

Hans Stoll: „Ihr Rebsortenmix hat sich dann entsprechend verschoben?"

Christian Fischer: „Ganz genau! Wir haben uns sehr gut überlegt, wo wir was auspflanzen, und dem dominierenden Zweigelt (45 Prozent Anteil) haben wir die internationalen Sorten Cabernet Sauvignon und Merlot zur Seite gestellt. Trotz allem besitzen wir auch noch 3 Hektar mit Blauem Portugieser."

Hans Stoll: „Die Thermenregion wird doch auch als österreichisches Burgund tituliert?"

Christian Fischer: „Die Thermenregion hat eine topografische Ähnlichkeit mit Burgund. Östlich grenzen wir an das Leithagebirge und im Nordwesten schützt uns eine Hügelkette vor zu kalten Einflüssen. Im Boden haben wir einen sehr hohen Kalkanteil, teilweise bis 70 Prozent, und die Auflage besteht aus Braunerdeböden."

Hans Stoll: „Also auch ein perfektes Terroir für Pinot noir?"

Christian Fischer: „Ja – wir haben da ganz spezielle Lagen an den Hängen des Wiener Waldes – der Wald sorgt für Kühle, und die Böden haben einen sehr hohen Anteil an Kalk. Dort haben wir den doch sehr fäulnisanfälligen Pinot noir ausgepflanzt."

Hans Stoll: „Welche Art der Vinifizierung bevorzugen Sie?"

Christian Fischer: „Jeder Winzer, so auch ich, hat seinen eigenen Stil und eine gewisse persönliche Handschrift. Ich bevorzuge reife, opulente Weine. Mir ist ein kräftiger Chardonnay mit entsprechendem Holzeinsatz lieber als irgendein schnelles Jungweinprodukt. Wir führen diese Jungweine nur mehr für den Heurigen."

Hans Stoll: „Bedeutet das, dass Sie dem schnellen Geschäft mit den Jungweinen kritisch gegenüberstehen?"

Christian Fischer: „Die Weine werden heute so jung getrunken, dass es einem schon Schmerzen bereitet!"

Christian Fischer: „Die Weine werden heute so jung getrunken, dass es einem schon Schmerzen bereitet!"

Hans Stoll: *„Sie machen daher auch Ihre Weine in zwei Kategorien?"*

Christian Fischer: *„Ich will bei den Klassikweinen eine klare, saubere Linie – die Frucht soll im Vordergrund stehen, aber nicht dominant sein. Ich will auch das Terroir schmecken und es müssen Weine ohne Schnörkel sein. Im Premiumsegment können wir auch experimentieren und an die Grenzen gehen – das sind Weine für Freaks und Feinschmecker, die sich damit auseinandersetzen."*

Hans Stoll: *„Stichwort ‚auseinandersetzen': Wäre nicht eine Namensänderung für die Thermenregion angebracht?"*

Christian Fischer: *„Wäre angebracht – wir haben leider keine stimmigen Begriffe. Die Thermenregion wird ständig mit dem steirischen Thermenland verwechselt. Da muss es auch bei der Vermarktung eine Änderung geben. Wir haben zu wenig Betriebe, die auf Messen gehen und so weiter. Der Großteil verkauft alles ab Hof. Das geht sehr gut und daher sind wir dort, wo man Bekanntheit erlangen kann, zu wenig präsent. Über einen neuen Namen wird sich wohl die nächste Generation den Kopf zerbrechen müssen ..."*

Wenige Kilometer südlich von Gumpoldskirchen kommt man nach **Tattendorf.** Dass man in Tattendorf guten Wein machen kann, haben schon die alten Römer gewusst. Viel später, im frühen Mittelalter, hat sich das Kloster Heiligenkreuz in viele Grundbücher der Gegend mit dem Vermerk „Weinbau" eingetragen.

Ganz schlimm hat es die Tattendorfer mit der Türkenbelagerung vor Wien erwischt: Nur sechs Familien haben diese überlebt, und es dauerte viele Jahre (und bedurfte eines starken Zuzugs aus der buckligen Welt), bis sich die Landwirtschaft in dieser Region wieder erholte.

In Tattendorf ist ein weiterer Spitzenbetrieb der Thermenregion angesiedelt: der Johanneshof der Familie Reinisch.

Johann Reinisch IV. und der Johanneshof

Seit 1923 betreibt die Familie Reinisch in Tattendorf Landwirtschaft: zuerst eine gemischte Landwirtschaft mit gerade mal einem halben Hektar für Weinbau. Später, gegen Ende der 1950er-Jahre, baute die zweite Generation schon mehr Wein aus.

Im Rotweinbereich sind es die Burgundersorten St. Laurent und Pinot noir, die es Johann Reinisch II. besonders angetan hatten.

Als dann Johann Reinisch III. 1972 den Betrieb übernahm, war ihm eines völlig klar: „Ich muss eine gewisse Größe erreichen, um im Weinbau rentabel arbeiten zu können, und vor allem muss ein konsequenter Weg der Qualität gegangen werden, um entsprechend beachtet und geachtet zu werden."

1995 wurde das neue Weingut erbaut und auf den Namen Johanneshof „getauft". Leider schlug das Schicksal im Mai 2009 unbarmherzig zu. Bei einem Traktorunfall in den Weingärten kam Johann Reinisch III. auf tragische Art und Weise ums Leben.

Heute bewirtschaftet der Betrieb, der von Johann IV. geführt wird, etwa 40 Hektar eigene Weingärten in Tattendorf und Gumpoldskirchen. Die vinophilen Highlights des Betriebes sind auf alle Fälle die edle Burgundercuvée „Steingarten" mit dunklen Beeren in allen Schattierungen, von der Nase über die Zunge bis zum Gaumen. Unbedingt verkostet werden sollten auch der „Merlot Dornfeld", der „Blaue Zweigelt Frauenfeld" und der „St. Laurent Frauenfeld".

Das Weingut Reinisch beschäftigt sich aber auch sehr erfolgreich mit der Renaissance der alten Gumpoldskirchner Weißweinsorten Zierfandler und Rotgipfler. Beide Weine kommen von der Lage Spiegel. Das weiße Topprodukt ist der **„Chardonnay Lores"** – ein Weißwein à la Burgund/Montrachet: zartes Holz, feines Nougataroma, vanilleartig-cremig, am Gaumen Zitrustöne mit exotischem Flair und mineralischem Abgang.

Für Ihre private Weinreise auf alle Fälle eine Adresse mehr, die unbedingt angesteuert werden sollte!

Burgenland

Burgenland und Weinbau: Man könnte es auch als „never-ending story" bezeichnen. Geschichtlich betrachtet kann man den Weinbau in diesem unvergleichlich reizvollen Landstrich mindestens 3 000 Jahre lang zurückverfolgen. Bereits etliche Jahrhunderte vor den Römern hatten sich die Kelten in dieser Region intensiv mit dem Weinbau beschäftigt. In den kleinen idyllischen burgenländischen Gemeinden Zagersdorf und Jois fand man in keltischen Hügelgräbern Traubenkerne und zersplitterte Tongefäße, die als eindeutiger Beweis für eine Weinkultur angesehen werden können.

Klimatisch wird der Weinbau durch den pannonischen Einfluss begünstigt. Warme, trockene Luft strömt durch die ungarische Tiefebene in das Gebiet, und mehr als 2 000 Sonnenstunden sorgen beinahe für eine Art mediterranes Klima. Ergänzt wird das „Terroir-Glück" durch eine vielfältige Bodenstruktur und die mikroklimatischen Einflüsse des Neusiedler Sees.

Von wegen Flachland! Alleine das Mittelburgenland und das Südburgenland bieten eine abwechslungsreiche Landschaft. Im jüngsten

österreichischen Bundesland ist alles vertreten, was dem Wein guttut – vom schweren Lehmboden über karge Gesteinsformationen bis hin zum Leithakalk.

Immer noch sind im gesamten Burgenland etwa 1400 Hektar Grüner Veltliner ausgepflanzt, und sieht man von einzelnen, für Veltliner sehr guten Lagen am Leithaberg ab, darf man sich schon die Frage stellen, ob es da nicht Typischeres gäbe.

Andererseits befindet sich das Burgenland im Moment im Zustand der Selbstverwirklichung. Nicht mehr Cabernet Sauvignon und Merlot stehen im Fokus der Spitzenwinzer, sondern klar und eindeutig der Blaufränkisch! Beide Daumen nach oben – dieser Trend ist mehr als vielversprechend.

Mit Ausnahme des Südburgenlandes sind natürlich alle Weinbaugebiete des Burgenlandes von der großen Wasserfläche des Neusiedler Sees mit etwa 320 km² Wasseroberfläche beeinflusst. Regelmäßig entstehen hier edelsüße Weine wie Beerenauslesen, Eisweine, Stroh- und Schilfweine sowie Trockenbeerenauslesen. Es gibt weltweit nur eine Handvoll Weinbaugebiete, die sich mit einem ähnlichen Umfeld und in der Folge mit vergleichbaren Produkten messen können: Sauternes, Tokaj, Rheingau und Teile des Nappa Valley in Kalifornien. Doch alles schön der Reihe nach ...

Der Neusiedler See beeinflusst das Klima maßgeblich

Neusiedler See

8 310 Hektar auf Löss, Lehm, Schwarzerde, Schotter und Sand sind mit Wein bepflanzt. Rote Sorten sind vorherrschend, vor allem der Zweigelt, gefolgt vom Blaufränkischen. Weißburgunder (Pinot blanc) und Welschriesling dominieren den Weißweinsektor.

Diese Sorten, vereint mit aromatischem Bouvier, Muskat Ottonel oder Traminer, sind die Basis für die besten Beeren- und Trockenbeerenauslesen.

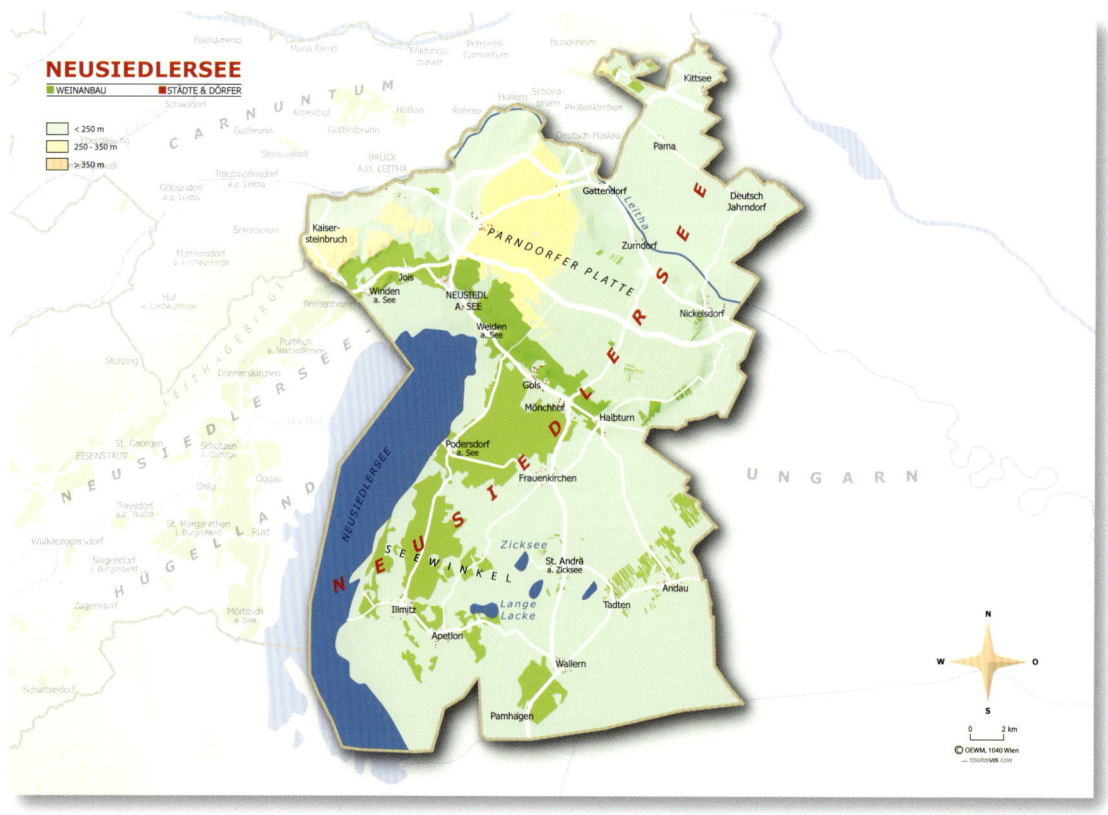

Heideboden

Fährt man von Wien nach Südosten, wandelt sich die Landschaft zusehends und ähnelt frappant der ungarischen Puszta.

Das Ostufer des Neusiedler Sees, der Heideboden, bietet aufgrund des heißen, trockenen Klimas und der schottrigen, wasserdurchlässigen Böden hervorragende Voraussetzungen für hochwertige, kraftvolle Weiß- und Rotweine. Die Bodenstruktur verhindert die sogenannte Staunässe, die den Rebstöcken überhaupt nicht behagt.

Parndorfer Platte

Im Norden wird der Heideboden von der etwas höher gelegenen Parndorfer Platte begrenzt. Die Parndorfer Platte ist eine ca. 200 km² große Ebene im nördlichen Burgenland. Mit einer Seehöhe von durchschnittlich 170 Metern liegt sie zwischen dem westlichen Leithagebirge und den Hundsheimer Bergen am östlichen Rand der Brucker Pforte. Diese Platte bildet die Verbindung zwischen den Alpen und den niederen Karpaten. Die zum See hin teilweise stark abfallende Terrasse liegt um etwa 30 Meter höher als die flachen Gebiete am Neusiedler See und das Wiener Becken. Durch die eiszeitlichen Terrassenschotterablagerungen verfügt der Boden über keine hohe Wasserhaltekraft.

Auf den Südhängen der Parndorfer Platte gedeihen aufgrund des etwas höheren Lehmanteils Trauben für außergewöhnlich dichte, komplexe Rotweine.

Das Ostufer des Neusiedler Sees – wie die ungarische Puszta

Seewinkel

Der Seewinkel mit seinen Sandböden und vielen kleinen Seen und Lacken weist ein Mikroklima auf, das die Edelfäule begünstigt und so Süßweine von Weltklasse ermöglicht. Eine Garde junger Winzer (in Orten wie z. B. Gols, Illmitz, Mönchhof, Frauenkirchen) steuert seit einigen Jahren auf Erfolgskurs, indem sie das außergewöhnliche Qualitätspotenzial dieses Gebietes erfolgreich nutzen.

Weißburgunder (Pinot blanc), Chardonnay und Neuburger geraten wuchtig und mit reichlich Schmelz. Gerne werden sie zu komplexen Kompositionen verbunden.

Ganz ähnlich verhält es sich mit Rotweinen, bei denen die Lokalmatadoren Blauer Zweigelt und Blaufränkisch in ausgewogenen Cuvées ideale Partner für Cabernet oder Merlot sind. Kraft und explosive Frucht zeichnen diese Weine aus, die oft durch die zarte Finesse von Pinot noir und St. Laurent ergänzt werden.

Toplagen am Neusiedler See

Der Salzberg

Auf der Parndorfer Platte gelegen, bilden braunrote Schotterschichten mit hohem Kalkanteil und lehmigem Schluff auf dieser Südlage den optimalen Boden für spätreifende, blaue Sorten. Durch den hohen Kalkanteil erhält der Wein dezente (positive) Salznoten in seiner Mineralik. „Nomen est omen", könnte der aufmerksame Leser sagen.

Der Salzberg ist auch Namensgeber für den Flaggschiffwein aus dem Hause Gernot Heinrich.

Gabarinza

Dicht daneben (etwas erhöht) befindet sich die Lage Gabarinza, eine der besten Rotweinlagen von Gols. Wieder ist sie nach Süden ausgerichtet und verfügt über einen Boden aus lockeren Sedimentschichten mit etwas Kies, Lehm und hohem Kalkanteil darunter.

Altenberg und Goldberg

Scheinbar gibt es in beinahe jedem burgenländischen Dorf einen Goldberg und einen Altenberg. Hier in Gols sind diese Lagen eher sandiger, leichter, mit lehmigen Schichten versehen und im dritten Sediment mit Kalk- und Kiesanteilen ausgerüstet. Sie sind durch die südliche Ausrichtung einer perfekten Sonneneinstrahlung ausgesetzt.

Hallebühl

Kommt man von Gols über Mönchhof nach Frauenkirchen, so kann man vom Ostufer aus die unendliche Weite des Neusiedler Sees überblicken, aber auch die „höchste Erhebung" des Seewinkels, den gerade einmal 130 Meter hohen Hallebühl. Der Boden der ca. 50 Hektar großen Weinbaufläche basiert auf eisenhaltigem, rotem Kieselstein und zeigt einen hohen Magnesiumanteil. Diese Bodenstruktur verleiht den Weinen dezente, würzige Noten.

Prädikatsweine – goldene Sonne in flüssiger Vollendung!

Was mit dem Begriff Mikroklima gemeint ist, kann anhand des Neusiedler Sees sehr leicht erklärt werden.

Illmitz, das Süßweinzentrum Österreichs, profitiert genau von diesem Mikroklima: Die warme, feuchte Luft des Neusiedler Sees, die pannonische Sonne und die rund um den Ort gelegenen Lacken sorgen für eine lange Vegetationszeit und schaffen so optimale Voraussetzungen für edle Prädikatsweine.

Feuchtigkeit und warme Luft sind die Grundpfeiler zur Bildung von **Botrytis cinerea** (Grauschimmel). Tritt die Botrytis nicht zu früh auf, wirkt sie sich äußerst positiv auf die edlen Produkte aus.

Botrytis cinerea

Brigitte und Gerhard Pittnauer – herzlich, schräg und phänomenal

„Seit 2006 beschäftigen wir uns mit biologischem Anbau und haben dafür auch seit 2009 das Zertifikat. Der Biowinzer ist einfach aufmerksamer, speziell bei der Pflege der Gärten. Ich befasse mich viel intensiver damit und verbringe einfach mehr Zeit draußen bei den Reben", so berichtet Gerhard Pittnauer.

„Aufgrund unserer leicht erhöhten Lage über Gols haben wir nicht unbedingt ein großes Botrytisproblem. Unsere Lagen befinden sich auf der sogenannten Parndorfer Platte mit lehmigen, schottrigen Schichten und hohem Kalkanteil. Bei der Begrünung der Fläche zwischen den Rebzeilen sind wir sehr flexibel, meistens begrünen wir jede zweite Zeile, manchmal alles. Beim schwierigen St. Laurent hängt auch sehr viel von der Robustheit der Rebstöcke ab. Ältere Stöcke sind nicht so empfindlich.

Wir machen keine Negativauslese. Ich sehe für mich einen klaren Trend zu den roten Burgundersorten St. Laurent und Pinot noir. Selbst bei Blaufränkisch, aber auch bei Merlot habe ich bemerkt, dass diese Sorten bei mir immer Burgundertöne zeigen. Bei der Vinifikation achte ich darauf, dass nicht alles aus der Schale extrahiert wird. Wir bekommen daher weniger Gerb- und Bitterstoffe in den Wein. Die Maischestandzeit setze ich kaum länger als 20 Tage an. Anschließend bleibt alles sehr ruhig liegen, und auch bei der Gärtemperatur gehen wir nicht über 28 °C hinaus. Alles ist in offenen Bottichen, und auch eine Temperatursteuerung brauchen wir nicht.

Wir wollen auch den Trend der Lagenweine verstärkt fortsetzen. Lage kann zur Marke werden – wir sehen das bei Heideboden. Ich hätte auch kein Problem mit Heideboden DAC, ganz im Gegenteil! Ich bin der Meinung, dass sich gerade die Spitzenwinzer hier mehr einbringen sollten. Ich für meinen Teil glaube aber, dass wir am meisten eine Burgenland-DAC gebraucht hätten.

Auch bei unserer Pannobile-Gruppe befinden wir uns in einem Wandel. Natürlich bleiben wir bei den heimischen Sorten Blaufränkisch, Zweigelt und St. Laurent, die Stilistik wird auch mit leichten Holztönen zurande kommen, aber mit der Hinwendung zum biodynamischen Weinbau wird sich das Geschmacksprofil mittelfristig leicht verändern. Außerdem vertragen sich heimische Sorten und zu viel Holz nicht. Den Trend, von Gols aus den Leithaberg anzusteuern, mache ich nicht mit, obwohl ich diese

Brigitte und Gerhard Pittnauer – ein geniales Team

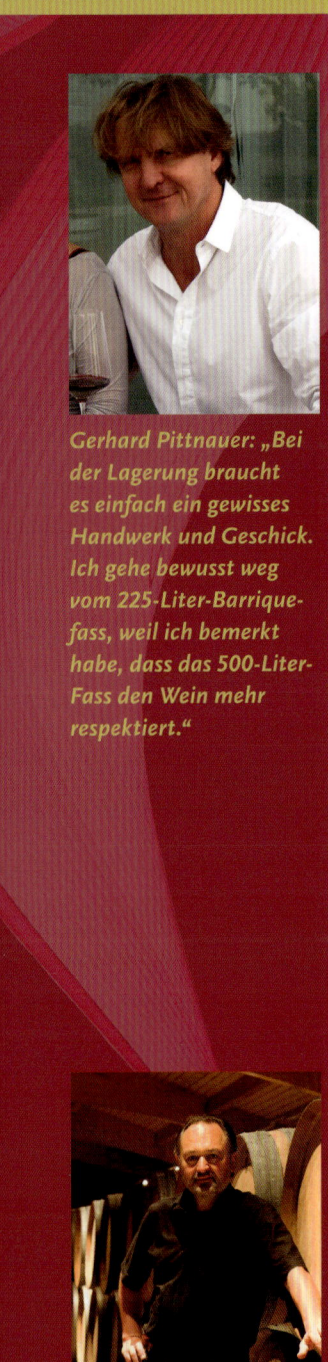

Gerhard Pittnauer: „Bei der Lagerung braucht es einfach ein gewisses Handwerk und Geschick. Ich gehe bewusst weg vom 225-Liter-Barrique-fass, weil ich bemerkt habe, dass das 500-Liter-Fass den Wein mehr respektiert."

Hans („John") Nittnaus

Weine und ihren Stil liebe. Ich mag auch Süßweine sehr gerne, habe aber das Talent dazu bei mir noch nicht entdeckt ..."

Stundenlang möchte man bei den „Pittis" verweilen, plaudern und genießen. Doch an diesem Tag gibt es noch ein weiteres Highlight, das wir auf gar keinen Fall versäumen wollen. Rein ins Auto, den kurzen Weg mitten ins Herz von Gols, und schon klingelt man bei Hans „John" Nittnaus.

Hans („John") Nittnaus – der Vater des Pannobile

Hans Nittnaus ist der Gründer der Pannobile-Idee, heimische Rebsorten zu einer Cuvée internationalen Formats zu machen. „Pannobile soll einfach der beste Wein aus heimischen Rebsorten von der Ostseite des Neusiedler Sees sein", so Hans Nittnaus.

Beim Kultwein **„Comondor"** verwendet Nittnaus vorwiegend Merlot vom Mönchhofer Kurzberg, der Blaufränkisch stammt aus einer seiner besten Rieden, dem Ungerberg. Ergänzt wird der Comondor mit einem Minderanteil an Zweigelt vom Tannenberg.

Seine besten Golser Lagen befinden sich auf den Hängen der sogenannten Parndorfer Platte (siehe S. 113).

Der Heideboden ist die Basis für Zweigelt und Blaufränkisch. Damit diese auch bodenständig schmecken, kommen nur gebrauchte Fässer für die Lagerung zum Einsatz. Die Oberschicht dieser Lage besteht aus lehmigen, durchlässigen Böden, die gerade dem Blaufränkisch entgegenkommen. „Blaufränkisch braucht in unseren Breiten einfach kräftige Böden", meint der Spitzenwinzer, der sich auch intensiv mit dem benachbarten Leithaberg auseinandersetzt. Dort besitzt Nittnaus mehre Rieden in besten Lagen, und es gelingt ihm perfekt, die Komponenten des Bodens in den Wein zu bringen. Von dieser Großlage stammt auch der Zweigelt, der als Vermählungspartner beim Comondor verwendet wird.

Der Zufall wollte es, dass Hans Nittnaus auf den Leithaberg kam. 1999 musste er Zweigelt zukaufen und tat dies bei einem Kollegen, der die Trauben vom Leithaberg erntete. Als er mit dem Endprodukt konfrontiert war, erkannte er rasch, welches Potenzial die Trauben aus dieser Lage in sich tragen. Diese Erkenntnis war wohl der Anfang der gesamten Leithaberg-Idee, die an anderer Stelle (siehe S. 129 f.) noch ausführlicher beschrieben wird.

Als klassischen Blaufränkischen betrachtet er seinen ebenfalls vom Leithaberg stammenden **„Kalk und Schiefer"** – einen typischen Blaufränkischen mit perfekter Balance und unverkennbarer Mineralik. Eine Stufe darüber steht der „Leithaberg rot" – ein Blaufränkisch als Reservewein, kräftig, mineralisch-würzig und elegant. Ein Paradewinzer wie Hans Nittnaus benötigt darüber hinaus natürlich einen „Flaggschiffwein" – in seinem Fall ist dies der **Blaufränkisch „Tannenberg"** – ein Wein, der Maßstäbe setzt.

Fragt man den Topwinzer, was ihm bisher ganz besonders gut gelungen ist, dann kommt es wie aus der Pistole geschossen: „Pannobile!"

Pannobile – eine Idee reift zu Besonderem heran

1985 war es, als Anita und Hans Nittnaus das Weingut übernahmen – zu einem Zeitpunkt also, als vieles chic war, nur eines nicht: in Österreich Winzer zu werden! Bei so viel Schatten, der über der gesamten Weinlandschaft lag, brauchte es aber genau jene Menschen, die sich um Hans Nittnaus scharten. Wie John es auch auf seiner Website beschreibt, hatten diejenigen, die absolut nichts mit den skandalösen Vorkommnissen dieser Zeit zu tun hatten, eine ordentliche Portion Wut im Bauch! Natürlich wussten sie, wie man ehrlichen und guten Wein macht, und wollten das auch aller Welt beweisen. Nur war damals der Rest der Weinwelt logischerweise auf vieles neugierig, nur nicht auf österreichischen Rotwein! Die Bordeaux-Sorten wie Cabernet Sauvignon und Merlot mussten mit im Spiel sein, um international wettbewerbsfähig zu sein.

Genial war die Namensfindung von Hans Nittnaus: **Pannonien ist die Heimat, nobel der Wein – Pannobile war geboren!**

So geht die Marke Pannobile mittlerweile ins dritte Jahrzehnt und sorgt durch die behutsame Integration der nächsten Generation, wie am Beispiel von Martin Nittnaus und Andreas Gsellmann zu sehen ist, für gelebte Kontinuität. Aufgrund der Erfolge reizte es die Akteure jedoch bereits nach wenigen Jahren, herauszufinden, ob nicht doch eine vergleichbare Qualität mit den heimischen Sorten Blaufränkisch und Zweigelt zu erzielen wäre. Man wagte das Experiment und so wird seitdem die rote Cuvée aus Blaufränkisch und Zweigelt vinifiziert, während die Weißweinlinie für die Burgundersorten und Neuburger steht (ob reinsortig oder Cuvée, obliegt dem jeweiligen Winzer).

Ob der Wein ein Pannobile sein kann, entscheiden alle bei der Finalverkostung.

Pannobile steht daher als geografisch eindeutig definiertes Gebiet und als international verstandenes und bekanntes Synonym dafür, was Rotwein aus dem Weinbaugebiet Neusiedler See versprechen und vor allem halten kann.

Der Tannenberg in Jois ist eine Hanglage, auf dessen Kuppe ein dichter Föhrenbestand steht. Laut Hans Nittnaus war es im Burgenland von jeher so, dass man jeden Nadelbaum als Tanne bezeichnete und so haben die Föhren dem Wein seinen Namen gegeben: Tannenberg!

Gerhard Kracher vereint viele – oftmals gegensätzliche – Eigenschaften in sich. Er ist sich der Tradition des Hauses bewusst, ohne den Blick nach vorne zu verlieren. Alles, was sich in irgendeiner Weise innovativ anhört, beschäftigt ihn und lässt ihn bis zur Finalisierung nicht mehr los.

Und der innovativen Projekte gibt es viele: von der Zusammenarbeit mit Hans „The Butcher" Schwarz (vormals Fleischhauer und heute Erfolgswinzer in Andau) über Kracher-&-Schröck-Ausbruchweine, Fine Wine (eine weltweite Vernetzung der Topweingüter) bis zu Petit Kracher (dem Blauschimmelkäse mit Beerenauslese) und einem speziellen Weingelee, produziert mit dem Wiener Edelmarmelademacher Hans Staud. Die Liste ließe sich noch beliebig fortsetzen ...

Gerhard Kracher: „Mit unserem Terroir kann man keine leichten und spritzigen Weine produzieren!"

Gerhard Kracher zum Thema Beeren- und Trockenbeerenauslese

Bodenständig und international, traditionell und reich an Visionen, all dies verkörpert die Illmitzer Familie Kracher. Nach den Schicksalsschlägen der Jahre 2007 und 2010 (2007 starb Alois Kracher und 2010 der Senior) führt nunmehr Gerhard Kracher, der energiegeladene Prototyp eines erfolgreichen Winzers, zusammen mit seiner Mutter Michaela, die auch an hektischen Tagen die Ruhe bewahrt, das international bestens vernetzte Weingut.

Längst ist der Name Kracher zur Marke geworden und steht weltweit für das Edelste, was es im Süßweinsegment gibt. Der Großvater hat das Weingut aufgebaut und Alois Kracher hat es zu dem gemacht, was es heute ist. Über Alois Kracher ist Ausführliches an anderer Stelle geschrieben (siehe „Menschen und ihr Lebenswerk, S. 193 f.).

Wie sich **Botrytis cinerea** auswirkt, erklärt Gerhard Kracher folgendermaßen: „Der Neusiedler See mit seiner großen Wasserfläche (es sind beinahe 320 km²) wirkt wie ein überdimensionaler Regulator. Im Sommer mildert er die manches Mal vorherrschende extreme Trockenheit. Im Herbst bilden sich abends Nebelschwaden, die sich hartnäckig bis zum Morgen halten und zusammen mit dem warmen, pannonischen Klima für die Bildung des Botrytis-cinerea-Pilzes sorgen. Legt sich Botrytis auf die Schalenhaut, so stechen in der Folge die Sporen des Pilzes die Beerenhaut auf, und das Wasser im Saft der Beeren verdunstet durch die Tageswärme. In der Beere selbst bleibt eine Essenz aus Zucker und Säure übrig. So entstehen, vereinfacht dargestellt, edelsüße

Beerenauslesen. Wird durch den Botrytisbefall und die Wärme die Beere fast zur Gänze trockengelegt, so spricht man von einer Trockenbeerenauslese – flüssiges Gold, im wahrsten Sinne des Wortes."

Die Weine des Hauses spannen einen breiten Bogen, beginnend mit dem trockenen, kräftigen, aber sehr harmonisch ausbalancierten Pinot gris sowie im Rotweinbereich mit dem „Blend I" und „Blend II" – beide Cuvées aus Zweigelt und Merlot. Die Weinstilistik ist von Gerhard Kracher klar definiert: Mit unserem Terroir kann man keine leichten und spritzigen Weine produzieren!"

Die Stunde der Wahrheit schlägt für Prädikatsweine ab dem Öffnen der Flasche, wenn sich zeigt, ob Botrytis und Frucht eine harmonische Verbindung eingegangen sind. Hier die richtige Balance zu schaffen, zeugt von Erfahrung und Können und einer ebenso klaren Handschrift des Weinmachers.

Die Prädikatsweinparade beginnt bei den Auslesen und Beerenauslesen. Nur bestes Traubenmaterial schafft es in den Olymp – und wird zu Trockenbeerenauslesen verarbeitet. Manchmal, wenn es der Jahrgang erlaubt, darf sich auch ein Eiswein dazugesellen.

Willi Opitz – Mr. Schilfwein

Ein weiterer Weinkomet aus Illmitz ist zweifelsohne Willi Opitz. Es war gegen Ende der 1980er-Jahre, als dieser sich entschloss, seinen gut bezahlten Job bei einem amerikanischen Konzern an den Nagel zu hängen und sich dem Weinbau zuzuwenden.

1989 hatte der Marketingspezialist eine großartige Idee: Wenn im österreichischen Weingesetz schon der Begriff „Strohwein" steht, allerdings vor Ort kaum Stroh, sondern sehr viel Schilf vorhanden ist, so könnte man ja einmal probieren, die überreifen Trauben nicht auf Strohmatten, sondern auf Schilfmatten zu trocknen.

Gesagt, getan! Nur – diese Methode stand nicht im Weingesetz, und da im österreichischen Weingesetz das sogenannte „Verbotsprinzip" gilt (also nur erlaubt ist, was im Weingesetz definitiv angeführt ist, und alles Weitere in Bezug auf Kellertechnik verboten ist), war diese Art und Weise, einen edlen Prädikatswein zu produzieren, an sich nicht erlaubt.

Daraufhin schickte Willi Opitz eine Eingabe an das Ministerium, mit dem Resultat, dass man die Bezeichnung Strohwein im Weingesetz durch die Bezeichnung Schilfwein ergänzte.

Willi Opitz

119

Für den Schilfwein trocknen die Trauben auf Schilfmatten

Willi Opitz mit seinem legendären „Mr. President"

Legendär und einmalig in der österreichischen Weinszene sind auch die Marketingerfolge von Willi Opitz. Auf seiner Kundenliste stehen neben dem Formel-1-Team von McLaren auch Bill Clinton, Harrods in London, British Airways und viele mehr.

Hinter jeder Verbindung steckt eine eigene Idee, und so gibt es bis heute einen Schilfwein mit der Bezeichnung „Mr. President". Die Trauben zum Erstwein des „Mr. President" wurden genau an jenem Tag geerntet, an dem Bill Clinton zum zweiten Mal als amerikanischer Präsident bestätigt wurde. Dieses Ereignis inspirierte Willi Opitz zur Namensgebung. Als der Wein fertig war, griff der unerschrockene

Mann einfach zum Telefon, wählte die Nummer des Weißen Hauses in Washington und erklärte der verdutzten Telefonistin, dass er einen Wein für den Präsidenten gemacht habe und ihm diesen auch vorbeibringen wolle!

Das eigentlich Unfassbare war aber der Umstand, dass die Einladung zur Weinlieferung tatsächlich ausgesprochen wurde, woraufhin sich Willi Opitz mit seiner Frau Maria in den Flieger nach Washington DC setzte und, dort angekommen, schnurstracks ins Weiße Haus ging, um das Weinpaket abzuliefern. Den Präsidenten traf er an diesem Tage zwar nicht an, doch bedankte sich jener artig mit einem Brief, in dem er sein Bedauern dahingehend ausdrückte, dass er bei der Überreichung des Weines nicht anwesend war.

Doch der Sache nicht genug: Willi Opitz aus dem Seewinkel – um eine Antwort nie verlegen – wies Clinton in einem weiteren Schreiben darauf hin, dass es, wenn er (Willi Opitz) nicht von ihm (Clinton) in Washington begrüßt werden könnte, in umgekehrter Folge in Österreich sicher klappen würde. Wie es dann auch wirklich geschah: Beim nächsten Besuch in Wien traf man sich, und Bill Clinton konnte wieder einige Flaschen des „Mr. President" in Empfang nehmen.

Leithaberg DAC
(Neusiedler-See-Hügelland)

In der Ebene und auf den Hängen dominieren Löss, Schwarzerde, Sand und Lehmböden, doch die Hauptrolle in diesem Gebiet spielt das Leithagebirge – oder die Leithaberge, wie sie umgangssprachlich genannt werden.

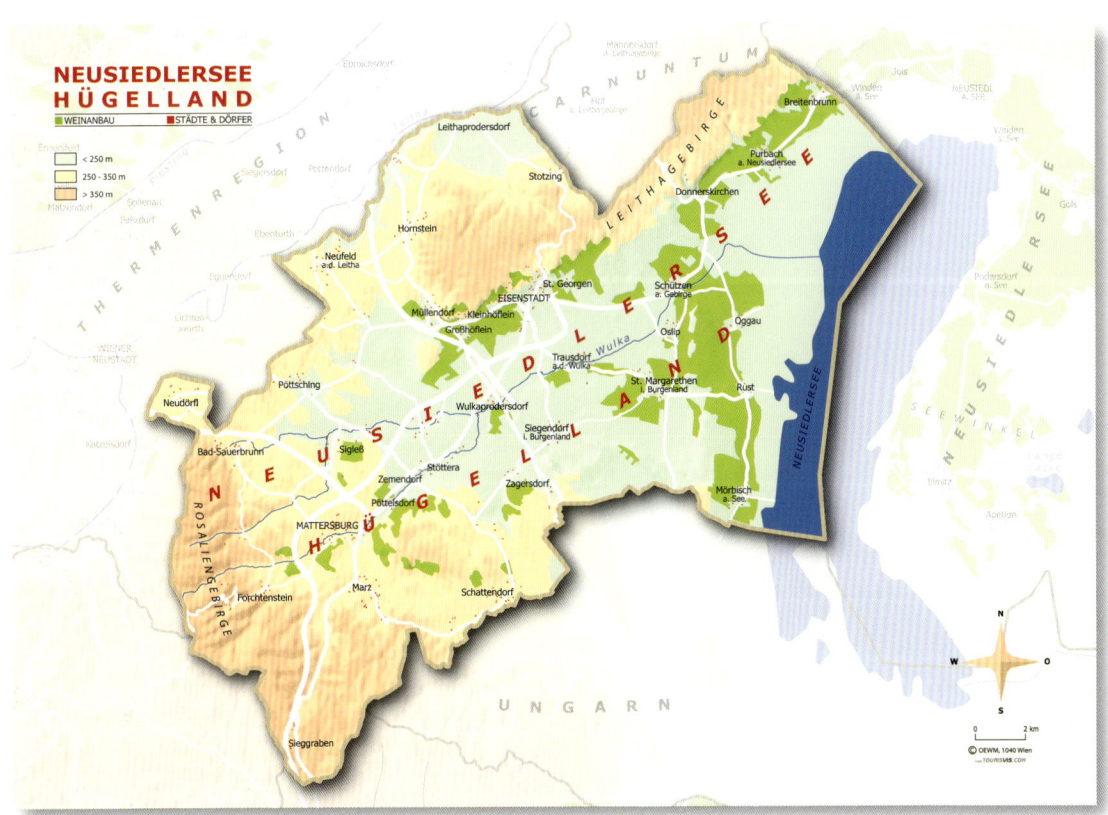

Das Leithagebirge ist ein ca. 35 km langer und 5 bis 7 km breiter Höhenrücken am westlichen Rand des Wiener Beckens, zwischen der Brucker Pforte im Norden und der Wiener-Neustädter-Pforte im Süden. Als Ausläufer der Alpen bildet das Leithagebirge eine Verbindung zu den Karpaten im Norden.

Die höchste Erhebung ist mit 484 Metern der Sonnenberg, der zur Gänze im Burgenland liegt. Der Gebirgsrücken ist stark bewaldet, Laubbäume wie Eiche, Hainbuche und Rotbuche sind vorherrschend. Im Osten des Leithagebirges, auf burgenländischer Seite, bestimmen Weinrieden, die bis zum Neusiedler See flach abfallen, das Landschaftsbild.

Beinahe 3 900 Hektar sind mit Sorten wie Welschriesling, Weißburgunder (Pinot blanc), Chardonnay, Blaufränkisch und Zweigelt bestockt. Eine Besonderheit im Rebsortenmix ist die Sorte Furmint.

Der Boden setzt sich im Kern aus kristallinem Gneis und Glimmerschiefer zusammen, die über Millionen von Jahren mit verfestigtem Leithakalk überzogen wurden.

Vor etwa 15 Millionen Jahren entstand entlang der Thermenregion-Linie ein Grabenbruch, von dem hauptsächlich Urgestein und Glimmerschiefer übrig blieben. Aus den vom Urmeer abgelagerten Sedimenten (mit versteinerten Muscheln, Schnecken etc.) bildete sich ein stark kalkhaltiger Boden, der sogenannte **Leithakalk.** Heute sind es genau diese Urge-steinsverwitterungen mit sandigem Lehm, vor allem aber mit Schiefer und Muschelkalkschichten, welche die Leithaberg-Weine durch eine unverwechselbare Mineralik prägen. Eine Mineralik, die oftmals – im positiven Sinne – fast salzig wirkt. Der Grund dafür sind die Bodenmineralien, die sich in den Weinen in winzigen Spuren wiederfinden und ihnen jene würzige Qualität verleihen, die man als „mineralisch" bezeichnet.

Die Böden nennt man je nach Muttergestein folgendermaßen: **Ranker** bei Urgestein (Glimmerschiefer, Gneis) und **Rendzina** bei Kalkuntergrund.

Die Urgesteinsböden sind karg und erwärmen sich leicht. Sie begünstigen einerseits das gründliche Ausreifen der Trauben und regen zum anderen die Rebpflanzen zur Ausbildung tiefer, starker Wurzeln an. Weinstöcke auf kargen Böden neigen dazu, weniger Trauben, dafür mit mehr Charakter zu bilden. Die aus diesen Trauben vinifizierten Weine gehen am Gaumen nicht in die Breite, sondern zeichnen sich durch Eleganz und Finesse aus. Besonders geeignet für diese Böden sind die Burgundersorten Weißburgunder (Pinot blanc), Chardonnay und Neuburger sowie in kühlen Lagen Pinot noir.

Außerdem verfügt die Region mit steinigen Hängen über **erstklassige Rotweinlagen** – speziell für mineralische Blaufränkische. Und dann sind da noch die **exzellenten Süßweingebiete** entlang des Seeufers mit dem traditionellen Süßweinzentrum Rust. Das inspiriert natürlich zum Universalismus, und nicht wenige der Winzer rund um den Leithaberg, die zu den besten Rotwein- und Süßweinwinzern des Landes zählen, keltern sozusagen im Darüberstreuen auch noch großartige Weißweine.

Die namhaften Weinorte reihen sich wie Perlen an einer Kette: Breitenbrunn, Purbach, Oggau, St. Margarethen mit der atemberaubenden Naturkulisse des Steinbruchs, Donnerskirchen, Rust, Schützen, die Seefestspielgemeinde Mörbisch sowie die Landeshauptstadt Eisenstadt mit ihrem prächtigen Schloss, der idyllischen Altstadt und der aufstrebenden Nachbargemeinde Großhöflein.

Kalk und Schiefer – das sind die beiden Hauptkomponenten der Leithaberg-Böden. Während der rund 15 Millionen Jahre alte Muschelkalk den Weinen eine leicht salzige Note und Eleganz verleiht, sorgt der Schiefer für die nötige Spannung und das Rückgrat.

Die DAC-Weine vom Leithaberg

Leithaberg-DAC sind Weine der Reservekategorie.

Leithaberg DAC weiß

Der Leithaberg DAC weiß ist immer ein regionstypischer Reserveweißwein. Er kann aus den Sorten Grüner Veltliner, Weißburgunder (Pinot blanc), Chardonnay oder Neuburger produziert werden. Die Identität der Weine und der Region muss gegeben sein. Holzeinsatz ja, aber: Die Mineralik und Finesse des Weines darf nicht vom Holz übertönt werden.

Die Weine bekommen auch genug Zeit, um eine gewisse Reife zu erlangen und werden nicht vor dem 1. September des auf die Ernte folgenden Jahres ausgeliefert.

Leithaberg DAC rot

Der Leithaberg DAC rot wird aus der heimischen Sorte Blaufränkisch gewonnen. Es darf ein Anteil von maximal 15 Prozent aus den Sorten Pinot noir, Blauer Zweigelt oder St. Laurent dabei sein. Ein Holzeinsatz ist erwünscht, jedoch nur in begleitender Form. Das heißt, dass der Charakter und die Eleganz des Weines durch das Holzfass nur unterstützt werden sollen.

Leithaberg rot DAC benötigt Zeit, um die optimale Trinkreife zu erreichen, und darf daher nicht vor dem 1. September des zweiten auf die Ernte folgenden Jahres in Verkehr gebracht werden.

Möchte man das Wort Mineralik definieren, so trinkt man am besten ein Glas Leithaberg DAC – es erspart viele Erklärungen!

Hans Nittnaus

Toni Hartl

Hans „John" Nittnaus und Toni Hartl

Eine ganz eigene Art der Zusammenarbeit haben zwei Grenzgänger gefunden: Hans „John" Nittnaus aus Gols und Toni Hartl aus Reisenberg.

Bei mir zu Hause im Salzkammergut können 100 Meter darüber entscheiden, ob man „dazugehört" oder nicht. Hier am Leithaberg gehören nur jene dazu, welche die Philosophie der Weine leben, also auch Hans „John" Nittnaus und Toni Hartl, die beide nicht direkt vom Leithaberg stammen.

Irgendwann haben die beiden das Terroir entdeckt, wie uns John Nittnaus erklärt:
„1999 war es, als ich viel zu wenige Zweigelttrauben hatte und erstmals Trauben vom Leithaberg zukaufte. Die Trauben kamen aus Jois von der Lage Greiner und ergaben einen sehr mineralischen, rassigen und für mich damals spannenden Wein. Irgendwie machte mich das ziemlich neugierig, und ich wollte mehr über das Terroir da drüben wissen. Und so habe ich mir das Leithagebirge genauer angesehen und mir wurde sehr schnell bewusst: In diesem Boden schlummert in Kombination mit dem Mikroklima ein gewaltiges Potenzial für große Weine! Einerseits sind da diese dichten Muschelkalkböden, ähnlich jenen in der Burgund, der Champagne oder auf dem rechten Bordeaux-Ufer. Und andererseits ist da dieser erstaunliche Mix aus Glimmerschiefer und Quarzit wie im Rheingau, an der Mosel oder im Priorato (Anmerkung: Weinbaugebiet in Spanien).

Der Leithaberg als Ganzes mit seiner Ausrichtung nach Südosten und dann noch der Neusiedler See mit seiner riesigen, beinahe 320 km² großen Wasseroberfläche, gespickt mit dem breiten Schilfgürtel – das ergibt eine Klimaregulierung und beeinflusst zudem die Aromabildung und Reifephase der Trauben."

Damit war es für Hans Nittnaus klar: „Hier sind bemerkenswerte Weine mit perfekter physiologischer Ausreifung, Finesse und einer Mineralität, die ihresgleichen sucht, möglich. Vor allem mit dem Blaufränkischen, dessen Trauben (weil spät reifend) lange am Stock bleiben und deshalb den Terroir-Charakter voll entwickeln können. Aber auch beim Weißwein ist dies erkennbar – hier mit Chardonnay (Kalk), Weißburgunder (Kalk, Schiefer) und Grünem Veltliner (Schiefer). Weil dies aber eine andere Welt ist als in Gols, behandeln wir die beiden Sphären getrennt voneinander."

Toni Hartl – Grenzgänger mit Tiefgang

Eine Sonderstellung im Neusiedler-See-Hügelland hat Toni Hartl aus Reisenberg in der Thermenregion.

Nur etwa ein Drittel seiner Weinrieden befindet sich in Reisenberg in der südöstlichen Thermenregion, die restlichen zwei Drittel liegen zwischen Purbach und Donnerskirchen am Leithaberg. Der hügelige „Gebirgszug" sieht einer neuen, zukunftsträchtigen Epoche entgegen: Leithaberg DAC – von Leuten wie

Toni Hartl, Birgit Braunstein, Hans Nittnaus und Co. 2006 ins Leben gerufen – steht für prächtige Reserveweine, die das Typische des Bodens über das Glas auf den Gaumen des Weinfreundes transportieren. Wobei genau diese Bodenstruktur, die aus Glimmer, Schiefer mit Grafit und Quarz besteht und von einer erstaunlich dichten Kalkschicht überzogen ist, auch eine große Herausforderung für die Rebstöcke darstellt.

Weine von Reben, die auf einer solchen Bodenstruktur leben, sind immer feinwürzig, spannungsgeladen und nervig. Diese Weine sind niemals mächtig und breit, aber reich an Finesse und Tiefgang. Rebstöcke, die Probleme haben, können nicht tief wurzeln, und so kann man sofort erkennen, welcher Stock unter Stress steht. Die Nährstoffe holt sich der Stock immer über die Wurzeln aus dem Boden. Wie uns Toni Hartl erklärt, sind es aber die weichen, mineralisch aufgeweichten Schichten zwischen den Gesteinsformationen, die Schmackhaftes für die Stöcke und Trauben liefern. Vor allem die Rebsorten Blaufränkisch, Syrah und Cabernet Sauvignon lieben diese „Leckerbissen". Auch für Pinot noir wäre der Boden ideal. Da diese sensiblen Stöcke hier der direkten Sonnenbestrahlung jedoch zu stark ausgesetzt wären, würden die Weine zu alkohollastig werden.

Wenn ein motivierter Winzer wie Toni Hartl über beste Lagen in zwei Weinbaugebieten verfügt, dann darf man ihn getrost als Grenzgänger bezeichnen. Seinen finessenreichen Burgunder hat Toni Hartl in Reisenberg, dem östlichsten Winkel der Thermenregion, ausgepflanzt. Wie in vielen Weinbauorten üblich, gibt es auch in Reisenberg einen Goldberg. Dieser verfügt über eine 40 Meter tiefe Schicht aus Löss, Wasser führendem Lehm, Eisen und einer breiten, von Muscheln und Schneckenhäusern angereicherten Kalkschicht.

Interessant ist auch die Tatsache, dass dieser südöstliche Teil der Thermenregion eine spezielle Kessellage darstellt: im Süden vom Leithagebirge eingegrenzt, westlich von der Buckligen Welt mit den Ausläufern des Semmerings, im Nordwesten vom Anninger und im Osten vom Arbesthaler Hügelland. Nur eine kleine offene Schneise im Nordosten bringt frische, kühle Winde vom Weinviertel! Also ein idealer Ort für Pinot noir – und genau den hat Toni Hartl hier ausgepflanzt.

Aber nun zurück zum Leithaberg! Hier finden wir die **traumhafte Lage Eisner** und ein Terroir für Blaufränkischen, das einfach nicht besser sein kann. Toni Hartl hat nicht nur seine besten Stöcke hier stehen, sondern arbeitet auch in dem Bewusstsein, mit Traubengut aus dieser Lage einen superben, mächtigen Flaggschiff-Wein mit enormer Dichte zu machen.

Bis zu drei Monate arbeitet die Maische in den sich drehenden 600-Liter-Fässern. Anschließend darf sich der Wein noch bis zu zwei Jahre auf der Feinhefe ausruhen, um dann für weitere zwei Jahre eine Reifung im Fass durchzumachen. Summa summarum verbringt der edle Saft also mindestens 40 Monate in französischer Eiche. Trotzdem dominieren – begleitet von einer eleganten Holznote – Mineralik und Frucht diesen Wein. Ein „Must-have" für jeden Rotweinfreak und Sammler!

Die Fässer werden durch eine spezielle Vorrichtung gerollt

Birgit Braunstein – große Weine werden von großen Menschen gemacht

Wenn man in Purbach verweilt, dann kommt man um die Gastfreundschaft einer Familie nicht herum: die der Braunsteins! Hier wird Gastlichkeit in allen Facetten, ob im Weingut oder im Restaurant, ganz einfach und spürbar gelebt.

Gerne erinnere ich mich an die 1980er-Jahre zurück, als ich Paul Braunstein, dem heutigen Senior, einen wunderbaren, gehaltvollen Welschriesling abkaufte, um später mit dem Kommentar einiger Stammgäste konfrontiert zu werden: „Ja, was willst denn du mit an Burgenlandler Weißen?! Den trink' ma da net!!!" Tja, für manches war damals die Zeit noch nicht reif … Mir als gebürtigem Innviertler, dem eine gewisse „Dickschädeligkeit" und „Querdenkerei" schon in die Wiege gelegt worden ist, war damals schon klar, dass es auch am Leithaberg ein Terroir gibt, das sich vorzüglich für Weißweine eignet. Nur wurde Terroir damals eben noch nicht so bezeichnet und schon gar nicht verstanden …

Die Tradition des Weinbaus ist bei den Braunsteins eine sehr lange. Seit über 400 Jahren wird Weinbau betrieben, und dem Geiste dieser Tradition folgend, hat Birgit Braunstein die Überzeugung und Leidenschaft gefunden, um im Einklang mit der Natur das fortzuführen, was die Generationen vor ihr aufgebaut haben.

1996 vinifizierte Birgit Braunstein ihren ersten Wein und erlebte mit diesem, wie sie sagt,

„einen wirklichen Glücksmoment in ihrem Leben". Viele Glücksmomente sollten noch folgen, wie etwa 2004 die Kür zur Winzerin des Jahres sowie regelmäßige Topplatzierungen.

„Bei meinen 22 Hektar Weingartenfläche beschäftige ich mich zu 80 Prozent mit Rotwein, obwohl wir auch sehr schöne Lagen für die weißen Burgundersorten haben. Speziell der Leithaberg ist unser größter Segen: Es ist ein absoluter Glücksfall, hier Lagen zu besitzen. Eigentlich sind es sieben Ebenen, auf denen wir unsere Lagen und Rieden haben. Vom See in Richtung Leithaberg gibt es jede Menge Schwarzerdeböden, am Hang beim Felsenstein ist es eine dichte Muschelkalkschicht in 20 Metern Tiefe, die sich bis zu Goldberg, Rosenberg und Edelgraben hinaufzieht. Die Lagen Goldberg, Rosenberg, Edelgraben und Eisner verfügen über eisenhaltige und wärmespeichernde Schieferböden."

Manchmal, wenn es die Natur nicht so gut meint, greift Birgit Braunstein zu ungewöhnlichen Methoden: „Wir sind nach dem letzten Hagel mit der Pinzette durch unsere Rebanlage marschiert und haben die beschädigten Beeren von den Trauben gezupft, um dadurch Fäulnis zu verhindern. Verständnis gab es dafür nicht von allen Seiten. Manche haben über uns hellauf gelacht und uns Pinzettenjäger genannt!

Ich schaue auch sehr bewusst darauf, was manche Rebstöcke mögen und was nicht. Beim Pinot noir entfernen wir bewusst auf der Seite der Morgensonne die Blätter, um nicht zu viel Wärme entstehen zu lassen. Blaufränkisch und

Zweigelt sonnen sich am liebsten in der Abendsonne, also machen wir diese Seiten blattfrei."

Birgit Braunstein ist nicht nur eine begnadete Weinmacherin, sondern auch eine jener Winzerinnen, welche die Vereinigung „**11 Frauen und ihre Weine**" ins Leben gerufen haben.

„Unsere Vereinigung ‚11 Frauen und ihre Weine' hat ein weiteres, großes Betätigungsfeld dazu gewonnen: Wir widmen uns verstärkt der Regionalität aller landwirtschaftlichen Produkte. Damit tun sich für uns neue Vernetzungsmöglichkeiten auf. Wir wollen durch viele Kooperationen einen nachhaltigen Nutzen für die Umwelt und den Klimaschutz erzielen."

Beim Verkosten der aktuellen Jahrgänge kommen wir über die breit angelegte Sortenvielfalt ins Schwärmen. Am Nachmittag im gemütlichen Innenhof der Braunsteins zu sitzen und die herzliche Gastfreundschaft zu genießen, lässt Urlaubsstimmung aufkommen ...

Birgit Braunstein: „Speziell der Leithaberg ist unser größter Segen: Es ist ein absoluter Glücksfall, hier Lagen zu besitzen."

„Typischer Bügelwein", meint Birgit zum Welschriesling! „Ach ja", denke ich mir, „vorbei ist es mit Urlaubsfeeling – also gut, wieder zurück an die Arbeit und Notizen machen!"

Der Leithaberg DAC Chardonnay zeigt wieder einmal so richtig, was man unter einem typischen, mineralischen Terroirwein versteht: Struktur und Finesse – beste Balance. Bei der Serie der Rotweine gefällt besonders der St. Laurent Goldberg mit seiner Steinobstnase nach Weichseln und Kirschen. Am Gaumen zeigt sich dieser Charmeur mit einem eleganten Extrakt und sanfter Tanninstruktur.

Die Top-Rotwein-Cuvée des Hauses aus Zweigelt, Cabernet Sauvignon und Blaufränkisch heißt **Oxhoft** – eine alte Bezeichnung für das kleine Eichenfass. Darin wurde der Wein nicht nur gelagert, sondern auch zu den Handelshäusern und Gasthöfen im Gebiet der alten Monarchie transportiert. Oxhoft leitet sich vom holländischen Oxhoofd (Ochsenhaupt) ab und rührt daher, dass man früher Schläuche aus Rindsleder zum Aufbewahren von Wein verwendete. Paul Braunstein, Birgits Vater, ließ diesen Namen vorausschauend schützen.

Das neueste Topprodukt aus dem Hause Braunstein ist der **Blaufränkisch Felsenstein**, der erstmals mit dem Jahrgang 2007 auf den Markt kommt. Ein Monument von einem Blaufränker, mit Tiefgang und Finesse ausgestattet. Man braucht kein Prophet zu sein, um vorherzusehen, dass dieser edle Terroir-Wein eines Tages zu den Spitzenweinen des Landes zählen wird.

Für Birgit Braunstein sind auch Amphorenweine ein Thema. In Zusammenarbeit mit Martin Pasler schuf sie einen Amphorenwein, bei dem die Beeren mitsamt den Kämmen in verschlossenen Amphoren vergoren wurden. Auf dem Bild sind die vergrabenen Amphoren zu sehen.

Es ist schon relativ spät, als wir uns an diesem sonnigen, aber kühlen Sommertag von den Ufern des Neusiedler Sees verabschieden, um im „Hinterland" einen weiteren etablierten Weinbaubetrieb zu besuchen.

Hans Nehrer und die Entstehungsgeschichte der „Leithaberger"

Einer der Gründungsväter der Leithabergweine ist der Eisenstädter Spitzenwinzer Hans Nehrer, bekannt für seine eleganten, mineralischen Terroir-Weine. Sein Leithaberg weiß und Leithaberg rot zeigen klar und deutlich, was mit Leithaberg DAC eigentlich gemeint ist. Hans Nehrer konnte sich aber auch mit seiner Merlot Reserve 2007 den Sortensieg bei der Falstaff-Rotweinprämierung 2009 holen.

Mit seiner für ihn typischen Offenheit erzählt Hans Nehrer die **Entstehungsgeschichte der „Leithaberger"**: „Es war wohl im Jahr 1991. Wir hatten einen alten Weingarten am Leithaberg, und ich war von diesem damals immerhin 80 Jahre alten Rebenbestand voll begeistert. Immerhin waren es Stöcke, die aus der ‚Nachreblauszeit' stammten. Der Weißwein aus dieser Lage hatte damals schon (oder noch) eine erfrischende Mineralik. Zu dieser Zeit war das aber nicht unbedingt ein Thema. Einige Jahre später, es war 1993, stieg ich auf Rotwein aus dieser Lage um. Es war einfach nicht die Zeit für mineralischen Weißwein aus dem Burgenland, und so produzierte ich eine Rotwein-Cuvée aus Blaufränkisch, Cabernet und Zweigelt. Und siehe da, auch diese Rotweine zeigten eine brilliante mineralische Note. Dickköpfig, wie ich nun mal bin, habe ich nie aufgehört, diesen Wein zu produzieren."

„2002 war es dann so weit – die ‚Purbacher' (damit sind wohl Toni Hartl und Birgit Braunstein gemeint) setzten eine Initiative rund um den Namen Leithaberg, und so kamen wir uns näher. Viele Diskussionen und Verkostungen später einigten wir uns mit den anderen Gründungsmitgliedern darauf, was einen Leithaberg-Wein tatsächlich ausmacht."

Mit dem Jahrgang 2004 wurden die ersten Leithaberg-Weine produziert. Ich erinnere mich noch gut an diesen sonnigen Septembernachmittag des Jahres 2006, als eine Einladung zur Präsentation der Leithaberg-Weine in Purbach am Neusiedler See ins Haus stand. Einige Hundert Weinprofis aus ganz Österreich waren zusammengekommen, um von Purbach aus auf den Leithaberg zu wandern. Dort war ein Bodenprofil ausgehoben worden, um die vom Kalk überzogene Gesteinsschicht zu demonstrieren. Später, beim köstlichen Buffet im Weingarten, konnte man sich durch Verkosten der Weine selbst von deren mineralischen Noten überzeugen.

Hans Nehrer weiter im O-Ton:
„Dieser Präsentation im Jahre 2006 gingen für uns alle sehr lehrreiche Jahre voraus. Beinahe alle zwei Wochen kamen wir zusammen, um unsere Produkte zu verkosten. Jedes Mal war ein ‚Piratenwein' dabei (Anmerkung des Autors: ein Wein, der nicht der Stilistik entspricht und aus einer anderen Region stammt), kein einziges Mal wurde einer dieser Piraten als Leithaberg eingestuft. Immer sind sie rausgefallen. Natürlich hat es auch manchmal jemanden von uns erwischt. Wenn ein Wein zweimal bei der Verkostung als Leithaberg-Wein durchfällt, dann hat sich das Thema erledigt, egal, wen es von uns trifft. Wir haben damit unser Geschmacksprofil geschärft, und daraus hat sich dann in Folge die Bezeichnung DAC entwickelt."

„DAC hat für mich zwei Vorteile: Zum einen ist es die Chance, dass der gebietstypische Wein von den Winzern bestimmt wird, und zum zweiten ist der Schutz dieses Geschmacksprofils strenger als irgendein Markenschutz."

In der Folge wollte natürlich eine große Anzahl von Winzern der Region mit an Bord, und die Gründung von DAC war eigentlich nur noch eine Formsache. Aus dem Weinbaugebiet Neusiedler-See-Hügelland (diese Weinbaugebietsbezeichnung existiert weiterhin) entstand das Weinbaugebiet Leithaberg DAC, erweitert um die Gemeinden Jois und Winden sowie das Ruster Hügelland. Die Winzer der Freistadt Rust verzichteten auf eigenen Wunsch auf die Mitgliedschaft.

Heute stellen die 14 Gründungsmitglieder die Verkostkommission. Der Verein Leithaberg existiert nach wie vor und hat die Administration von Leithaberg DAC übernommen. Die **Prüfung der Weine** verläuft nach einem strengeren Klassement als die Prüfung von Qualitätsweinen. Für die Bestätigung eines Qualitätsweines genügt es, wenn die Kommission, bestehend aus sechs Personen, im Verhältnis 4 : 2 abstimmt. Bei einem Verhältnis von 3 : 3 muss der Wein nochmals verkostet werden. Um als Leithaberg-DAC-Wein eingestuft zu werden, braucht es aber ein Verhältnis von 5 : 1. Stehen die Stimmen 4 : 2, muss eine Wiederholungsverkostung durchgeführt werden. Ein 3 : 3 bedeutet bereits den Ausschluss als DAC-Wein.

Fragt man heute Hans Nehrer, wie er sich die Zukunft des Leithaberg DAC vorstellt, so vertritt er eine ganz klare Haltung: „Wir müssen

beim Leithaberg DAC im Reservebereich angesiedelt sein. Der Wein soll ein Synonym für Qualitätsstufe und Herkunft sein. Vor allem unsere Konsumenten sollen ein klares Geschmacksprofil des Weines im Kopf haben. Natürlich wünschen wir uns, dass es in Zukunft oder am besten sofort auf den Weinkarten der Topgastronomie eine eigene Rubrik mit Leithaberg DAC gibt!"

Dass dies auch gelingen wird, bezweifle ich persönlich keine Sekunde – denn selten habe ich eine so enthusiastische Gruppe wie die 14 „Leithaberger" erlebt.

Andi Kollwentz – die nächste Generation auf höchstem Niveau

„Unser Name steht für Qualität und individuelle Weine", erzählt Andi Kollwentz, „diese sind aber nicht jedes Jahr gleich und lassen den jeweiligen Jahrgang erkennen. Wir füllen nur Weine in die Flasche, die unseren hohen Ansprüchen entsprechen. In schwierigen Jahren kann es deshalb schon mal vorkommen, dass es keine Topweine gibt. 1996 und zuletzt 2010 war dies der Fall.

Von meinen Vorfahren habe ich zwei wesentliche Dinge übernehmen können: Nur perfekte Arbeit im Weingarten und Keller führt zu guten Weinen. Unser Weingut besitzt große Anteile in den Toplagen auf dem Leithagebirge. Damit habe ich als nächste Generation natürlich auch eine Verpflichtung."

Die Familie hat sich ein strenges Lagenprinzip auferlegt und verfolgt keine Modetrends. Hier wird langfristig gedacht und gearbeitet. „Wenn der Weinbau irgendwann mal nicht mehr modern sein sollte, werden wir immer noch hier sein. Wie es so schön heißt: in guten wie in schlechten Zeiten", so Andi Kollwentz.

Auch heute noch, nach vielen Jahrzehnten harter Arbeit, lässt es sich Anton Kollwentz senior nicht nehmen, den Großteil des Rebschnittes selbst zu machen. Er ist wahrlich mit jedem Rebstock per Du!

Steinzeiler ist der Name einer alten Lage, die heute nur mehr zu kleinen Teilen besteht. Seit mehr als 40 Jahren ist der Steinzeiler auch der Topwein des Hauses. Nur die besten Blaufränkischtrauben aus den Lagen Setz und Point werden für diesen prächtigen Wein verwendet. Gut gepflegte, alte Rebstöcke liefern wenige, dafür beste Trauben! Dazu gesellen sich kleine Anteile von Zweigelt und Cabernet Sauvignon, den Anton Kollwentz senior im Jahre 1981 als erster Winzer in Österreich ausgepflanzt hat.

Dass in dieser Region auch Weißweine internationalen Zuschnitts gedeihen, beweist Andi Kollwentz mit seinem **Sauvignon blanc Steinmühle**. Ein Hochplateau über dem Flüsschen

Der Steinzeiler – ein Topwein aus dem Hause Kollwentz

Wulka und ein mit Quarzschotter angereicherter Boden präsentieren ein Terroir à la Pouilly Fumé (Loire-Wein, dessen leicht rauchiger Geschmack die Bezeichnung fumé [franz.: geräuchert] rechtfertigt). Die Feuchtigkeit, die der Sauvignon blanc braucht, wird von der Wulka in den frühen Morgenstunden geliefert.

Für den Chardonnay sind die höheren Lagen Tatschler und Gloria reserviert. Mit 325 Metern Seehöhe ist die Lage Gloria die höchstgelegene des Leithagebirges.

Diese Lagen mit ihren berühmten Kalkböden prägen die Chardonnays der Familie Kollwentz. Alle 100 Meter Höhenzunahme sinkt die Temperatur um etwa 0,8 °C. Dadurch gelangen die Trauben langsamer und später zur vollen Reife, was sich in der Intensität des Geschmacks widerspiegelt. Neue Weinberge anzulegen, ist nicht einfach, meint Andi Kollwentz. Gibt es in der Region doch nur mehr wenige exzellente

Andi Kollwentz: „Wir füllen nur Weine in die Flasche, die unseren hohen Ansprüchen entsprechen."

Rust

Andi Kollwentz

Weinbauflächen, die für ihn interessant wären. Er vertritt zudem die Meinung, dass sich die Konzentration auf die großen Lagen noch verstärken wird. Große Lagen liefern opulente, saftige Weine, die sich durch enormes Lagerpotenzial auszeichnen. Die Weine in der gutseigenen Vinothek lassen sich bis ins Jahr 1944 zurückverfolgen.

Im Keller des Hauses Kollwentz schlummert immerhin die Ernte von zweieinhalb Jahrgängen. Alle Weine werden ausschließlich in Eichenfässern gereift. „Der Wein bekommt im kleinen Eichenfass mehr Sauerstoff zum Atmen und Reifen", erklärt Andi Kollwentz. Den Fasslieferanten ist das Weingut Kollwentz ein treuer Kunde: Jährlich werden zwischen 70 und 100 neue Fässer angeschafft. Die Weine werden zu 70 Prozent auf dem heimischen Markt (von Wien bis zum Arlberg) verkauft. Der Export geht hauptsächlich nach Deutschland, Luxemburg, in die USA und die Schweiz.

Auf den Spuren der Weingeschichte: Rust

Eine Sonderstellung nimmt zweifellos die nicht zum Leithaberg gehörende, idyllische Freistadt Rust ein. Seit beinahe ewigen Zeiten eine Hochburg edler Weine, bekam die Stadt bereits 1524 von der damaligen ungarischen Königin Maria I. das Recht, die Fässer mit einem eigenen Brandzeichen „R" zu versehen. Damit entstand bereits zu dieser Zeit eine geschützte Herkunftsbezeichnung für Wein, und der Ruster Ausbruch war als Herkunftsmarke geboren.

Die Ruster Gegend mit ihren sanft zum Neusiedler See abfallenden Südosthängen von unterschiedlicher Bodenstruktur ist im Zusammenspiel mit dem eigenen Mikroklima geradezu prädestiniert für edelsüße Weine. Fast wie auf Bestellung tritt hier Botrytis zum richtigen Zeitpunkt auf.

Cercle Ruster Ausbruch

Die Vereinigung „Cercle Ruster Ausbruch", eine Gruppe von zwölf Winzern, hat sich der Herstellung eines ganz besonderen Prädikatsweines verschrieben – dem Cercle Ruster Ausbruch. Es handelt sich dabei um einen edelsüßen, nicht zu üppigen Prädikatswein mit ausgeprägter Frucht, dezenten Botrytistönen und einem nervig-pikanten Süße-Säure-Spiel.

Die strengen, selbst auferlegten Qualitätskriterien gestatten es den Mitgliedsbetrieben nicht, Beerenmaterial unter 30° KMW zu ernten. Die auf natürliche Weise am Stock geschrumpften, rosinenartigen Beeren dürfen nur per Hand gelesen werden. Um diese Grade zu erreichen, ist es unbedingt notwendig, die erfreulicherweise fast immer eintretende spätherbstliche Schönwetterphase abzuwarten. Diese Geduldsprobe ist allerdings nichts für schwache Nerven, denn natürlich besteht immer ein gewisses Risiko, dass die Schönwetterphase ausbleiben könnte. Nebenbei sind die Erträge entsprechend gering. Für einen Ausbruch erhält man durchschnittlich nur 10 Prozent dessen, was eine normale Weinernte verspricht. Zudem haben sich die Mitgliedsbetriebe verpflichtet, den Wein nach alter traditioneller Art herzustellen (dazu mehr von Heidi Schröck auf S. 134).

Furmint

Eine spezielle Weißweinsorte, die in Ungarn und Kroatien stark vertreten ist, taucht auch in der Ruster Gegend auf: **Furmint.**

Erstmals in Ungarn im Jahre 1623 erwähnt, gibt es zur Herkunft weniger genaue Hinweise als vielmehr mancherlei Vermutungen. Eine Erklärung ist, so Heidi Schröck, dass die Furmintrebe nach Aurora Formentini (Hofdame am Wiener Hof) zu ihrer Hochzeit im Jahre 1632 mit dem ungarischen Magnaten Ádám Batthyány benannt wurde.

Nach der Blüte treibt die Furmintrebe früh aus. Sie hat einen kräftigen Wuchs und reift relativ spät. Die großen, grünlich gelben bis sattgelben, auf der sonnenexponierten Seite meist braunfleckigen Beeren sind lockerbeerig und in sehr großen Trauben zusammengefasst. Die Rebe ist ausgesprochen anfällig für Botrytis, aber auch für den Echten Mehltau.

Furmint, der 1987 wieder als Qualitätsrebsorte in Österreich zugelassen wurde, ist zurzeit auf einer Fläche von gerade einmal 10 Hektar ausgepflanzt.

Heidi Schröck – der Ruster Ausbruch in charmanter Form

1990 gründete die Ruster Weinbäuerin Heidi Schröck den Verein „Cercle Ruster Ausbruch", dessen Präsidentschaft sie für zehn Jahre übernahm. Die Maxime, nach höchsten Qualitätsprinzipien zu arbeiten, brachte Heidi von zahllosen Aufenthalten im Ausland mit, und genau diese internationale Vernetzung trug letztendlich auch dazu bei, das Produkt in vielen Ländern salonfähig zu machen. Viele Menschen aus Südafrika, Australien, den USA sowie zahlreichen Ländern Europas zählt Heidi Schröck zu ihrem Freundes- und Kundenkreis. Die Rusterin weiß, von welcher Bedeutung es ist, sich mit Kollegen und Kunden über Weine auszutauschen.

Auf die typischen Merkmale des Ruster Ausbruchs angesprochen, meint sie spontan: „Ausbruch steht ja für das Aufbrechen der eingeschrumpften Botrytisbeeren, und dafür ist ein großes handwerkliches Geschick – gepaart mit der nötigen Erfahrung – Voraussetzung, um Großes zustande zu bringen."

Seit 1988, dem Geburtsjahr ihrer Zwillingssöhne Johannes und Georg, macht Heidi Schröck nun ihren Ausbruch und ist überzeugt davon, dass das Wichtigste die Leser sind. „Jeder Leser muss die Beeren sehen und auch kosten. Wenn wir gut drauf sind und der Jahrgang es zulässt,

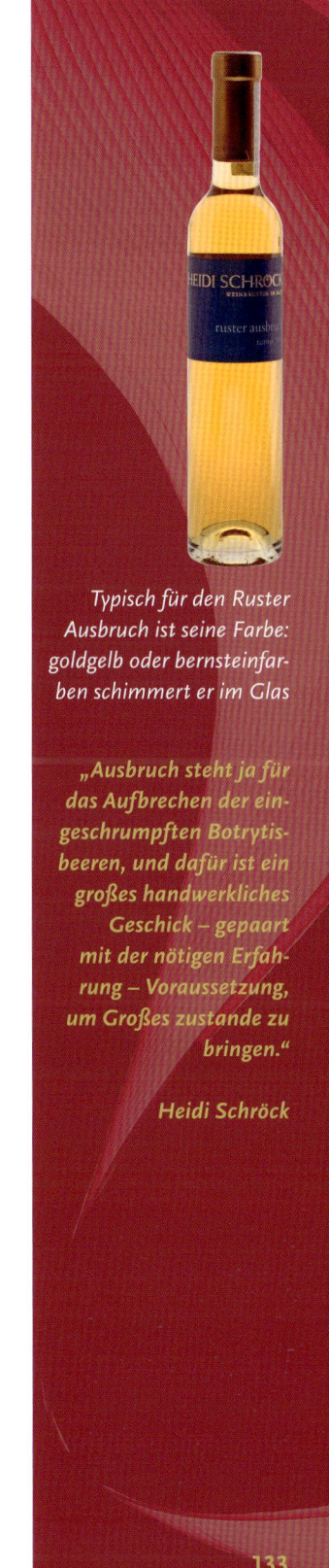

Typisch für den Ruster Ausbruch ist seine Farbe: goldgelb oder bernsteinfarben schimmert er im Glas

„Ausbruch steht ja für das Aufbrechen der eingeschrumpften Botrytisbeeren, und dafür ist ein großes handwerkliches Geschick – gepaart mit der nötigen Erfahrung – Voraussetzung, um Großes zustande zu bringen."

Heidi Schröck

können wir täglich ein ganzes Barriquefass (225 Liter) ernten. Wir bringen das Lesegut nach Hause, wo es in Bottiche kommt und wir dann barfuß auf die Trauben steigen, um den Saft auf eine schonende Art und Weise zu gewinnen. Nach einer mehrstündigen Maischestandzeit wird die Maische mit der Hand in die Presse geschaufelt und ausgepresst. Der Saft kommt dann direkt zur Vergärung in das Barriquefass."

Für die Gärung werden ausschließlich Naturhefen verwendet, keinesfalls irgendwelche Aromahefen. Das Besondere am Ruster Ausbruch ist, das Terroir auf den Gaumen zu bringen. „Die Lagen, die sich alle dem See zuneigen – fast könnte man meinen, sie verneigen sich –, liefern das, was für große Botrytisweine unumgänglich ist: Mineralik vom Boden in Kombination mit Morgentau, Sonne, Nebel und Wind. Auf den Flügeln der Morgenröte – so könnte man es wohl am besten beschreiben", meint die sympathische Winzerin, die besonders auf ihre Berufsbezeichnung „Weinbäuerin" stolz ist.

„Wir machen Prädikatsweine auf höchstem Niveau, und ich wünsche mir, dass unsere Weine in einem Atemzug mit Sauternes, Tokaj, Rheingau und Mosel genannt werden."

Schröck und Kracher

Ein spezielles „Joint Venture" mit der Ostseite des Neusiedler Sees wurde von Heidi Schröck in den vergangenen Jahren besiegelt und umgesetzt: **Schröck & Kracher.**

Der leider viel zu früh verstorbene Alois „Lois" Kracher lag seinem Sohn Gerhard jahrelang

mit dem Wunsch in den Ohren, drüben, auf der Westseite des Neusiedler Sees, im Zentrum des Ruster Ausbruchs, etwas Neues zu versuchen. Als Anfang 2006 die Krachers gerade einmal 2 000 m² Grund in Rust erworben hatten, gewannen sie Heidi Schröck als Partnerin dazu, und die gemeinsame Fläche wurde um 1,5 Hektar erweitert.

Zwei verschiedene Weintypen entstanden dabei: der **Greiner,** ein halbtrockener, intensivaromatischer Weißwein und ein **klassischer Ausbruchwein neuen Stils,** der zusammen mit einem kleinen Teil frischer, nicht botrytisbefallener Trauben vergoren wird und drei Jahre im kleinen Akazienholz verweilt. Ein Ausbruch, der das Terroir in einer erstaunlichen Intensität widerspiegelt.

„Mich hat diese Art der Zusammenarbeit vom ersten Tag an fasziniert. Gerhard und ich – wir sind unterschiedliche Typen, aber irgendwie doch auf einer Wellenlänge", so Heidi Schröck.

An einem Spätsommertag durch Rust zu schlendern, im Freien zu sitzen und eine Tasse Kaffee zu genießen, bedeutet, mit jeder Menge Atmosphäre versorgt zu werden. Während ich die Störche in ihren Nestern beobachte, die wohl bald wieder auf die große Reise gehen, kommt mir der Gedanke, dass es eben nur die großen Menschen dieser Branche sind, die große Weine zustande bringen, wie eben Kracher und Schröck mit ihrem „Joint Venture". Aufgeschreckt vom Fotografen, erwache ich aus meiner Träumerei, und wir brechen auf, um einige weitere wirklich großartige Winzer zu treffen.

Mittelburgenland

2 330 Hektar Rebfläche mit lehmig-schottrigem Untergrund sind hauptsächlich mit Blaufrän-kisch bepflanzt. Völlig zu Recht wird das Mittelburgenland deshalb auch als Blaufränkisch-land bezeichnet. Keine andere Region hat sich dieser edlen Rotweinsorte so intensiv gewid-met wie die Winzer im Mittelburgenland. Aber auch steinige Böden mit hohem Kalkanteil sind in dieser typischen Rotweinregion zu finden.

Die Weingärten erstrecken sich von den südlichen Ausläufern des Ödenburger Gebirges bis zum Günser Bergland. Die Abgrenzung im Westen bilden die Landseer Berge, nach Osten hin öffnet sich das Blaufränkischland zur Pannonischen Tiefebene. Die Gegend südlich des Neusiedler Sees zeigt sich hügelig und gut bewaldet. Horitschon, Deutschkreutz, Neckenmarkt und Lutzmannsburg sind die bekanntesten Orte des Mittelburgenlandes.

Blaufränkisch – der Star im Mittelburgenland

Im Blaufränkischland ist das pannonische Klima vorherrschend. Durch den Schutz der drei Hügelketten im Norden, Süden und Westen sowie aufgrund der Öffnung zur Pannonischen Tiefebene hin werden dem Blaufränkisch ideale klimatische Bedingungen geboten. Mindestens 300 Sonnentage und eine Niederschlagsmenge von nur ca. 600 mm im Jahr sorgen für eine hervorragende Trauben- und Weinqualität.

Den überwiegenden Teil der Region nimmt das fruchtbare Oberpullendorfer Becken ein, das im Osten bis zum ungarischen Tiefland reicht. Betrachtet man die geologische Bodenstruktur, so stößt man hier auf Tegel-, Ton-, Sand- und Geröllböden, stellenweise sogar auf Korallenbänke, die zwischen 13 und 16 Millionen Jahre alt sind. Diese Böden erweisen sich aufgrund ihres guten Wasserspeichervermögens in Verbindung mit dem wärmeregulierenden Einfluss des nahen Neusiedler Sees nicht nur für den Anbau von Blaufränkischem als ideal. Auch spät reifende internationale Sorten wie Cabernet Sauvignon und Merlot lieben dieses Terroir.

Mit der Blaufränkischrebe ist es gelungen, einen weltweit unverwechselbaren, gebietstypischen Rotwein zu schaffen. Die tiefgründigen, schweren Sand- und Lehmböden bilden das Fundament für charaktervolle, tanninbetonte Rotweine. Einige der besten Weinbauern der Region profitieren zudem von alten, bis zu 80 Jahre alten Weingärten, die nur mehr wenig Ertrag liefern, dafür aber in Spitzenqualität. Mit kräftiger Struktur, feiner Säure und unvergleichlicher Persönlichkeit ist der Blaufränkische die Basis für tieffruchtige Rotweine. Kongeniale Partner für moderne Cuvées sind der charmante, samtige Zweigelt, aber auch Cabernet Sauvignon und Merlot.

Die besten Weine des Jahrgangs werden meist in Barriques ausgebaut und haben den neuen Stil des österreichischen Rotweines mitgeprägt.

Die Blaufränkischtrauben sind mittelgroß, geschultert und lockerbeerig und somit gut durchlüftbar. Die Beeren reifen spät und sind bedingt durch die Lockerbeerigkeit nur gering fäulnisanfällig.

Der Blaufränkische spielt im Mittelburgenland die Hauptrolle

Wie der Blaufränkische zu seinem Namen kam

Die Bezeichnung „Fränkisch" stammt aus dem Mittelalter und dürfte auf Kaiser Karl den Großen (742–814), Herrscher des Frankenlandes, zurückzuführen sein. So soll dieser angeordnet haben, die „guten", also fränkischen Sorten von den „schlechten", nämlich heunischen (hunnischen) Sorten zu trennen. Aus dieser Selektion der fränkischen Sorten könnte im Laufe der Zeit der heutige Blaufränkische entstanden sein.

„Blau-Fränkisch" wurde in Österreich 1777 urkundlich erwähnt und galt als edle Sorte. Der leider viel zu früh verstorbene Franz Schuster aus Zagersdorf erklärte mir einmal anlässlich eines Vortrages, dass der Blaufränkische erstmals 1632 in Colmar im Elsass urkundlich erwähnt wurde. Von dort aus dürfte er seine Verbreitung nach Osten angetreten haben.

In Deutschland wird der Blaufränkische übrigens als Lemberger oder Limberger bezeichnet.

Der traditionelle Blaufränkische kleidet sich – gut entwickelt – in ein intensives, dunkles Rubinrot. Das ausreichend komplexe Bukett vereint **Aromen von Brombeeren, dunklen Kirschen und Heidelbeeren** in Kombination mit würzigen Anklängen, die an Kräuter und Minze erinnern. Gewünschte rauchige Eindrücke des Barrique-Ausbaus werden durch die Dichte und Aromenvielfalt des Blaufränkischen perfekt ausbalanciert. Die angenehm präsente Frucht wird am Gaumen von einem ausgeglichenen Säurespiel ergänzt. Im Abgang präsentiert sich der Blaufränkische mit einer saftigen, **markanten Tanninstruktur**, die den Charakter des Weines unterstreicht. In der Reservekategorie können zarte Röstaromen die vollreife Fruchtaromatik begleiten.

Der Blaufränkische verfügt über ein **beachtliches Reifepotenzial**. Die Klassik- und Lagenweine bieten ab dem dritten Jahr nach der Ernte einen optimalen Trinkgenuss. Die Lagerfähigkeit der Reserveweine liegt zwischen sieben und 15 Jahren – diese Weine spiegeln somit in gewisser Weise den internationalen Ausbau wider.

Die DAC-Weine des Mittelburgenlandes
Mittelburgenland DAC Klassik

Unter der Bezeichnung Klassik präsentiert sich ein fruchtbetonter Blaufränkischer mit würzigem Geschmack, der im traditionellen großen Holzfass oder im Stahltank gelagert wurde und daher keine zu intensiven Holztöne aufweist.

Der Wein darf nicht vor dem 1. August des auf die Ernte folgenden Jahres auf den Markt gebracht werden und muss einen Alkoholwert von mindestens 12,5 Vol.-% aufweisen.

Mittelburgenland DAC mit Riedenbezeichnung

Mit einer Rieden- oder Lagenbezeichnung wird ein kräftigerer Blaufränkischstil gekennzeichnet. Der Alkoholgehalt liegt zwischen

13 und maximal 13,5 Vol.-%. Im Unterschied zu den Klassikweinen dürfen diese Weine durch den Ausbau in gebrauchten Barriques einen leichten Holzton aufweisen.

Der Wein darf erst ab 1. Oktober des auf die Ernte folgenden Jahres in Verkehr gebracht werden.

Mittelburgenland DAC Reserve

Als Reserve werden die gehaltvollsten und kräftigsten Blaufränkischweine mit einem Mindestalkohol von 13 Vol.-% gekennzeichnet. Diese Weine dürfen auch in neuen, kleinen Holzfässern (Barriques) ausgebaut werden und kommen nicht vor dem 1. März des zweiten auf die Ernte folgenden Jahres auf den Markt.

Albert Gesellmann – Tradition trifft Innovation

Den Stein zur Weinphilosophie dieser typischen „Creitzer" Familie (Creitzer steht für Deutschkreutzer) hat wohl Engelbert Gesell-

mann, einer der absoluten Weinbaupioniere des Landes, gelegt. Zu einer Zeit, als es in der Weinszene nur auf Menge ankam, ging der sympathische Winzer bereits den entgegengesetzten Weg: Qualität statt Quantität!

Das Weingut Gesellmann wurde 1767 zum ersten Mal erwähnt. Seit dieser Zeit wird von Generation zu Generation handwerklich und unter besonderer Rücksichtnahme auf die Böden Wein produziert.

Albert Gesellmann hat seine Gesellenjahre in Südafrika und Kalifornien verbracht und manches an Innovation und Qualitätsstreben mit nach Hause gebracht. Gerade die Jahre in Südafrika haben ihm gezeigt, wie und wo es mit naturnahem Weinbau funktioniert. Der südafrikanische Weinbau gilt ja als der Bioweinbau schlechthin. Gerade als ich mich geistig noch in Südafrika wähne und an manche Freunde der dortigen Weinszene denke, holt mich Albert wieder ins Burgenland zurück!

„Uns Deutschkreutzer gibt es seit 1255 im Weinbau, damals haben unsere Vorfahren die Trauben dem Fürsten Esterhàzy geliefert. Unser Weingut wird erstmals 1767 urkundlich erwähnt. Für mich begann die Blütephase unseres Betriebes, als mein Vater Engelbert Mitte der 1980er-Jahre internationale Rebsorten auspflanzte, um in dieser schwierigen Phase des österreichischen Weinbaus neue Wege zu beschreiten."

Der Ausbau der Weine in Barriquefässern hatte damals eher einen experimentellen Charakter. Doch Engelbert Gesellmann verstand sein

Handwerk und setzte mit den Werken „Opus Eximium" (1988) und „Bela Rex" (1992) Meilensteine in der österreichischen und internationalen Rotweinszene.

Beide – Vater Engelbert und Sohn Albert Gesellmann – sind viel in der Weinwelt herumgekommen und haben den Blick über den Tellerrand nie gescheut. Gepaart war dieser Wissensdrang allerdings immer mit der Erkenntnis, dass die Heimat eine Individualität im Weinbau bietet, die eigenständige Charakterweine hervorbringt.

„**Creitzer**" – so werden – wie bereits erwähnt – die Deutschkreutzer in der Region bezeichnet. Die Idee, einen für die Gegend typischen Blaufränkischen zu produzieren und ihn so zu benennen, hat sich daher förmlich aufgedrängt.

Der Blaufränkisch Hochberc

„Wir haben mit unserer Toplage Hochberc (Hochberg ausgesprochen) – das „c" steht für die alte Schreibweise – eine Lage für beste Rotweine wie aus dem Bilderbuch. Die nach Südwesten ausgerichtete Lage verfügt über lehmig-fette Böden mit nach unten ausgerichteter Kalksandschicht, die in einen Kalksandstein übergeht. Der Blaufränkisch Hochberc stammt von zehnjährigen Rebstöcken. Vor der Neuauspflanzung durfte sich der Boden sieben Jahre ausruhen, um neue Kräfte zu sammeln."

Hier oben über Deutschkreutz gibt es kühle Lagen und eine komplette Begrünung zwischen den Rebzeilen – gesunder, lebendiger Boden – bioynamisch eben. Die Beeren für diesen außergewöhnlichen Rotwein werden selbstverständlich nicht nur von Hand gelesen. Jede einzelne Beere wird vor dem Maischen nochmals händisch von den Grünanteilen befreit, angesehen und dann erst für die weitere Verarbeitung „freigegeben". Eine Manufaktur! Die ganzen Beeren gelangen anschließend zur Gärung in Holzgärständer und bleiben dort für sage und schreibe 35 Tage auf der Maische liegen. Anschließend wird die Maische herausgeschöpft, und die Schalen kommen in die Presse. Auf ein mechanisches Umpumpen wird dabei verzichtet. Die Fässer, in denen der Wein später lagert, werden nur mit Wasser gereinigt, während der Wein für einen Tag im Edelstahltank zum Trubabbau verharrt. Dann darf der Jungwein für etwa zwei Jahre in die Fässer mit einem Füllvolumen von 500 Litern. Erst unmittelbar vor der Füllung wird der Wein einmal filtriert.

Albert Gesellmann

„G" – ein Tribut an die Tradition

Anders verhält es sich mit dem Flaggschiffwein „Gesellmann". Beste, um die 80 Jahre alte Rebstöcke liefern die Trauben für diesen außergewöhnlichen Blaufränkischen, der ab und zu

Albert Gesellmann: „Großer Wein ist immer groß, guter Wein ist immer gut – nur was der Wein in der Jugend nicht ist, wird er später auch nicht sein!"

mit etwas St. Laurent gewürzt wird. Die Beeren werden ausschließlich im Edelstahltank vergoren, und pneumatische Zylinder pressen bis zu fünfmal pro Tag den Tresterkuchen nach unten. Damit kommt ein optimaler Kontakt von Saft und Fruchtfleisch zustande.

Natürlich wird für den „G" nur Wein aus Seihmost (siehe S. 18) verwendet, der bis bis zu 50 Tage auf der Maische liegt. Es werden nur neue Barriquefässer verwendet, in denen der Wein dann 40 Monate verharren darf. Die Ausbeute ist entsprechend gering – es sind gerade einmal 3 000 Liter, die aus einem Hektar gewonnen werden.

Einfache Weine zu machen ist nicht die Sache von Albert Gesellmann: „Es ist Teil meines Konzeptes, ständig zu überlegen, wo ich hinwill. Ich kann es mir einfach nicht erlauben, schlechten Wein zu machen, auch wenn der Jahrgang noch so schwierig ist – von der Spitze kann man sehr schnell fallen!"

Ein Typ wie Albert Gesellmann ist naturgemäß stark zukunftsorientiert und ständig be-

reit, neue Wege zu gehen. Wege, die manchmal auch etwas steinig sein können: So begann er bereits 2003, **Rotweine mit Schraubverschluss** zu versehen. Damals hat er in jeden 6er-Karton fünf Flaschen mit Naturkork und eine Flasche mit Schraubverschluss verpackt, begleitet von einem Rückmeldebogen. Da gab es Kunden, die den „Untergang des Abendlandes" prophezeiten. Heute lächelt er verschmitzt, rufen ihn doch dieselben Leute an, um zu fragen, ob er denn wahnsinnig sein, weil er den Wein mit Kork liefert. „Obwohl im Premiumsegment von Rotweinen der Schrauber wirklich nicht akzeptiert ist ..."

Weingut K + K –
Walter und Ingrid Kirnbauer

Quer durch Deutschkreutz fahrend, visieren wir ein weiteres bekanntes Weingut an – jenes von Walter und Irmgard Kirnbauer, die vom Stil her keine typischen „Creitzer" sind.

Der Präsident der Mittelburgenland-DAC-Winzer, Walter Kirnbauer, beobachtet ebenso wie andere Spitzenproduzenten einen ganz starken Trend zur biodynamischen Wirtschaftsweise, alleine schon deswegen, um die Nachhaltigkeit für die nächste Generation sicherzustellen. „Freilich", so meint er überzeugt, „überall kann man das nicht machen!"

Seit zehn Jahren verzichtet Walter Kirnbauer auf Kunstdünger und setzt auf gesunde Böden. Verschiedene Kleesorten sind in jede zweite Rebzeile gepflanzt worden, um einerseits Feuchtigkeit aufzunehmen und andererseits für eine entsprechende Humusbildung zu sorgen.

Stellt man ihm die Frage, was eigentlich das Typische am Blaufränkischen ist, so antwortet er wie aus der Pistole geschossen: „ Das ist ja ganz klar – fruchtig, würzig, spürbares Tanningerüst und anhaltend! Und so müssen auch unsere DAC-Weine schmecken. Eigentlich haben wir damals mit dem „Vitikult" (Vitikult ist eine Qualitätsgemeinschaft) einen Blaufränkischen mit einer sehr hohen Qualität produziert. Später, als dann die DAC-Klasse gegründet wurde, hat diese die hohen Qualitätskriterien von Vitikult übernommen.

Heute ist es so, dass „Vitikult" als Marke weiterlebt und wir den Markt noch mehr für Blaufränkische geöffnet haben. 1987 war ich einer der Ersten mit einer modernen, international ausgerichteten Cuvée. Damals war es wichtig, der Welt zu zeigen, dass wir etwas können. Jetzt wird es wichtig sein, mit einem autochthonen Premiumwein nachzuziehen – einem Blaufränkischen im Reservebereich, den es nur von großen Jahrgängen gibt."

Eine Rarität ist übrigens der Premium-Zweigelt von Walter Kirnbauer, der **„Girmer"**. In

Weingut Kirnbauer

der gleichnamigen Gemeinde besitzt Walter Kirnbauer einen 80-jährigen Eichenwald. Aus dessen Eichen werden die kleinen Fässer hergestellt, in denen der Zweigelt „Girmer" für 18 Monate reifen darf, ehe er in Flaschen gefüllt wird.

„Girmer" ist eine jener wenigen Zweigelt-Kreationen, die durch die Lagerung im kleinen Holz dazugewinnen

Eisenberg DAC (Südburgenland)

Schon seit den Römern wird hier Weinbau betrieben, was weiter nicht verwunderlich ist, erstreckt sich der Eisenberg doch wie ein von der Natur geformtes Amphitheater rund um Deutsch Schützen. Wenn es auch nur 450 Hektar Weingärten sind, die zurzeit im Ertrag stehen, so gewinnt der südlichste Zipfel des Burgenlandes doch gewaltig an Profil und schafft großartige, mächtige Weine mit enormem Tiefgang.

Mineralische Blaufränkische, Zweigelt, Welschrieslinge sowie Weißburgunder stehen meist auf schweren, eisenhaltigen sowie mit Kupfer, Zink und Mangan angereicherten Lehmböden.

Das milde, pannonische Klima sorgt für eine intensive, aber nicht zu heiße Sonnenbestrahlung.

Das kleinste Weinbaugebiet des Burgenlandes nahe der Grenze zu Ungarn (Anfang des 20. Jahrhunderts arbeiteten hier die Weinhauer noch unter ungarischer Krone) mit Eisenberg, Deutsch Schützen und der Pinkataler Weinstraße bezeichnet sich selbst treffend als „Weinidylle".

Hier in Deutsch Schützen ist ruhiges und beschauliches Arbeiten das Motto. Diverse Trends in Sachen Wein haben das Gebiet, wie es scheint, ausgespart – wozu auch? Die heimischen Winzer machen das, was hier zu Hause ist: Blaufränkische in ihrer speziellen Art, ungekünstelt und typisch.

Dabei werden wahre Pionierleistungen erbracht, denn der Blaufränkische wächst in teilweise uralten Weingärten auf stark eisenhaltigen Lehm- und Schieferböden, die dem Wein eine spezielle Mineralik verleihen. Blaufränkische aus diesem Gebiet bringen die Typizität des Bodens perfekt zum Ausdruck und ihre verblüffende Kraft lässt für die Zukunft noch ein gewaltiges Potenzial erwarten.

Die DAC-Weine vom Eisenberg
Eisenberg DAC

Eisenberg DAC Klassik	■ **Rebsorte:** Blaufränkisch ■ **Alkoholgehalt:** mindestens 12,5 Vol.-% (max. 13 Vol.-%) Alkohol ■ **Charakteristik:** fruchtig, mineralisch-würzig, kein bzw. kaum merkbarer Holzton ■ Darf erst ab 1. September des auf die Ernte folgenden Jahres verkauft werden
Eisenberg DAC Reserve	■ **Rebsorte:** Blaufränkisch ■ **Alkoholgehalt:** mindestens 13 Vol.-% Alkohol ■ **Charakteristik:** fruchtig, mineralisch-würzig, kräftig; Ausbau im großen Eichenfass oder im Barrique ■ Darf erst ab 1. März des zweiten auf die Ernte folgenden Jahres verkauft werden

Reinhold Krutzler und die Mineralität im Glas

Einer der Pioniere ist Reinhold Krutzler, der 12 Hektar rund um den Eisenberg sein Eigen nennt. Auf seinen Eisenberger Lagen Fasching, Reihburg und den Rieden Weinberg und Bründlgfangen in Deutsch Schützen gedeihen

Reinhold Krutzler: „Wir sind davon überzeugt, dass unsere Stöcke mindestens 20, wenn nicht sogar 25 Jahre brauchen, bis sie (und vor allem die Wurzeln) dort sind, wo die besten Nährstoffe zu finden sind.""

1221 wurde der Ort Deutsch Schützen erstmals erwähnt, damals hieß er aber noch Perwolff. Heute ist der Perwolff das Aushängeschild des Weinguts Krutzler.

die typischen, vom Terroir geprägten Blaufränker mit einem Gesamtanteil von 85 Prozent, zu denen sich noch ein wenig Blauer Zweigelt, Cabernet Sauvignon und Merlot gesellen. Der Anteil an Weißweinen (ausschließlich Welschriesling) liegt knapp unter 3 Prozent.

Es ist wieder einmal einer jener angenehmen Spätsommertage, an denen sich eine Reise zum Wein förmlich aufdrängt, als wir Reinhold Krutzler in seinem verträumten Kellerstöckl antreffen.

„Eisenberg", so erklärt er uns, „ist eigentlich eine Kessellage, die natürlich stark vom pannonischen Klima geprägt ist. Im Norden werden die Rebanlagen von Eichen- und Kieferwäldern vor zu viel frischem Wind geschützt. In den Tallagen verfügen wir über kräftige, schwere Roterdeböden mit Lehm. Die Weine aus diesen

Lagen präsentieren sich daher etwas breiter, während sich alles, was vom Eisenberg kommt, eleganter, mineralischer und tiefgründiger zeigt. Die Schieferböden am Eisenberg (dieser Name ist Programm) sind nicht nur sehr eisenhaltig sondern auch reich an Kupfer, Zink und Mangan. Diese Mineralstoffe kommen bei uns in viermal höherer Konzentration vor als im restlichen Österreich. Daher liefern diese Böden nicht nur elegantere Weine, sondern auch ein feines Aroma mit einer bunten Palette an mineralischen Eindrücken."

Mitte der 1980er-Jahre begann Hermann Krutzler senior sein Sortiment an Rebsorten zu straffen. „Heute", meint der Junior, „konzentrieren wir uns voll auf unsere Blaufränkischen. Angeboten wird dieser in den Serien Klassik, Reserve und als Flaggschiffwein mit der Bezeichnung **Perwolff.**

1986 haben wir damit begonnen, uns intensiv mit der Arbeit im Weingarten auseinanderzusetzen, mit der Erkenntnis, dass unsere Qualität nur mit sorgfältiger Arbeit im Weingarten entstehen kann. Zur gleichen Zeit begannen wir auch mit Barriquefässern zu experimentieren, und uns wurde schnell bewusst, dass diese Art, Weine auszubauen, einer gewissen Lernphase bedarf. Wir haben diese Lernphase genutzt und wurden 1997 mit dem Perwolff Falstaff-Sieger.

Begleitet wurde diese Entwicklungsphase durch Praktika in Frankreich und Südafrika. Dort habe ich rasch erkannt, dass man sich im Weingarten die Sporen verdienen muss. Umgesetzt muss das werden, was das Gebiet zulässt und der Markt braucht.

Weingut Krutzler

Ich habe sehr individuelle Weine – es kann gar nicht jeder Jahrgang gleich sein – ich muss halt entsprechend reagieren und auf eine optimale Balance zwischen Säure, Zucker und Gerbstoff achten. Da kommt natürlich den Stöcken eine große Bedeutung zu. Wir sind davon überzeugt, dass unsere Stöcke mindestens 20, wenn nicht sogar 25 Jahre brauchen, bis sie (und vor allem die Wurzeln) dort sind, wo die besten Nährstoffe zu finden sind.“

Der Qualitätsaufschwung ist uns sehr gut gelungen, und unsere Kunden haben uns kräftig unterstützt. Ich will und kann guten Wein machen, ein Marketingprofi bin ich jedoch nicht. Aber durch die Weinmarketing GmbH ist uns österreichischen Winzern ja eine optimale Unterstützung sicher.“

Eisenberg DAC bedeutet für die Krutzlers, dass die Mineralität des Weines ins Glas kommt. So meint Reinhold Krutzler: „Das muss von allen Kollegen geschafft werden. Die DAC-Weine müssen das herausfiltern, was vom Konsumenten verstanden wird, und das ist nun einmal über das Terroir zu definieren. Es macht keinen Sinn, mineralische Weine zu produzieren und diese dann mit Holz- und Schokoladetönen zu überziehen.

Wir gehen mehr und mehr dazu über, den Ausbau der Weine in 500-Liter-Fässern zu machen. Das Toasting soll für unsere Weine nicht über medium, maximal medium plus hinausgehen. Damit bekommt das Holz jene Rolle zugeteilt, die es eigentlich innehaben soll: eine Begleitung und Ergänzung für den Wein. Früher haben wir einfach telefonisch die Fässer bestellt und sind davon ausgegangen, dass das Toasting schon passen wird. Heute verlangen wir von unseren Fassbindern, dass sie den Wein während der Reifephase zusammen mit uns verkosten, um unsere Philosophie zu verstehen und um zu erfahren, welche Art von Fässern wir brauchen.“

Reinhold Krutzler ist sich der Tatsache bewusst, dass seine Weine an sich zu früh auf den Markt kommen. „Hier“, so meint er, „müssen wir uns noch umstellen. Ich möchte nicht, dass unsere Weine schon getrunken werden, ohne die entsprechende Reife zu haben. Wir sollten vielmehr die Haltbarkeit unserer Weine beweisen.“

Auf den Punkt gebracht, steht Eisenberg DAC für mineralische, schlanke und fruchtbetonte Blaufränkischweine mit einem gut passenden Gerbstoffgerüst. Die Reserveweine glänzen mit Saftigkeit, Kraft und einem frischen, mineralischen Spiel am Gaumen. Alles andere als ein nachhaltiger Erfolg der Eisenberg-DAC-Linie ist undenkbar!

Kellerstöckln werden die Weinkeller im Südburgenland genannt. Waren sie früher nur notdürftig eingerichtet, sind viele Kellerstöckln heutzutage zu einzigartigen Wohnhäusern inmitten von Weingärten umgebaut worden.

Isabella-Traube

Der Uhudler – „Vino Rabiato" oder „Heckenklescher"?

Eine Spezialität der Region ist der sogenannte Uhudler, ein fruchtiger, säurebetonter Weiß- oder Roséwein aus Direktträgern (unveredelten Rebsorten) mit klingenden Namen wie Isabella, Elvira, Othello oder Noah. Das Aroma des Uhudlers zeigt eine deutlich fruchtige Note von Walderdbeeren.

Der Uhudler erhielt seinen Namen übrigens von den Weinbäuerinnen, da der Blick des Weintrinkers nach übermäßigem Konsum angeblich einem Uhu gleicht.

Lange wurde behauptet, dass der Wein von Direktträgern wie eben Isabella und Co. einen hohen Anteil an Fuselölen und Methanol enthalten würde, was zu gesundheitlichen Schäden führen könne. Bis Mitte der 1980er-Jahre gab es im Weingesetz den Begriff des „Haustrunks", mit dem, wie der Name schon sagt, die Produktion von Wein für den Eigenverbrauch gestattet wurde. Ein „Inverkehrbringen" des Haustrunks war ausdrücklich verboten. Doch wie die menschliche Natur immer wieder unter Beweis stellt, bewirkte der Reiz des Verbotenen genau das Gegenteil und führte zu so manchem „Kofferraumimport". Als mit dem Weingesetz 1985 der Begriff „Haustrunk" aus dem Weingesetz herausgenommen wurde, war somit das vorläufige Ende des Uhudlers besiegelt. Bis Anfang der 1990er-Jahre war das Weingesetz diesbezüglich sehr starr ausgelegt, mit dem Resultat, dass Tausende Liter Uhudler in dieser Zeit von Kellereiinspektoren „kanalisiert" wurden. Amtsintern wurde diese Vorgehensweise als Uhudlerjagd bezeichnet.

Einer der Kämpfer für den Uhudler ist der Heiligenbrunner Bauer **Hans Trinkl**, dem es zu verdanken ist, dass der Uhudler im Zuge der Weingesetznovelle 1995 wieder in das Weingesetz aufgenommen wurde. Somit darf der Uhudler auf Basis des Österreichischen Weingesetzes in acht burgenländischen Gemeinden verkauft werden.

Das reizende Weinmuseum in Moschendorf ist einen Abstecher wert, ebenso die Vinothek nebenan. Hier werden die in einer verdeckten Probe ausgewählten besten Weine des Gebietes ständig zur Verkostung und zum Verkauf angeboten. Sie sind Zeugnis der bemerkenswerten Aufbruchstimmung.

Steirerland

Die Entwicklung des steirischen Weinbaus in der jüngsten Vergangenheit kann als atemberaubend bezeichnet werden. Waren es anfänglich nur einige wenige Pioniere, die Ende der 1970er-Jahre einen modernen Weinstil mit trocken ausgebauten, fruchtbetonten Weinen forcierten, so setzte ab der Mitte der 1990er-Jahre ein steirischer Weinboom ein, der bis heute anhält und gerade bei den frisch-fruchtigen Terroir-Weinen einen jährlich wiederkehrenden Engpass zur Folge hat.

Viele Weinbauflächen in der Steiermark haben eine enorme Hangneigung

Die Weinbauregion Steirerland verfügt heute über eine Rebanbaufläche von etwa 3 900 Hektar und ist damit die kleinste Weinbauregion Österreichs. Das war allerdings nicht immer so. Bis kurz nach dem 1. Weltkrieg hatte die damalige „Untersteiermark" eine gesamte Rebanbaufläche von 30 000 Hektar. Der Großteil des Weinbaugebietes, der zwischen unterer Mur und Save liegt, kam aufgrund der Folgen des ersten Weltkrieges (1914–1918) und des Friedensvertrages von Saint Germain („... und der Rest ist Österreich!") zu den „SHS"-Staaten (Slowenien, Kroatien und Serbien), dem späteren Jugoslawien.

Der Weinbau erfolgt zu einem Gutteil an Steilhängen, die für andere landwirtschaftliche Erzeugnisse nicht geeignet sind. Mehr als 50 Prozent der Anbaufläche befinden sich in sogenannten Bergweinlagen mit mindestens 26 Prozent Hangneigung. Maschineller Einsatz in den Weingärten ist deshalb kaum möglich, wodurch die Winzer samt ihren Helfern mehr Zeit in ihren Weingärten verbringen als anderswo üblich.

Durch den starken Einfluss des illyrischen Klimas (ist dem pannonischen Klimatyp sehr ähnlich, nur die Niederschlagsmenge ist wesentlich höher) wachsen Weine heran, die über eine breite Geschmacks- und Aromapalette verfügen.

Die Struktur der steirischen Weinbauwirtschaft ist sehr klein. Der durchschnittliche Weinbaubetrieb erstreckt sich über eine Fläche von sage und schreibe 0,8 Hektar!

Die Großbetriebe sind hauptsächlich in der Südsteiermark angesiedelt und verfügen über Rebanbauflächen von bis zu 100 Hektar. Von den 3 877 Hektar Weingärten sind 2 675 Hektar mit Weißwein und 927 Hektar mit Rotwein ausgepflanzt – die restlichen Anbauflächen (275 Hektar) befinden sich noch nicht im Ertrag.

Der rasche Wechsel zwischen Tageswärme und Nachkühle sorgt für eine optimale Aroma-Anreicherung und für die Entstehung charismatischer Weine

Die weißen Rebsorten werden vom Welschriesling angeführt, gefolgt von Weißburgunder und Morillon (wie der Chardonnay hier heißt). Bei den roten Rebsorten sind es in erster Linie zwei Vertreter: Blauer Wildbacher und Blauer Zweigelt.

Der Klapotetz – die steirische Vogelscheuche

Der Klapotetz ist im südsteirischen Weinland weitverbreitet. Der Name stammt vom slowenischen „klopótec", zu Deutsch „Klapper".

Das Gerät setzt sich aus einem Windrad mit Welle und Klöppeln zusammen. Durch das rhythmische Klappern sollen die naschhaften Vögel zur Zeit der Traubenreife aus den Weingärten ferngehalten werden.

Während im slowenischen und österreichischen Wörterbuch der Klapotetz männlich ist, spricht man in der Südsteiermark von der Klapotetz, wohl abgeleitet von der Windmühle.

Als Material zur Herstellung eines Klapotetz werden vier Holzarten benötigt: Fichte (manchmal auch Tanne oder Lärche) für die Flügel, Buche für die Klöppel, Esche oder Kastanie für den Block und Kirschbaumholz für das Schlagbrett. Letzteres darf nicht durch ein anderes Material ersetzt werden, da nur Kirschbaumholz schrille Töne und wahrscheinlich auch Tonwellen im Ultraschallbereich erzeugt, welche die Vögel fernhalten.

Das melodische Geklapper des Klapotetz ist charakteristisch für die Stimmung in den südsteirischen Weinberge. Es ertönt jedoch nicht das ganze Jahr. Klapotetze werden nach alter Überlieferung zu Jakobi, das heißt am 25. Juli, aufgestellt und zu Allerheiligen (am 1. November) oder zu Martini (am 11. November) wieder abgebaut bzw. stillgelegt.

Der größte Klapotetz der Welt steht übrigens am Demmerkogel nahe Kitzeck, ist 16 Meter hoch und wiegt insgesamt ca. sechs Tonnen. Der weitest entfernte Klapotetz steht in Stellenbosch in Südafrika und wurde vor 15 Jahren vom Steirischen Sommelierverein dorthin gebracht und aufgestellt.

STK (Steirische Terroir- und Klassikweingüter)

Bereits im Jahr 1986 hatte sich in der Steiermark eine Gruppe von innovativen Winzern zusammengeschlossen und die Vereinigung der „Steirischen Klassik Winzer" gegründet. Damals war es das erklärte Ziel, die frischen, fruchtigen und typischen Weine der Steiermark genau zu definieren und zu verankern.

Zu einer weiteren steirischen Besonderheit zählt die Buschenschank, wo Gastfreundschaft, Geselligkeit und Gemütlichkeit gelebt werden.

Weine der Linie Steirische Klassik STK erkennt man an einer silbernen STK-Banderole oder einem silbernen STK-Aufdruck auf der Kapsel.

Der nächste logische Schritt für diese Gruppe war, auch die Spitzenweine nach Lagen und Ausbau zu klassifizieren. Die Gruppe „Steirische Terroir Klassikweingüter", bestehend aus den Winzern Gross, Lackner-Tinnacher, Neumeister, Erich & Walter Polz, Sattlerhof, Tement und Winkler-Hermaden, hat nunmehr die Lagen definiert und diesen ein Qualitätszeichen verliehen: das STK, das auf der Banderole am Flaschenhals oder auf dem Etikett angebracht bzw. eingedruckt ist.

Für alle, die es ganz genau wissen wollen, sind hier die STK-Kriterien ausführlich angeführt. Diese Kriterien sind so detailliert, dass manchem Verkäufer, der dem Kunden genauere Auskunft geben will, dabei sprichwörtlich die Haare zu Berge stehen!

Die STK-Qualitätskriterien

STK-Weine werden in verschiedenen Kategorien angeboten. Für jede dieser Kategorien sind spezielle Kriterien festgelegt, zu deren Einhaltung sich die Steirischen Terroir- und Klassikweingüter per Vertrag verpflichtet haben.

Welschriesling STK ®

- Extra trocken ausgebauter, weißer Qualitätswein, dessen natürlicher Reifegrad höchstens 11,5 Vol.-% Alkohol ergibt.
- Wird im Edelstahltank ausgebaut.
- Restzuckergehalt unter 4 g/Liter.
- Darf frühestens am 1. Dezember des Erntejahres in den Verkauf gebracht werden.
- Welschriesling STK erkennt man am STK-Aufdruck auf dem Etikett, einer STK-Banderole oder Kapsel.

Steirische Klassik STK ®

- Ist auf die Leitsorten Weißburgunder, Morillon, Grauburgunder, Gelber Muskateller und Sauvignon blanc beschränkt.
- Vorwiegend im Edelstahltank ausgebaut.
- Trocken ausgebaute, weiße Qualitätsweine, deren natürlicher Reifegrad höchstens 12,5 Vol.-% Alkohol ergibt.
- Darf frühestens am 1. März des auf die Ernte folgenden Jahres in den Verkauf gebracht werden.
- Weine der Linie Steirische Klassik STK erkennt man an einer silbernen STK-Banderole oder einem silbernen STK-Aufdruck auf der Kapsel.

Die Lagenweine mit dem Qualitätssiegel STK unterliegen folgenden Regeln:

Erste STK Lage ®

- Die Trauben für diese Weine stammen aus hohen Hanglagen mit einem sehr günstigen Mikroklima, das im Herbst ein frühes Abtrocknen und somit eine optimale Ausreifung des Traubengutes garantiert. Die Ausrichtung dieser Lagen ist Südost bis Südwest.
- Die Weingärten befinden sich in Lagen, Rieden oder Gemeindeteilen, die von den STK-Weingütern aufgrund langjähriger Erfahrung und unter Berücksichtigung nationaler wie internationaler Verkostungsergebnisse zu STK-Lagen aufgewertet wurden. Weine aus diesen Lagen weisen einen ausgeprägt regionstypischen Geschmack auf.
- Das Durchschnittsalter der Rebstöcke beträgt mindestens 12 Jahre.

- Die Weingärten sind naturnah und nachhaltig bewirtschaftet.
- Die Weine werden aus Trauben der Rebsorten Sauvignon blanc, Morillon, Weißburgunder, Grauburgunder, Gelber Muskateller oder Traminer gewonnen.
- Die Weine werden trocken und zu Qualitätsweinen ausgebaut, deren natürlicher Reifegrad mindestens 12,5 Vol.-% Alkohol ergibt. Prädikatsweine und Traminer sind naturgemäß vom trockenen Ausbau ausgenommen.
- Die Trauben werden in selektiver Handlese in mehreren Durchgängen und im Sinne einer hohen physiologischen Reife zu einem möglichst späten Zeitpunkt geerntet.
- Es kommen ausschließlich gesunde (botrytisfreie) Trauben zur Verwendung.
- Der Ernteertrag ist auf maximal 4 500 l/Hektar limitiert.
- Das Reifepotenzial der Weine soll mindestens fünf Jahre betragen; nachvollziehbar anhand von 3er-Vertikalen aus den letzten fünf Jahrgängen oder von reiferen Weinen bei den STK-Lagenweinverkostungen.
- Erste-STK-Lage-Weine haben seit mindestens fünf Jahren Marktpräsenz und zeigen auch in kleineren Jahrgängen Eigenständigkeit und Lagencharakter.
- Erste-STK-Lage-Weine dürfen frühestens am 1. Mai nach sechsmonatigem Ausbau in den Verkauf gebracht werden. Der offizielle Präsentationstermin ist jedes Jahr die Frühjahrsverkostung der STK-Weingüter Anfang Mai.
- Als Reserve, Privat, Fassreserve, Vinotheksfüllung etc. bezeichnete oder in kleinen, vorwiegend neuen Holzfässern ausgebaute

Erste-STK-Lage-Weine dürfen frühestens nach 18-monatigem Ausbau mit 1. Mai auf den Markt gebracht werden.
- Weine der Linie Erste STK Lage erkennt man an der goldenen STK-Banderole oder einem goldenen STK-Aufdruck auf der Kapsel.

Große STK Lage ®

Für diese Weine gelten die Richtlinien der Erste-STK-Lage-Weine und folgende Kriterien:

- Die Trauben für Große-STK-Lage-Weine reifen in Weingärten mit hervorragendem Terroir, das die Produktion von Weinen mit besonders ausgeprägtem Charakter und Reifepotenzial ermöglicht.
- Die Böden der Weingärten begünstigen die Entwicklung großer Mineralität im Wein, wie z. B. Böden mit einem hohen Anteil an Muschelkalk, Kalkmergel, Vulkangestein, Sand, Schotter und Schiefer sowie die Kombinationen daraus.
- Das Durchschnittsalter der Rebstöcke muss mindestens 15 Jahre betragen.
- Der Ernteertrag ist auf maximal 3 500 l/Hektar limitiert. Das Reifepotenzial der Weine soll mindestens zehn Jahre betragen; nachvollziehbar anhand von 5er-Vertikalen aus den letzten zehn Jahrgängen oder von reiferen Weinen bei den STK-Lagenweinverkostungen.
- Große-STK-Lage-Weine haben seit mindestens zehn Jahren Marktpräsenz und zeigen auch in kleineren Jahrgängen Eigenständigkeit und Lagencharakter.
- Große-STK-Lage-Weine dürfen frühestens am 1. Mai nach 18-monatigem Ausbau in den Verkauf gebracht werden. Der offizielle

Weine der Linie Große STK Lage erkennt man an der goldenen STK-Banderole oder einem goldenen STK-Aufdruck auf der Kapsel

Präsentationstermin ist jedes Jahr die Frühjahrsverkostung der STK-Weingüter Anfang Mai. Als Reserve, Privat, Fassreserve, Vinotheksfüllung etc. bezeichnete Große-STK-Lage-Weine dürfen frühestens nach 30-monatigem Ausbau mit 1. Mai auf den Markt gebracht werden.

■ Weine der Linie Große STK Lage erkennt man an der goldenen STK-Banderole oder einem goldenen STK-Aufdruck auf der Kapsel.

Wenn landschaftliche Schönheit, guter Wein, kulinarische Schmankerln und freundliche Menschen aufeinandertreffen, dann ist man im Paradies – oder eben im steirischen Weinland

Die Weststeiermark

Gneis- und Schieferböden, durchzogen von Braunerde und sandig-lehmigen Schichten, sind auf den 460 Hektar Rebflächen dominant.

Neben der Hauptsorte Blauer Wildbacher, die ausschließlich in der Steiermark angebaut werden darf, gibt es Welschriesling, Weißburgunder (Pinot blanc), Morillon, Muskateller und vereinzelt sogar Blauen Zweigelt.

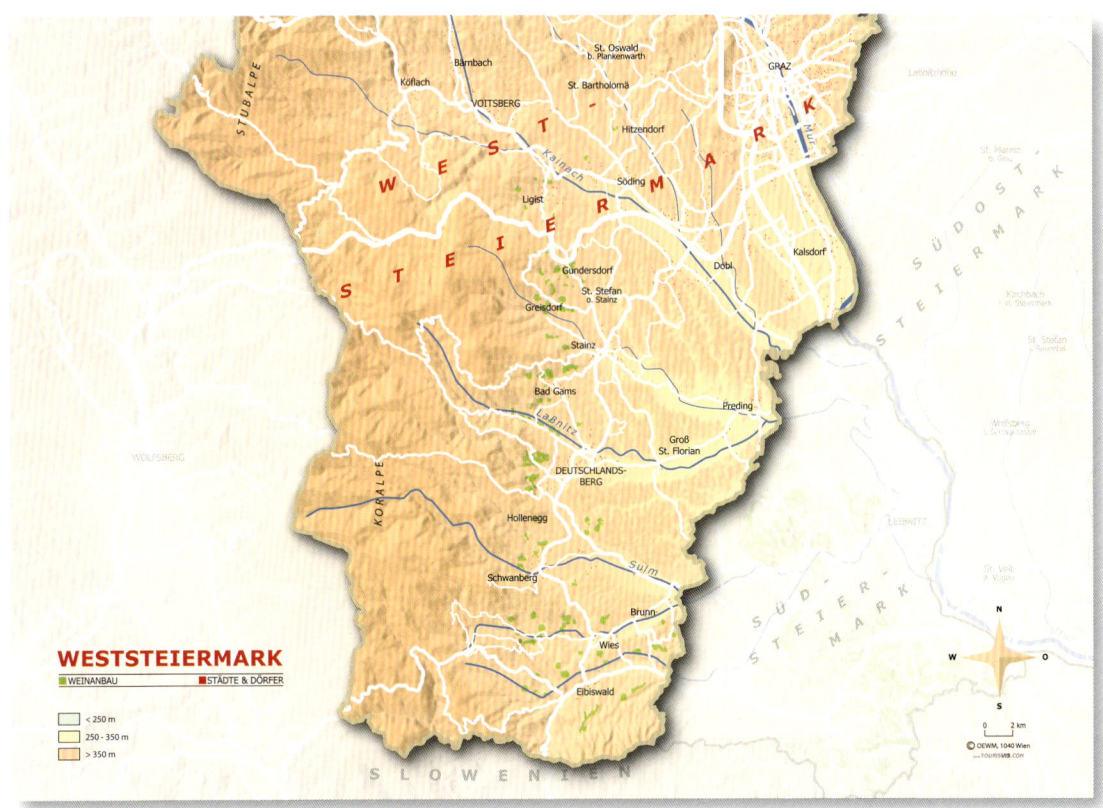

*Entlang der acht steirischen Weinstraßen haben
sich über 2 000 Weinbauern angesiedelt*

Der Schilcher

Das westlichste Weinbaugebiet Österreichs ist neben dem Südburgenland das kleinste Weinbaugebiet Österreichs – und auch das eigenwilligste. Denn aus einer Bilderbuchlandschaft, in der sich ein tiefgrüner Hügel an den nächsten reiht, kommt fast ausschließlich ein Wein: der Schilcher. Dieser ganz besondere Roséwein aus der Blauen Wildbachertraube schillert („schilchert") in allen Rottönen (meistens jedoch zwiebelschalen- oder lachsfarben), schmeckt fruchtig-spritzig und darf nur hier in der Steiermark gekeltert werden. Eine spezielle Eigenheit ist die extreme Säure, derentwegen man sich erst auf den zweiten (oder dritten) Schluck in ihn verliebt. Dann dafür aber umso heftiger!

Bereits die Kelten sollen im Gebiet der heutigen Steiermark einen Wein aus der Wildbachertraube gekeltert haben. Der Schilcher konnte sich also seine Ursprünglichkeit und Besonderheit über mehr als zwei Jahrtausende erhalten. Er zählt somit zu den ältesten Weinen Mitteleuropas. Im Jahre 1580 wurde der Schilcher im Weinbuch von Johann Rasch zum ersten Mal erwähnt. Seit dem 16. Jahrhundert finden sich in allen Kellerbüchern der steirischen Herrschaften und Klöster schriftliche Eintragungen.

In den 1950er-Jahren kam der Schilcher plötzlich aus der Mode – er wurde als „nicht salonfähig" abgetan. Opulente Weine mit einer deutlich spürbaren Restsüße waren zu dieser Zeit gefragt, beides Attribute, die der Schilcher niemals aufweisen kann.

Seit Beginn der 1970er-Jahre nimmt der Schilcher wieder einen kontinuierlichen Aufschwung. Von der Studenten- und Universitätsstadt Graz ausgehend, legte der ehemalige Bauerntrunk eine beachtliche Karriere zum Kultwein hin. Ein weiterer Grund für den Erfolgskurs dürfte im Wandel der Geschmackspräferenz der Konsumenten liegen. Wurden früher schwere und süße Weine bevorzugt, so ist heute ein Trend zu leichten und prickelnden Weinen wie dem Schilcher unübersehbar.

Die Wildbacherrebe – ein Kind der Weststeiermark

Der Wildbacher wurde erstmals 1841 klassifiziert. Es war Erzherzog Johann, der mithilfe seines Verwalters Anton Neuhold die erste Schilcherrebschule der Weststeiermark gründete und zusätzlich über vier Hektar Weingärten mit dem Wildbacher bepflanzen ließ. So sorgte er dafür, dass die Schilcherkultur rund um Stainz um 1850 ihren ersten Aufschwung erlebte.

Seit 1976 gibt es ein Gesetz zum Sorten- und Herkunftsschutz des Schilchers. Es besagt, dass nur Weine als Schilcher deklariert und verkauft werden dürfen, welche zu 100 Prozent aus Wildbacher-Trauben gekeltert werden, die ausschließlich in der Steiermark gewachsen sind.

Zusätzlich gibt es die **Schilcher-Schutzmarke mit dem Symbol des „weißen Pferdes"**, die Qualität, Herkunft und Menge strengstens kontrolliert.

Die Blaue-Wildbacher-Rebe zählt naturgemäß zur Gruppe der Rotweine. Angebaut wird der Wildbacher auf sehr guten, warmen Lagen bis zu einer Seehöhe von 600 Metern. Oft sind die Weinhänge sehr steil, sodass eine maschinelle Bearbeitung der Weinrieden völlig unmöglich ist.

In Normaljahren werden 1,5 bis 1,7 Millionen Liter Schilcher erzeugt. Die durchschnittlichen Flächenerträge liegen bei 4 000 bis 5 000 Litern pro Hekar. Diese Menge reicht jedoch bei Weitem nicht aus, um alle Schilcherfreunde zu versorgen.

Der Schilcher, der als „sauer" gilt, da er einen hohen Prozentsatz an Gesamtsäure aufweist, und der früher als „Heckenklescher", „Rabiatperle" oder „Faustschilcher" bezeichnet wurde, ist heute zum international gefragten Qualitätswein geworden. Der Säuregehalt des Schilchers liegt zwischen 10,5 bis 11,5 Promille, der Restzucker zwischen 0,8 und 4 g/Liter und der Extraktgehalt zwischen 22 und 30 g/Liter.

Die Säure hat man heute dank modernster Keller- und Weingartentechnik im Griff. Zudem drückt auch der stattfindende Klimawandel den Säurespiegel nach unten und entlockt dem einstmaligen „Rohling" ungeahnte geschmackliche Feinheiten.

Entlang der Schilcher-Weinstraße findet man immer mehr Winzer, die mit geringem Ertrag und sorgfältiger Vinifikation die Nuancen des Schilchers noch weiter herausarbeiten. Beinahe jede einzelne Lage bzw. Riede ergibt einen eigenen, charakterstarken Wein. Gerade weil die Weinwirtschaft hier sehr klein strukturiert ist, schafft sie dadurch eine große Vielfalt an Produkten, die mit einer ungeahnten Ausdrucksstärke in Sachen Duft und Geschmack punkten.

Aus der Wildbacherrebe werden neben dem Schilcher (als solcher darf nur der Roséwein bezeichnet werden) auch der „gleichgepresste" Weißwein und der Rotwein gekeltert. Eine weitere Ergänzung im Schilcher-Spektrum sind Schilcherfrizzante und Schilchersekt.

*Johannes Jöbstl –
Meister des Schilchers*

Hans Stoll: „Was macht die Einzigartigkeit des typischen Schilchers aus?"

Johannes Jöbstl: „Es ist der Duft der Steiermark, denn wir zusammen mit der knackigen Säure in den Traubensaft und später in die Weine hineinbekommen."

Hans Stoll: „Und wie kommt es dazu?"

Johannes Jöbstl: „Wir profitieren neben den warmen Herbsttagen von den kühlen Nächten – dieses Zusammenspiel fördert einerseits die Aromabildung und andererseits wird weniger Säure abgebaut."

Hans Stoll: „Aber wozu braucht es da eine spezielle Rebsorte wie den Blauen Wildbacher?"

Johannes Jöbstl: „Den Blauen Wildbacher kann man getrost als ,Frühblüher' und ,Spätreifer' bezeichnen. Wir ernten kaum vor Mitte Oktober, und aufgrund der bereits erwähnten Tatsache mit den Fallwinden und der Nachtbremse kommen wir dann zu diesem Ergebnis."

Hans Stoll: „Aber man merkt deutlich, dass der Schilcher moderner geworden ist, speziell was den Säuregehalt anbelangt ..."

Johannes Jöbstl: „Das ist richtig. Wir haben die Säurewerte unter die 10-Gramm-Marke gedrückt. Da kommt uns die moderne Kellertechnik etwas entgegen, aber vor allem ist es der Klimawandel, der sich mit niedrigeren Säurewerten bemerkbar macht. Trotzdem – unter 9 Gramm Säure werden wir nicht kommen!"

Hans Stoll: „Wie entwickelt sich die Produktpalette neben dem Schilcher?"

Johannes Jöbstl: „Wir sind bereits sehr erfolgreich mit dem Schilchersekt, der neun Monate auf der Feinhefe liegt. Ein ganz großes Entwicklungspotenzial sehe ich auch beim Schilcherfrizzante, und der Schilchersturm ist ohnehin bereits zur Marke geworden."

Hans Stoll: „Zum Thema Marke: Welche Vermarktungsstrategie sollte man für den Schilcher einschlagen?"

Johannes Jöbstl: „Da sehe ich eine ganz klare Richtung vor uns. Schilcherland DAC wäre und ist eigentlich eine aufgelegte Sache, aber da müssen wir wohl noch einige Kleingeister davon überzeugen."

Die Südoststeiermark

Von Bad Radkersburg über Klöch bis hoch ins Hartberger Land erstreckt sich die Weinbau-region Südoststeiermark. Bizarre Klippen durchbrechen die sonst hügelige Landschaft. Sie sind die Relikte einstiger, längst erloschener Vulkane, die ein wahrer Segen für die darauf wachsenden Weinreben sind. Diese erhalten dadurch in Kombination mit dem kühlen Kima ihre unverkennbare Würze und Aromatik.

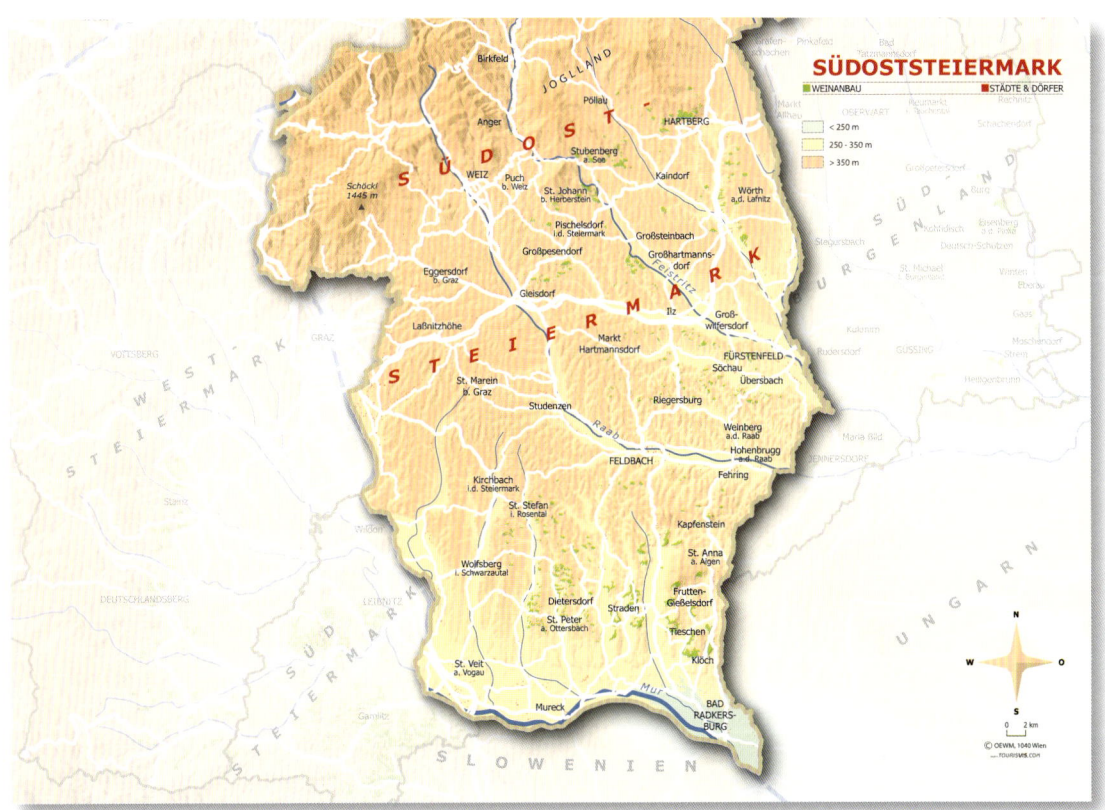

Manchen Vulkanen sieht man ihre hitzige Vergangenheit nicht mehr an, andere wiederum, wie jener, auf dem die Riegersburg thront, fallen schon von Weitem auf

Charakteristisch für das ganze Gebiet sind die verschiedenen Weinstraßen, die das Land durchziehen.

Kaum ein anderes europäisches Weinbaugebiet schafft es in puncto Wein und Wellness sowie Kulinarik und Genuss auf gleicher Augenhöhe mit der Südsteiermark zu stehen. Eine Genussbotschaft, die gerne von vinophilen Genussmenschen in aller Herren Länder getragen wird. Kulinarische Vielfalt der Extraklasse drängt sich auf engstem Raum zusammen: von der urig-gemütlichen Buschenschank mit regionalen, bodenständigen Produkten der heimischen Landwirtschaft bis zur Haubenküche auf höchstem Niveau wird hier alles geboten.

Die Tradition des Weinbaus in der Steiermark ist in etwa 2 500 Jahre alt. Kelten besiedelten damals das Land und kultivierten die Wildrebe Vitis vinifera sylvestris. Speziell das Gebiet nördlich von Bad Radkersburg etablierte sich sehr früh als Weinbauland. Bis ins Mittelalter

hinein gab es einen großen Aufschwung für den Weinbau, und die Weingartenflächen betrugen zu dieser Zeit etwa das Zehnfache der heutigen Anbaufläche. Kriege, Not und soziales Elend brachten den Weinbau jedoch zum Erliegen. Einen weiteren herben Rückschlag bescherten die Reblauskatastrophe im 19. Jahrhundert und der Befall von Echtem und Falschem Mehltau.

Heute bauen in der Südoststeiermark um die 2 500 Winzer – viele davon im Nebenerwerb – auf über 1 400 Hektar Rebfläche Wein an. Die durchschnittliche Rebfläche liegt in etwa bei einem halben Hektar. Ein Großteil des Weines aus diesem klein strukturierten Weinbaugebiet wird in den mehr als 300 Buschenschanken verkauft.

Die Hauptsorten sind Welschriesling, Weiß- und Grauburgunder, Sauvignon blanc, Morillon (Chardonnay). Eine Sonderstellung nehmen Traminer und Zweigelt ein. Die Reben wachsen hauptsächlich auf vulkanischen Böden, Basalt, Verwitterungsböden und sandigem, schwerem Lehm.

Woher stammt die Bezeichnung Morillon?

Nach der Reblauskatastrophe im 19. Jahrhundert reisten einige steirische Weinbauern nach Frankreich, um nach neuen Unterlagsreben zu suchen, die gegen die Reblaus resistent wären. Im Örtchen Morion wurde man fündig. Man nahm die Reiser mit in die Steiermark, pflanzte sie dort aus und gab ihnen den Namen Morillon. So wurde aus Morion eben Morillon.

Die Südoststeiermark lässt sich in zwei Großlagen unterteilen – das „Steirische Vulkanland" und das „Oststeirische Hügelland".

Das **Steirische Vulkanland** umfasst die Weinbauflächen der Bezirke Radkersburg und Feldbach, wo sich im Gegensatz zum Rest der Südoststeiermark auch größere in sich geschlossene Weinbauflächen befinden, wie etwa in **Klöch** an der slowenischen Grenze. Hier, wo fast ausschließlich der pannonische Klimaeinfluss herrscht, hat man sich schon seit Langem auf die Kultivierung des **nach Rosen duftenden Traminers** spezialisiert. Auf dem vulkanischen Boden gedeiht ein körperreicher Traminer, der weit über Österreichs Grenzen hinaus bekannt ist.

Der Großteil der südoststeirischen Weingärten ist inselartig verstreut. Bekannte Weinbauinseln sind u. a. Weiz und Hartberg im nördlichen Teil sowie Gleisdorf und die wiederbelebten Fluren der historischen Riegersburg bei Fürstenfeld, Feldbach und Kapfenstein im südlicheren Teil.

Der bekannte, etwas westlicher gelegene Weinbauort **Straden** verfügt über eine bunte Palette an Bodenstrukturen wie Vulkangestein, Muschelkalk, Schotter, Quarz, Granit, Gneis und Sandstein. Klimatisch gesehen herrscht in Straden im Unterschied zu Klöch ein Mix aus pannonischem und illyrischem Klima. Das Resultat dieser Melange ist eine längere Vegetationsphase. Die Haupternte findet in den meisten Jahren gegen Ende September oder Anfang Oktober statt. Weine aus dieser Gegend zeich-

nen sich nicht unbedingt durch eine vordergründige Mineralik, sondern vielmehr durch eine finessenreiche Struktur aus.

Die südoststeirische Weinstraße – im Auf und Ab durchs südoststeirische Hügelland

In Frutten-Gießelsdorf an der Klöcher Weinstraße beginnt die südoststeirische Hügelland-Weinstraße. Diese führt entlang der L 256 Richtung Westen in das durch Klima und Lage begünstigte Weinland **Rosenberg**, flankiert von den Weingärten von Neusetz und Hof.

Beim Klapotetz in Straden führt der Weg talwärts nach Wieden. Im Ortsgebiet sieht man rechter Hand die **Riede Klausen** – eine Steillage in Form eines lang gezogenen Kessels, die schwere, kalkhaltige Böden mit schottrigen, sandigen Oberschichten vorweist und somit ideale

Straden

159

Weingut Neumeister

Die steile Südlage bringt regelmäßig Trauben mit hoher Reife und Konzentration hervor, während die vom Wald geschützte Plateau-Lage durch eine lange Vegetationsperiode Trauben mit hoher Eleganz liefert. Die Plateau-Lage bietet optimale Bedingungen für Morillon, aber auch für Sauvignon blanc. Weine aus diesen Lagen bestechen durch ihre dichte Komplexität und Tiefe, sind nie vordergründig und benötigen oft Jahre, bis sie sich dem Kenner erschließen.

Saziani

Die Lage Saziani ist ebenso direkt nach Süden ausgerichtet und wird durch die intensive Sonnenbestrahlung optimal erwärmt. Diese mit einer kräftigen Kalkschicht überzogene Riede ist für Burgundersorten wie geschaffen, um einen kräftigen und dichten Traubensaft zu entwickeln.

Voraussetzungen für diverse Burgundersorten schafft. Nicht umsonst ist die Riede Klausen eine Toplage des Weingutes Neumeister.

Christoph Neumeister:
„... nach einer langsamen Vergärung reifen die Weine noch Monate auf der Feinhefe und werden nach der entsprechenden Entwicklung in die Flasche gefüllt. Alle anderen kellertechnischen Tricks ziehen dem Wein nur die Hose aus ..."

Christoph Neumeister und seine Lagen Moarfeitl und Saziani
Moarfeitl

Die Lage Moarfeitl in einer Seehöhe von etwa 320 Metern ist gegen Süden eine Steillage, auf den drei weiteren Seiten jedoch eine weitläufig von Wald umrandete Plateau-Lage.

Ein urzeitliches Meer hinterließ jede Menge Kalk, Flüsse lieferten nach den Eiszeiten Schotter in Form von Granit, Gneis und Quarz. Die Sedimentböden aus dem Tertiär sind zum größten Teil kalkhaltige, sandige Lehme mit darunterliegenden Schotterschichten und Sandstein, in einigen Fällen auch mit vulkanischem Gestein.

Im Gespräch
mit Christoph Neumeister, Straden

Hans Stoll: *„Was sind die optimalen Bedingungen für den Weinbau in der Südoststeiermark?"*

Christoph Neumeister: *„Es sind eigentlich die großen Unterschiede in der kleinen Region."*

Hans Stoll: *„Große Unterschiede in kleiner Region – ist das nicht ein Widerspruch?"*

Christoph Neumeister: *„Eben nicht! Nehmen wir nur einmal das Klima als Beispiel. Klöch ist der östlichere Teil, wo es nur pannonisches Klima gibt. Wir in Straden liegen westlicher und haben es mit einem Mischklima zu tun."*

Hans Stoll: *„Also kann ich jetzt davon ausgehen, dass es ähnliche Unterschiede auch bei der Bodenstruktur gibt?"*

Christoph Neumeister: *„Genau so ist es – der östliche Teil hat fast nur Vulkangesteinsböden, wir im westlichen Teil haben hingegen Mischböden aus allen möglichen Konglomeraten."*

Hans Stoll: *„Das wirkt sich natürlich auch sensorisch auf die Weine aus ..."*

Christoph Neumeister: *„Unsere Weine haben keine vordergründige Mineralik, sie gehen eher in einer finessenreichen Bandbreite auf. Ältere Stöcke bringen aus derselben Lage komplexere Weine!"*

Hans Stoll: *„Wie ist das zu verstehen?"*

Christoph Neumeister: *„In den ersten 10 bis 15 Jahren dominiert oft die Sorte über die Bodenart. Später, wenn die Wurzeln dort angekommen sind, wo sie hinwollten, werden die Weine komplexer und mehr vom Boden dominiert. Deshalb sind auch Lagenweine einem ständigen Veränderungsprozess ausgesetzt."*

Hans Stoll: *„Und wie sieht das Ganze kellertechnisch aus?"*

Christoph Neumeister: *„Wir geben den Beeren eine entsprechende Maischestandzeit, zum Teil bis zu zwei Tage. Damit versuchen wir, alle Inhaltstoffe der Kerne, der Haut und des Fruchtfleisches in den Saft zu bringen. Nach einer langsamen Vergärung reifen die Weine noch Monate auf der Feinhefe und werden nach der entsprechenden Entwicklung in die Flasche gefüllt. Alle anderen*

kellertechnischen Tricks ziehen dem Wein nur die Hose aus ..."

Hans Stoll: *„Wie soll künftig die Vermarktung der steirischen Weine aussehen?"*

Christoph Neumeister: *„Ich möchte unbedingt, dass unsere Spitzenlagen ein ähnliches Image (auch im Ausland) gewinnen, wie wir das zum Beispiel aus der Wachau kennen. Mit unserer Gruppe STK haben wir ja bereits erste Schritte in diese Richtung gesetzt. Klassik für sortentypische Weine sowie erste und große Lagenbezeichnungen mit rigorosen Qualitätskriterien!"*

Hans Stoll: *„Stichwort DAC?"*

Christoph Neumeister: *„Die Bezeichnung Steiermark ist ohnehin schon eine Marke – bzw. steht sie für DAC. Bei Kernöl, Hühnern, Obst und anderen Produkten funktioniert es ja bereits, wieso nicht auch bei Wein? Die Steiermark nochmals in unterschiedliche DAC-Zonen zu unterteilen, halte ich nicht für sinnvoll."*

Schau- und Verkostungsraum im Weingut Neumeister

Die Südsteiermark

Das traumhaft schöne Stück Österreich liegt im sonnigen Süden und bietet vielen Wein-
liebhabern eine Genussatmosphäre, die ihresgleichen sucht. Die wildromantische Gegend
mit ihren steilen Weinhängen gilt als Heimat hervorragender Weißweine und ebensolcher
Winzer, von denen viele zur internationalen Elite zählen. Die Südsteiermark ist für weinaffine
Besucher wie eine Perlenkette, dicht aneinandergereiht liegen die Weingüter. Hier trifft man
beinahe in jedem Ort auf etablierte Spitzenwinzer oder junge, aufstrebende Talente.

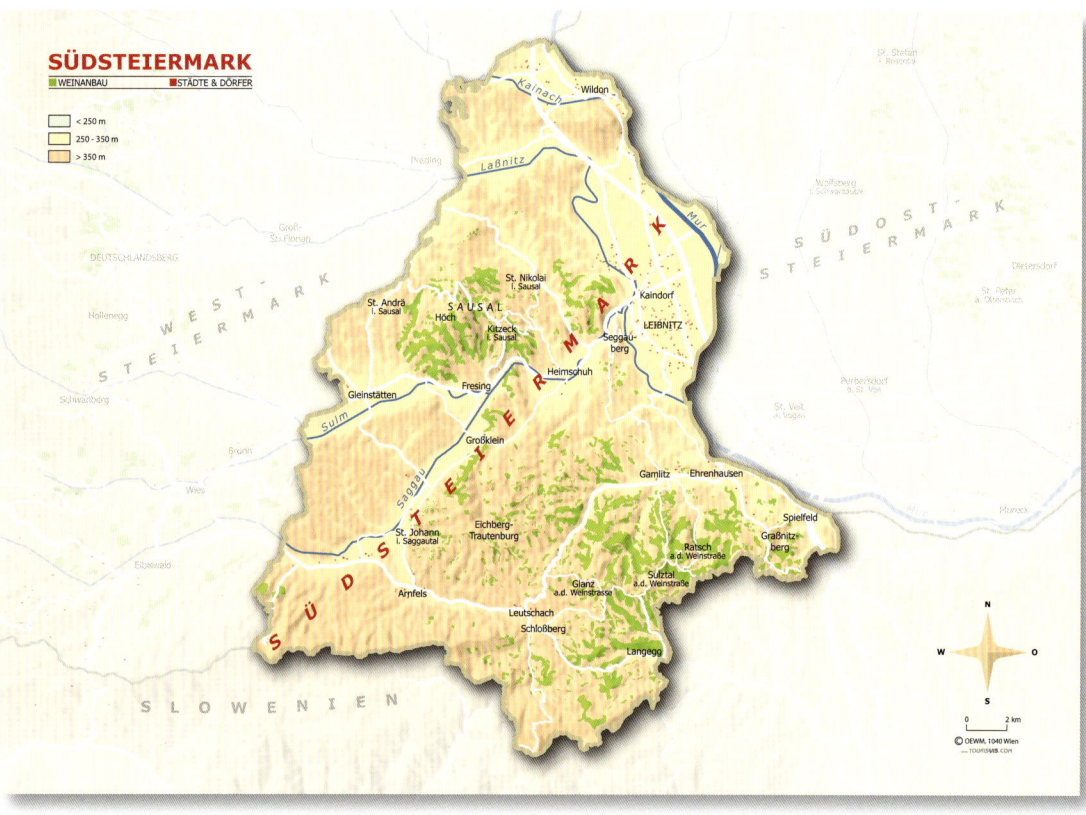

Ein Ausflug in die Südsteiermark lohnt sich immer, besonders aber im Herbst, wenn Traubenmost, Sturm und gebratene Kastanien das „Weinglück" vollkommen machen

Eigentlich sollte man das Weinbaugebiet zweigeteilt sehen: Zum einen ist da das **Sausaler Weinbaugebiet** rund um Kitzeck – also von Silberberg bis zum Demmerkogel – und zum anderen das südsteirische Rebenland mit Gamlitz als Zentrum. Weitere bekannte Weinorte sind Ehrenhausen, Spielfeld und Leutschach.

Seit über fünfzehn Jahren findet in der Südsteiermark ein wahrer Wein-Boom statt. Auf etwa 2 000 Hektar mit Schiefer, Sand, Mergel, Urgestein und Kalk sind die Reben gepflanzt, aus denen die steirischen Klassiker entstehen: frisch-fruchtige Welschrieslinge, resche Sauvignons blancs, feinduftige Gelber Muskateller, knackige Weißburgunder und elegante Morillons (Chardonnays).

Immer zahlreicher werden auch die hochreifen Weißweine mit individuellem Terroir-Charakter und Barriqueausbau, bei denen die Winzer das qualitative Maximum aus den sonnenver-

Der Schatz vom Silberberg

Die Weinbauschule in Silberberg blickt auf eine lange Tradition zurück. 1895 kaufte die steirische Landesregierung das Gut Silberberg von Maria Potpetschnigg, um eine Ausbildungsstätte für Winzer der Region zu schaffen. Bereits ein Jahr nach dem Kauf wurde der erste Winzerkurs gestartet.

Aber in der Weinbauschule Silberberg wird nicht nur alles Wissenswerte zum Weinbau gelehrt, sondern es werden auch hervorragende Weine produziert.

Das Weingut der Weinbauschule in seiner jetzigen Größe mit 25 Hektar entstand 1985 durch die Zusammenführung der Landesgüter Silberberg, Kitzeck, Schlossberg, Remschnigg und Glanz. In Silberberg wurde eine neue Kelleranlage errichtet, in der die Trauben aus den bisherigen Gütern zu oftmals hoch prämierten Weinen verarbeitet werden.

Zu einer Zeit, in der es die Menschen im restlichen Österreich noch fröstelt, werden in der Südsteiermark bereits Tische und Bänke im Freien aufgestellt.

Schiefer

163

wöhnten Steillagen herausholen. Wie man sieht, mit Erfolg – sowohl auf nationaler als auch auf internationaler Ebene.

Unweit der Weinbauschule in Silberberg liegt die Ortschaft Fresing, die bereits im Gemeindegebiet von Kitzeck liegt und einen der größten Weinbaubetriebe der Steiermark beherbergt – das Weingut von Gerhard Wohlmuth.

Gerhard Wohlmuth – Respekt vor der Tradition, Aufgeschlossenheit für die Moderne

Bereits seit 1803, also seit mehr als 200 Jahren, ist der Name Wohlmuth engstens mit der Weinwirtschaft der Südsteiermark verbunden. Stets wird hier, wo an steilen Südhängen einige der besten Weißweine des Landes gedeihen, hervorragende Qualität produziert. Kompromissloses Qualitätsstreben ist die Philosophie im Hause Wohlmuth.

Gerhard Wohlmuth

Die Gärung verläuft entweder in Edelstahltanks oder in Barriquefässern

In den Weinbergen setzt man auf Boden- und Laubpflege sowie die Förderung von Nützlingen. Der Hektarertrag liegt je nach Sorte zwischen 3 200 und 4 500 Litern, was bedeutet, dass man hier meilenweit von den erlaubten Grenzwerten entfernt ist. Die Lese selbst (alleine der richtige Zeitpunkt sorgt familienintern so manches Mal für Diskussionen) erfolgt äußerst selektiv unter größtmöglicher Sorgfalt und ohne Botrytis. Auch die Mondphasen spielen dabei eine nicht unwesentliche Rolle.

„Handgepflückt" ist auch im Hause Wohlmuth angesagt. Die Trauben werden notwendigerweise in mehreren Durchgängen, je nach Reifegrad, vom Stock geschnitten und in kleinen Behältern ins Presshaus gebracht. Ob nun gequetscht oder gerebelt wird bzw. beides zusammen, ob die Trauben als Ganzes gepresst werden, die Maische einige Stunden stehen bleiben kann oder rasch verarbeitet werden soll – letztendlich wird individuell für jede Sorte und jede Qualität jahrgangsabhängig eine Entscheidung getroffen, welche die zukünftige Ausbauart des Weines bestimmt. Eine temperaturkontrollierte Gärung verläuft entweder in Edelstahltanks oder – für die „Kraftlackeln" – in Barriques und wird möglichst langsam und schonend durchgeführt, damit sich die Aromen bestmöglich entwickeln.

Rotweine aus dem „steirischen" Burgenland

Die Trauben für die Wohlmuth-Rotweine aus dem Burgenland werden in Neckenmarkt geerntet, verarbeitet und durchlaufen dort auch den biologischen Säureabbau.

Zum Ausbau werden die jungen Rotweine anschließend in das Stammhaus nach Fresing gebracht, wo sie im beeindruckend erweiterten Barriquekeller ihre Reifephase durchleben.

Koscherer Wein

Die Rarität des Weingutes Wohlmuth ist wohl der „Kosher-Wein"!

„Koscher" kommt aus dem Jüdischen und bedeutet übersetzt so viel wie „geeignet", „tauglich", „rein". Die jüdischen Speisegesetze basieren auf der Thora (Teil der hebräischen Bibel) und bestimmen die Zubereitung und den Genuss von Speisen und Getränken. Nach diesen Vorschriften werden Lebensmittel in solche eingeteilt, die für den Verzehr erlaubt („koscher"), und solche, die für den Verzehr nicht erlaubt („nicht koscher" oder „treife") sind.

Die jüdischen Speisegesetze garantieren Reinheit und Hygiene der Produkte, und die Produzenten haben sich genau daran zu halten. Die Vorschriften für die Produktion von koscherem Wein sind besonders streng ausgelegt, da auch im Judentum der Wein für religiöse Handlungen verwendet wird und bei fast jeder Zeremonie ein Segen über den Wein gesprochen wird.

Ab der Traubenernte ist die gesamte Produktion einer nahtlosen Kontrolle unterworfen, wofür ein Rabbiner bestimmt wird. Ausschließlich Männer, die den Sabbat einhalten, dürfen an der Produktion des Weines beteiligt sein. Sämtliche Geräte, die zur Weinerzeugung verwendet werden, müssen peinlich sauber und steril sein. Weiters muss gewährleistet sein,

dass alle Materialien, die für die Herstellung verwendet werden, wie z. B. zum Klären oder Filtern, koscher sind und keine tierischen Stoffe enthalten. So dürfen koschere Weine auf keinen Fall mithilfe von Gelatine, die hauptsächlich aus dem Bindegewebe von Schweinen und Rindern erzeugt wird, geklärt werden. Nur wenn der aufsichtshabende Rabbiner sich sicher ist, dass alle oben erwähnten Forderungen erfüllt sind, erhält der Wein das Siegel des Rabbinats, das jede Flasche „Kosher" auf der Kapsel und auf dem Etikett tragen muss.

Für einen derart penibel arbeitenden Betrieb wie den der Wohlmuths ist die Einhaltung dieser Regeln nicht wirklich ein Problem, wie nationale und internationale Spitzenplatzierungen ständig unter Beweis stellen.

Wohlmuth-Weine sind im Wesentlichen in folgenden Kategorien zu Hause:
- Weißweine Klassik: leichte, frisch-fruchtige Varianten vom „Steirischen Panther" (dem Sommerwein) bis zum Morillon Klassik.
- Lagen-Weißweine: vom Weißburgunder Gola bis zum Chardonnay Elite.
- Rotweine aus Neckenmarkt und der bereits erwähnte „Kosher".

Wenn man bei Fresing links abzweigt und durch einen Mischwald steil bergauf nach Kitzeck fährt, bietet sich dort der Besuch des 1. Steirischen Weinmuseums an. Jedes Mal, wenn ich nach Kitzeck komme, erinnere ich mich an meinen ersten Aufenthalt in dieser Gegend Ende der 1970er-Jahre. Wir waren damals eine fröhliche Dienstagsstammtischrunde und

Gerhard Wohlmuth jun.

Morgennebel über den südsteirischen Hügeln

machten unseren „Ausflug" – so war die damalige Bezeichnung für „Sightseeing" – in die Südsteiermark. Niemand im restlichen Österreich hatte bis dahin viel über den steirischen Wein gehört, geschweige denn ihn verkostet (außer jene Freunde von uns, die in Graz studiert haben), und nach intensivem Probieren waren wir alle überzeugt: Dem steirischen Wein muss man einfach Beachtung schenken – was einige Jahre später auch in fulminanter Art und Weise geschehen ist ...

Durch Kitzeck lässt es sich schwerlich durchfahren, ohne einen Halt einzulegen. Für einen kurzen Spaziergang, um die beeindruckende Aussicht zu genießen, und eine kleine Jause mit der passenden Weinbegleitung sollte eigentlich immer Zeit sein.

Auf der Weiterfahrt windet sich die Straße – oft recht schmal und kurvenreich – durch die steilsten Weingärten der Steiermark und bietet herrliche Ausblicke auf die umliegenden Rebhügel und Tallandschaften zum Demmerkogel, der höchsten Erhebung des Sausals. Hier

gibt es traditionelle Buschenschanken mit erstaunlicher Weinqualität. Der leichte, frische Welschriesling und der aromatische, vielversprechende Sauvignon blanc sind mehr als nur Jausenweine. Und dann gibt es in St. Andrä Höch, einer für ihren Weinbau bekannten Ortschaft, noch eine bestaunenswerte Sehenswürdigkeit: den größten Klapotetz der Welt auf dem Demmerkogel, der Jahr für Jahr aufs Neue für viele Besucher sorgt.

Der Abschied von den sanften Hügeln fällt schwer – gerne würden wir länger verweilen. Und ehe man sich in das Herz des südsteirischen Weinbaus, Gamlitz, „runterschlängelt", überlegt man bereits, wann man dieser reizenden Gegend einen weiteren Besuch abstatten kann.

Gamlitz, die größte Weinbau betreibende Gemeinde der Steiermark, strahlt irgendwie etwas gemütlich-pulsierendes aus. Beinahe das ganze Jahr über ist das Gebiet von Weintouristen bevölkert, und die Freundlichkeit der Menschen ist einfach ansteckend. Hier sind sie zu Hause, die Qualitätskönige, ob sie nun Sattler, Skoff oder Tement heißen. Ihre Lagen gehören eindeutig zu den besten der Welt und ihre Sauvignons blancs, Morillons, Welschrieslinge und Co. lassen die Herzen der Weindegustierer höher schlagen.

Nach einem ausgiebigen Frühstück im Weinlandhof Hotel Wratschko freue ich mich, einen alten Bekannten zu treffen, um mit ihm über seine Philosophie des Weinmachens zu plaudern und vor allem darüber zu sinnieren, wohin die Weinreise in den nächsten Jahren gehen wird: Willi Sattler.

Eine einzigartige Genussregion ist die südsteirische Weinstraße. Zwölf Gemeinden verbinden in diesem kulinarischen Verband Tradition und Moderne auf einzigartige Weise.

Der Sattlerhof in Gamlitz – ein europäischer Spitzenbetrieb

Manchmal merke ich bei diversen Weinvorträgen und Seminaren ein wenig scherzhaft an, dass der Sattlerhof in Gamlitz nicht zur österreichischen Weinelite zählt, um ein, zwei Atemzüge später – zuvor von bösen Blicken aufmerksamer Zuhörer gestraft – den Hinweis zu geben, dass der Sattlerhof zu den besten Weißweingütern Europas zählt.

Das Ganze kam natürlich nicht von ungefähr. Bereits Wilhelm Sattler senior arbeitete visionär zu einer Zeit, als trockene, leichte Weißweine nicht unbedingt der Stil der Steiermark und der damaligen Zeit waren (siehe auch „Menschen und ihr Lebenswerk", S. 194).

Dass der heutige Besitzer Willi Sattler konsequent den Qualitätsweg beschreitet und er der Quer- und Vordenker der Region ist, hilft nicht nur seinem Betrieb, sondern dem ganzen Weinbaugebiet.

Willi Sattler und der sanfte Rebschnitt

Um das Qualitätspotenzial seiner Rebstöcke noch mehr zu fördern und auszubauen, hat Willi Sattler die Rebschnittmethode entscheidend verändert. Die Methode des sanften Rebschnittes soll ein langsames Wachstum der Stöcke, einen optimierten Austrieb und eine kontinuierliche Entwicklung der Triebe fördern. Dabei werden die Leitgefäße im bestehenden Holz geschont, während gleichzeitig das Risiko der Stockausfälle durch Pilzerkrankungen vermindert wird.

Zur Erinnerung: In der Vergangenheit war es gang und gäbe, bei allen neuen Rebanlagen eine sehr dichte Stockauspflanzung in Kombination mit der Drahtrahmenerziehung durchzuführen. Diese Methode der Reberziehung erfordert einen entsprechenden Rebschnitt, der einen starken Eingriff, aber auch Rückschnitte in das alte Holz zur Folge hat. Manche Stöcke kommen dabei im „Innenleben" zu Schaden, obwohl keine äußeren Zeichen darauf hindeuten. Der Neuzuwachs wird durch rebschnittbedingte beschädigte Saftleitgefäße im alten Holz nicht optimal mit Nährstoffen versorgt. Zudem können solche Stöcke große Schnittwunden im alten Holz nicht verschließen, was wiederum zu Pilzerkrankungen führen kann.

Im Vergleich dazu kommen solche Schädigungen bei alten, ausgewachsenen Rebstöcken, an denen immer nur am ein-, maximal am zweijährigen Holz geschnitten wurde, kaum vor. Daher hat Willi Sattler die von den Italienern Marco Simonit und Pierpaolo Sirch entwickelte

Methode übernommen, und er wendet seit dem letzten Jahr nur mehr den sanften Rebschnitt an: Es wird ausschließlich junges, ein- bis höchstens zweijähriges Holz entfernt und niemals in das alte Holz geschnitten. Naturgemäß dauert diese Umstellung einige Jahre und erfordert auch ein anderes Arbeiten, denn nicht nur der Schnitt der Rebe hat sich gewandelt. Auch die Triebe müssen anders angebunden werden, und die gesamte Laubarbeit verändert sich entsprechend.

„Aber", so Willi Sattler, „meine Weingartenarbeiter und ich werden von einem guten Schulungsteam begleitet, und in den nächsten beiden Jahren werden wir das schaffen. Ich gehe auch davon aus, dass der neue Rebschnitt nach dieser Umstellungsphase mit weniger Aufwand durchgeführt werden kann."

Der Sattlerhof

Die **Toplagen des Hauses** liegen auf dem speziell für Sauvignon blanc optimalen **Kranachberg**, einer Hügelkette, die sich von Gamlitz nach Leutschach erstreckt. Die spezielle Bodenstruktur aus Sandschichten mit hohem Kalkgehalt und Glimmergestein gibt den Weinen eine pikante, sortentypische Würze mit unverwechselbarer Fruchtaromatik.

Sieben Weingärten gehören zum Besitz der Sattlers, und aus den zwei besten, nach Süden ausgerichteten Parzellen stammt der **Sauvignon Kranachberg.**

Die Kessellage **Sernauberg** ist eine nach Südosten ausgerichtete, extrem steile Hanglage aus Sandböden mit schottriger Auflage. Auch hier ist primär Sauvignon blanc ausgepflanzt, ergänzt mit einem guten Teil Muskateller.

Optimal für alle Burgundersorten ist die Monopollage **Pfarrweingarten** – eine kleine, gut geschützte Südkessellage mit Muschelkalkboden.

Die Weinpalette des Sattlerhofes beginnt bei der leichten, frischen **Cuvée „Vom Sand"**, die größtenteils aus Sauvignon blanc von jung ausgepflanzten Rieden und einem Teil Welschriesling mit einem Hauch Weißburgunder (Pinot blanc) gemacht wird. Der Name „Vom Sand" deutet auf den Boden hin, auf dem die Reben stehen. **Welschriesling STK**, ein wichtiger Wein für das Haus, ist der typische Vertreter des fruchtig-frischen und leichten Weinstils, der hervorragend zu kalten Vorspeisen passt und im Sommer ein idealer Terrassenwein ist.

Die steirische Klassiklinie wird im Sattler'schen Weingut en gros produziert: Aromatisch-fruchtiger Muskateller, Morillon mit elegantem, fruchtigem Aroma sowie Weißburgunder und Sauvignon blanc der gehaltvollen, frischen Kategorie – allesamt Weine, die ungekünstelt ihre Lagerzeit im Edelstahltank verbracht haben und das Terroir perfekt widerspiegeln.

Im Gespräch
mit Willi Sattler am Sattlerhof, Gamlitz

Hans Stoll: *„Wie definierst du die Weinbausituation in der Region?"*

Willi Sattler: *„Boden, Lage und das Gebiet muss man verstehen. Ich habe die Weinwelt bereist, um zu sehen, wo unser Potenzial liegt, und ich bin rasch zu der Erkenntnis gekommen, dass eine Spitzenlage mehr ist, als nur ein Weingarten!"*

Hans Stoll: *„Bedeutet das ein Zurück zu den kleinen Einheiten?"*

Willi Sattler: *„Ja, ganz genau. Wir müssen noch mehr lernen, mit dem Mikroklima und den vielen anderen kleinen Faktoren richtig umzugehen. Was ich dann in der Flasche habe, ist nichts anderes als der Fingerprint des Jahresklimas und der Gartenpflege."*

Hans Stoll: *„Also Handwerk statt Industrie ...?"*

Willi Sattler: *„Ein Flying Winemaker kann nur industrielle Rezepte erstellen, und diese industriell hergestellten Weine sind nicht sexy! Das ist* ein sauberes, perfektes Weingetränk für manche Einsteiger, was der Markt braucht und für das es auch einen Markt gibt. Wir aber können und dürfen niemals diesen Weg gehen. Und: Industrielle Landwirtschaft hat nichts mit Ethik zu tun!"*

Hans Stoll: *„Der harte, steinige Weg, um erfolgreich zu sein?"*

Willi Sattler: *„Erfolg ist immer individuell zu sehen. Ich brauche mir nur vor Augen zu führen, wie oft wir in den Weingarten gehen und wie wir versuchen, möglichst wenig Maschinen einzusetzen ... Wenn ich an die Wetterkapriolen denke, wo es plötzlich zu subtropischen Regenfällen kommt, obwohl wir eigentlich eine kühle Region mit mediterranem Klima sind ... All das fordert uns enorm heraus."*

Hans Stoll: *„Qualität entsteht im Weingarten. Was sagst du dazu?"*

Willi Sattler: „Wir müssen noch mehr lernen, mit dem Mikroklima und den vielen anderen kleinen Faktoren richtig umzugehen. Was ich dann in der Flasche habe, ist nichts anderes als der Fingerprint des Jahresklimas und der Gartenpflege."

Willi Sattler: *„Unsere Qualität entsteht ausschließlich im Weingarten. Allein die schon erwähnten mikroklimatischen Bedingungen in den unterschiedlichen Lagen sorgen dafür, dass wir keine Standardweine haben. Hier habe ich die große Chance, das ganze Potenzial eines Jahrgangs in den Wein zu bringen. Nicht zu vergessen sind die hohen Kosten, die durch ein derartig aufwendiges Arbeiten entstehen. Wir sind oft bis zu 500 Arbeitsstunden je Hektar in den Lagen unterwegs. Die hohe Reife des Materials und der Weine fällt uns nicht in den Schoß."*

Hans Stoll: *„Gibt es im Weingarten noch neue Entwicklungen bzw. Erkenntnisse?"*

Willi Sattler: *„Selbstverständlich entwickeln wir uns im Weingarten weiter. Wir sind gerade dabei, das in manchen italienischen Spitzenlagen praktizierte System des sanften Rebschnittes einzuführen. Das Grundprinzip beruht darauf, dem Stock keine großen Wunden zuzufügen. Große Wunden sind Pforten für schädliche Pilze und Pilzkrankheiten. Das ist für uns ein entscheidender Schritt zu einer noch besseren Qualität."*

Hans Stoll: *„Die dann wie vermarktet wird?"*

Willi Sattler: *„Wir haben mit unserer STK-Gruppe schon einiges erreicht, was kein Politiker oder Funktionär erreichen kann. So etwas können nur die führenden Betriebe einer Region anpacken. Wir haben alle erkannt, dass aus unseren Lagen noch viel Potenzial herauszuholen ist, und trotzdem differenzieren wir uns untereinander, was sehr gut ist."*

Hans Stoll: *„Was soll STK dem Konsumenten sagen?"*

Willi Sattler: *„Wir wollen dem Konsumenten einerseits Klassikweine liefern, die auch nach fünf Jahren noch reifen können. Andererseits kann es nicht sein, dass man die Bezeichnung Reserve missbraucht, indem man bereits im Mai nach dem Erntejahr mit Reserveweinen auf den Markt geht. Wir wollen unsere Lagen verstehen, wollen das in die Flasche bringen und nicht irgendein schnelles Geschäft machen."*

Hans Stoll: *„Wie sieht es mit dem Potenzial der einzelnen Rebsorten aus?"*

Willi Sattler: *„Der Welschriesling ist für uns ganz wichtig, wird aber etwas zurückgehen, genauso wie der Rotweinanbau. Ich sehe ganz klar das beste Potenzial für Sauvignon blanc. Diese aromatische Rebsorte legt jährlich zu und passt einfach zu uns. Es ist meine Überzeugung, dass wir neben der Loire das beste Terroir für diese Rebsorte haben."*

Walter und Joachim Skoff – zwei Generationen, zwei Künstler und ein Ziel

Die Verbundenheit von Generationen und das Wissen zum Thema prägen den Stil der Skoffschen Weine aus Gamlitz. Mr. Sauvignon blanc – wie Walter Skoff gerne in Fachkreisen bezeichnet wird – geht seit Jahrzehnten unbeirrbar seinen Weg.

Gerade einmal 1,7 Hektar Weingartenflächen waren es, die Walter Skoff 1984 von seinem Vater übernahm. Mit seiner ihm eigenen Philosophie (Wein ist wie ein Mensch, mit dem man viel Zeit verbringen muss) und einer perfekten Strategie ist man heute bei 45 Hektar Eigenbesitz und 25 Hektar Zukauf angelangt. Die Weine tragen Skoffs persönliche Handschrift und bestechen durch eine Kombination aus Frucht und Boden – und das bei jedem Jahrgang, jeder Lage und jeder Sorte.

Die nächste Generation in Person von Sohn Joachim schlägt genau in dieselbe Kerbe. Südafrika, Chile und Neuseeland waren die Stationen, wo Joachim Skoff sein Praktikum absolvierte – und das wohl ganz gezielt, sind es doch genau jene Länder, die sich im Besonderen auf Weißwein aus Sauvignon blanc spezialisiert haben.

So ist es weiter nicht verwunderlich, dass der Leitspruch der beiden folgendermaßen lautet: „Wein ist Leben – unser Leben ist Wein." Das Grundpotenzial für große Weine entsteht zuerst im Kopf und dann im Weingarten. Es ist mehr als eine Vision, sich intensiv mit jeder einzelnen Lage, dem Bodenprofil und dem spezifischen Mikroklima auseinanderzusetzen, um in der Folge die richtige Sorte auf der passenden Riede auszupflanzen. Nur durch Verständnis, Wissen und konsequente Umsetzung erntet man ein Traubenmaterial, das höchste Qualität und Ausdruckskraft mitbringt.

Die Trauben für die leichten Weine aus dem Hause Skoff stammen von lockeren Böden, während umgekehrt die kräftigen Sorten auf schweren, dichten und mineralischen Böden gedeihen. Es gibt nicht sehr viele Weingärten, die für große Lagenweine geeignet sind – gerade für die angestrebten Premiumweine ist die Mineralität der Böden aber ausschlaggebend.

Die Skoffschen **Toplagen** sind Hochsulz, Obegg und Grassnitzberg.

Die Riede **Hochsulz** ist ausschließlich dem Sauvignon blanc vorbehalten. Unverwechselbar ist bei diesem Weingarten die Anordnung der Hänge in Form eines Kessels, wodurch kaum Wind in die Lage eindringen kann. Dadurch sammelt sich Hitze, und es entsteht eine wesentlich höhere Durchschnittstemperatur. Diesem Umstand ist es zu verdanken, dass man eine sehr spezifische Reife der Trauben erreicht.

Auch in der Lage Hochsulz sind verschiedene Bodenarten vorhanden, am oberen Spitz herrscht tiefgründiger, kalkhaltiger Lehm, im Übergang wiederum ein sehr sandiger Lehm. Die unterschiedlichen Bodenstrukturen und

Walter und Joachim Skoff

Walter Skoff: „Wein ist wie ein Mensch, mit dem man viel Zeit verbringen muss."

171

Die Lage Hochsulz

Das Terroir der Weine aus der Lage **Grass-nitzberg** wird von 14 Millionen Jahre alten Sandsteinböden geprägt. Grassnitzberg ist eine besonders vielfältige und aromaintensive Toplage, die neben dem Sauvignon blanc auch den Burgundersorten sehr entgegenkommt. Wie schon des Öfteren in diesem Buch beschrieben, sorgt auch hier der große Temperaturunterschied zwischen Tag und Nacht in Kombination mit verschiedenen Bodenprofilen für die intensive Aromabildung.

Der obere Teil der Lage ist mit Sauvignon blanc bepflanzt, wo mittelmäßig tiefgründige, kalkfreie, sandige Lehme aus Mergel vorherrschen. Dieser Teil der Lage ist sehr sonnenbegünstigt, wodurch ein ausgesprochen beerenfruchtartiges Aroma entsteht.

Am Fuße der Lage wachsen Weißburgunder und Chardonnay auf einem tiefgründigen, kalkhaltigen Lehmboden, der besonders für die Mineralität und Extraktdichte dieser Weine von Vorteil ist.

Luftströmungen führen des Öfteren zu unterschiedlichen Reifestadien in den Rebzeilen, was mehrere Erntedurchgänge erfordert.

Mit absoluter Südausrichtung hat die 10 Hektar große Riede **Obegg** eine ideale Sonneneinstrahlung und ist zu 60 Prozent mit Sauvignon blanc bepflanzt. Der Boden ist eher tiefgründig mit kalkhaltigem, lehmigem Sand, der sich innerhalb der Lage zu sandigem Lehm wandelt. Dieser Umstand führte wiederum dazu, dass die Lage in Subparzellen unterteilt wurde, um die jeweilige Stilistik und Charakteristik optimal in den Wein zu bringen.

Der Sauvignon blanc der Riede Obegg wird im großen Holz ausgebaut. Dadurch bleibt einerseits die lagenspezifische Struktur erhalten, andererseits kommen die Fruchtkomponenten und die Mineralität in Kombination mit den dezenten Holznoten optimal zur Geltung.

Das Topsegment im Hause Skoff wird durch die Serie **Royal** ergänzt: Nur bestes Traubenmateriel der Sorten Chardonnay und Sauvignon blanc wird für dichte, kräftige Weine verwendet, die zur Reifung ausschließlich im neuen Barriquefass gelagert werden. Auch bei diesen Weinen ist es selbstverständlich das Ziel, eine optimale Balance zwischen Holzeinfluss, Fruchtigkeit, Extraktdichte sowie Alkohol und Säurespiel auf höchstem Niveau zu erreichen. Die Weine verfügen naturgemäß über ein hohes Lager- und Entwicklungspotenzial.

Der Leitspruch des Weingutes Skoff: „Wein ist Leben – unser Leben ist Wein."

Wien

Wien ist die einzige Welt-(Haupt-)stadt mit bedeutendem Weinbau. Hier treffen Weingarten-idylle und pulsierendes Stadtleben aufeinander und ergänzen sich in einzigartiger Weise. So befindet sich in unmittelbarer Nähe zum Schwarzenbergplatz im Zentrum von Wien der „kleinste Weingarten Österreichs" (betreut vom Weingut Mayer am Pfarrplatz) mit gerade einmal drei Rebzeilen und sorgt so für eine „wienophile" Atmosphäre.

Bereits im römischen Lager Vindobona wurde Weinbau betrieben. Schwersten Schaden erlitt der Wiener Weinbau durch die Türkenbelagerungen in den Jahren 1529 und 1683.

Kaiser Josef II., Sohn von Kaiserin Maria Theresia, schaffte 1784 mit seiner „Josefinischen Zirkularverordnung" die rechtliche Grundlage für Buschenschanken bzw. Heurige. Mit dieser war es jedem Weinbauern gestattet, „die selbst erzeugten Produkte am Ort der Entstehung in Verkehr zu bringen". Das sichtbare Zeichen nach außen war und ist noch immer der ausgesteckte Föhrenbuschen, der an einer Stange oberhalb der Eingangstür angebracht wird. Und so heißt es auch noch heute: „Ausg'steckt is'!"

Der **Heurige** ist bis heute bei Jung und Alt äußerst beliebt. Die urigen „echten" Heurigen – denn mancherorts spricht man auch von sogenannten „Nobelheurigen" – werden gerne nach getaner Arbeit oder an lauen Sommerabenden besucht. Heurige gehören zu jenen „Sehenswürdigkeiten", die auch in der Hauptstadt der Weltkultur ein Muss bei jeder Besichtigungstour sind.

Einer, der diese Form der Gastronomie auf hohem Niveau betreibt, ist Leo Wieninger. Ja – Sie lesen richtig – Leo Wieninger, Bruder des Wiener Spitzenwinzers Fritz Wieninger.

Fritz Wieninger – Großstadtwinzer aus Passion

Fritz Wieninger ist eine Persönlichkeit, die allein durch ihre Art großen Respekt verdient. Der Stammersdorfer besitzt Weingärten in und auf den besten Wiener Lagen.

Es ist gerade einmal kurz nach dem Frühstück, als wir bei Fritz Wieninger einkehren, um uns zu einer Plauderei über den Wiener Weinbau zu treffen. Angesprochen auf seine Lagen, meint er: „Was soll's, reden wir dort weiter, wo der Wein wächst!" Und so chauffiert er uns zu einer der besten Lagen Wiens, dem Nussberg.

Der Nussberg

Hoch über der Donau (332 Meter) gelegen und trotzdem im Einfluss derselben, ist in dieser Lage für ein spezielles Mikroklima gesorgt: Durch die Reflexion des Sonnenlichtes wird den Reben einerseits Wärme zugeführt, zum anderen vermindert die Wasserfläche der Donau Temperaturschwankungen. Gerade in der spätherbstlichen Endphase der Vegetation beschert dieser Umstand noch viele warme Tage. Durch den westlichen, alpinen Einfluss weht zudem ständig ein leichter Wind, der dafür sorgt, dass die Trauben des Nussberges von der Feuchtigkeit und dem Tau der Nacht rasch auftrocknen. Somit gibt es kaum eine Chance für Botrytis cinerea, jenen Pilz, der, wenn er zu früh auftritt, immer für Probleme sorgt. Es herrschen also optimale Voraussetzungen, um die Trauben perfekt ausreifen zu lassen.

Geologisch gesehen handelt es sich hier um eine sogenannte Flyschzone: Quarz, Sandstein und Mergel. Der karge Gesteinsboden ist reich an Muschelkalkablagerungen, die wiederum für finessenreiche, mineralische und elegante Weine sorgen. Die Aromatik verdankt der Wein dem Temperaturunterschied zwischen Tag und Nacht – diese Form der sogenannten „Nachtbremse" sorgt für eine perfekte Aromaspeicherung in den Beeren.

Durch die späte Ernte kommt man zu einem kräftigen (Reserve-)Weintyp. Diese burgunderartigen Weine vom Nussberg werden von Fritz Wieninger fast ausschließlich im großen Holzfass gelagert.

Der Gemischte Satz

Große Aufmerksamkeit widmet Fritz Wieninger dem Wiener Gemischten Satz. Diese fast in Vergessenheit geratene Weinspezialität hat Fritz Wieninger groß auf seine Fahne geschrieben.

Der Wiener Gemischte Satz ist die traditionsreichste Spezialität im Wiener Weinbau und hat eine lange Tradition. So war der Nussberger G'mischte Satz im 19. Jahrhundert in der ganzen Monarchie berühmt und geschätzt. Leider wurde in der Blütezeit des Wiener Heurigen (beginnend in den 1960er-Jahren bis Mitte der 1980er-Jahre) nicht das größte Augenmerk auf die Qualität gelegt.

Heute ist der Wiener Gemischte Satz nicht nur ein Kind der Region, des Bodens und des Mikroklimas, sondern auch ein Symbol der Wiener (Wein-)Kultur.

Wobei Fritz Wieninger sofort den Unterschied zwischen gemischtem Satz und Wiener Gemischtem Satz erklärt: „Für den ‚normalen' G'mischten genügt es, irgendwann (also auch zu verschiedenen Lesedurchgängen) zwei verschiedene Rebsorten miteinander zu verarbeiten. Beim Wiener Gemischten Satz müssen es mindestens drei verschiedene Rebsorten sein, die aus demselben Weingarten stammen und zudem in einem Erntedurchgang gelesen und gemeinsam zu Wein verarbeitet werden."

Fritz Wieninger nach seiner Erstplatzierung beim Burgunder-Tasting in Singapur: „Mein Traum von einem Weingut mit Weinen voll Format und Internationalität wurde wahr."

Genau diese Kriterien sind es, warum der Wiener Gemischte Satz mit dem Slow-Food-Prädikat ausgezeichnet wurde. Die logische Konsequenz daraus war für Fritz Wieninger, eine Gruppe mit weiteren engagierten Winzern zu gründen, die diese Weinspezialität nach strengen Qualitätsrichtlinien ins Rampenlicht rückt: **Wien Wein.**

Die Mitglieder von Wien Wein machen das, was ihnen das Terroir bietet und gießen den alten gemischten Satz, der, so Wieninger, früher der Restlwein für den Gspritzen war, in eine neue, moderne und hochqualitative Form.

Natürlich steckt mich die Begeisterung Fritz Wieningers für seine Einstellung zum gemischten Satz an. Trotzdem lässt mich das Gefühl nicht los, dass dieser wohl noch nicht alles sein kann. Etwas später, als wir – wie in Wien sympathischerweise üblich – beim Gabelfrühstück sitzen, stelle ich die entscheidende Frage: „Wie sieht es bei euch mit Rotwein aus?"

Mit einem strahlenden Glänzen in den Augen sprudelt es aus dem Topwinzer heraus: „Ich bin ein Burgunder-Fan und investiere viel Ehrgeiz, Leidenschaft und Idealismus in diese schwierige Sorte. Zudem habe ich mit meinen Lagen am Nussberg mit seinen Kalkstein- und Muschelkalk-Verwitterungsböden optimale Voraussetzungen für den Pinot noir. Das i-Tüpfelchen für diese Sorte ist allerdings die Lage am Bisamberg: Dort, nördlich der Donau gelegen, haben wir sandige, lockere Lössböden auf massivem Kalkstein." – Burgunderherz, was willst du mehr!

Und dann war da noch das Burgunder-Tasting in Singapur im Sommer 2010: Mit seinem Pinot Noir Grand Select 2004 belegte Fritz Wieninger den ersten Platz noch vor den großen „echten" Burgundern wie Echézeaux, Puligny & Co.!

Heute steht der Name Wieninger für Spitzenweine aus Wien und ist international bekannt. Als Wegbereiter für qualitativ hochwertigen Wein aus Wien bedeutet es ihm sehr viel, den Wienern einen Wein zu geben, auf den sie stolz sein können.

Respekt, Gratulation und Ehre, wem Ehre gebührt! Gerne hätte ich mich noch länger mit Fritz Wieninger unterhalten, doch die Zeit drängt. Mein Weg führt mich an diesem Tag noch an die südliche Seite Wiens, zu Richard Zahel nach Mauer.

Richard Zahel

Richard Zahel kann sich keinen besseren Platz auf dieser Welt zum Weinmachen vorstellen als Wien. Er betreibt in der dritten Generation Weinbau, aber auch einen typischen Heurigen.

Das Stammhaus hat historischen Wert und wurde bereits 1766 auf Betreiben Kaiserin Maria Theresias als Volksschule für das Dorf Mauer südlich von Wien gebaut. Neben dem Wiener Gemischten Satz hat sich Richard Zahel auf gehaltvolle, elegante Rieslinge und Veltliner spezialisiert. Eine weltweite Rarität des Hauses ist der **Wein aus der Orangetraube.**

„Die weiße Rebsorte – der Name bezieht sich eigentlich auf die Farbe der Triebspitzen – wurde um das Jahr 1840 von Johann Philipp Bronner aus Wildreben bei Speyer am Rhein selektioniert. Sie findet Erwähnung im Lexikon der Rebsorten, das 1854 von August Wilhelm von Babo, dem ersten Direktor der Klosterneuburger Weinbauschule, verfasst wurde. Während der k. u. k. Zeit war Marburg ein wichtiges Weinbauzentrum. Der damalige Direktor der Marburger Weinbauschule, Hermann Goethe, schrieb nach Beendigung der Reblauskatastrophe ein neues Lexikon. Darin wird die Orangetraube noch als Tafeltraube (Speisetraube) angeführt, wohl aber mit dem Zusatz, dass diese vielleicht auch als Keltertraube geeignet wäre.

Die kleinen Beeren sind bei Vollreife honigsüß. Abgesehen von unserem Weingarten in Wien-Mauer wird sie in geringen Mengen im Burgenland und um Klosterneuburg kultiviert. Sie zählt aber laut EU nicht zu den Qualitätsrebsorten.

Weiters wurde die Sorte als Partner für die Neuzüchtung Goldburger (Orangetraube x Welschriesling, von Dr. Zweigelt 1922 gekreuzt) verwendet!", erzählt uns Richard Zahel unter den Schatten spendenden Kastanienbäumen seines Heurigengartens.

Neugierig geworden, schnappe ich mir ein Probierglas. Der Wein strahlt mich mit einem frischen Grüngelb an, und als ich meine „neugierige Nase" in das Glas stecke, strömt mir ein ausgeprägtes, würziges Aroma mit intensiver Steinobstbegleitung entgegen. Am Gaumen verspürt man eine frische, animierende Säure und eine elegante Extraktbegleitung, die auch beim Abgang noch wunderbar präsent ist. Keine Frage – ein Nischenprodukt – aber hochinteressant! Österreichische Sortenvielfalt eben!

Eigentlich ist Richard Zahel der einzige Wiener Winzer, der in allen bedeutenden Wiener Rieden und Großlagen Weingärten besitzt. Am **Maurer Berg** befinden sich bekannte Rieden wie **Langsatz** und **Reisberg**, deren Böden einen interessanten Mix aus Mergel und Kalk ergeben. Das verleiht den Weinen eine angenehme Mineralik und ausgewogene Eleganz.

Zahel ist ebenfalls Mitglied der Gruppe Wien Wein. Neben dem traditionellen gemischten Satz produziert er aus den Sorten St. Laurent, Blauer Zweigelt, Cabernet Sauvignon und Merlot von der Lage **Kadolzberg**, die schwere Lehmböden mit Kalkteilen aufweist, finessenreiche Rotweine.

Die fruchtig-frischen Veltliner kommen dagegen aus dem Bereich der Oberlaaer Rieden. Geprägt vom intensiv auftretenden pannonischen Klima und einer Unterlage aus Sand, Schotter und Lehm entstehen hier großartige Weißweine der Burgunderrichtung.

Der Premiumweißwein aus dem Hause Zahel kommt von einer Traumlage im 19. Bezirk: Bellevue. Der Name leitet sich von der schönen Aussicht ab, die dieser Weingarten bietet. Hier gedeiht der **Chardonnay Bellevue**, ein eleganter, sehr burgundischer Chardonnay, im kleinen Holzfass gelagert und gereift.

Die Weingärten von Rainer Christ befinden sich ausschließlich auf dem Bisamberg

Der Bisamberg

Eigentlich liegt der beinahe 360 Meter hohe Bisamberg zum größten Teil im Gebiet der gleichnamigen Gemeinde Bisamberg. Weitere Anteile am Bisamberg haben die Gemeinden Langenzersdorf und Hagenbrunn im Weinviertel sowie der Wiener Bezirk Floridsdorf. Der Bisamberg trennt also zwei Weinbaugebiete – das Weinviertel und Wien – voneinander.

Das Terroir wird von Flyschböden, einer bereits erwähnten Mischung aus erodiertem Material wie kalkhaltigem Sandstein und einer angewehten Lössschicht geprägt. Viele Rieden verfügen zudem über leichte, sandige Lössschichten auf extrem kalkhaltigem Mutterboden. Gepaart mit dem pannonischen Klimaeinfluss und dem Mikroklima der Donau ergibt sich eine optimale Großlage für den Qualitätsweinbau.

Rainer Christ – der Bisamberger Monopolwinzer

Einer der Mitbegründer von Wien Wein ist Rainer Christ aus Jedlersdorf, der mit einer Mischung aus Tradition und Innovation ans Werk geht. Seine Weingärten befinden sich ausschließlich auf dem Bisamberg. Der breite, geologische Mix erlaubt es ihm, eine respektable Sortenvielfalt auszupflanzen. Das geerntete Traubenmaterial wird im modernen Keller auf schonende Art und Weise verarbeitet, wo es weder eine Pumpe gibt (wenn man von der Filtration und der Flaschenfüllanlage absieht), noch sonstige großartige technische Hilfsmittel. Sein Credo lautet: „Ein Rainer Christ pumpt nichts!" Nur durch die Schwerkraft werden die Trauben und später der Traubensaft sowie der Jungwein transportiert. Je nach dem, was die Natur ihm liefert, werden die Weine klassisch im Edelstahltank oder im großen Holz gela-

Rainer Christ

gert. Außergewöhnlich komplexe Weine dürfen auch ins Barrique-Kleid schlüpfen, um zur Reife zu gelangen.

Naturgemäß steht der Wiener Gemischte Satz auch auf der Weinkarte Rainer Christs an erster Stelle. Besonders empfehlenswert ist jener aus den alten Reben vom Bisamberg. Die Bandbreite seiner Weine ist umfassend, angefangen beim Grünen Veltliner über Riesling und Sauvignon blanc bis zum „Vollmondwein" Pinot blanc, der bei Vollmond geerntet und ebenso abgefüllt wird.

Dass der Bisamberg auch exzellente Rotweine hervorbringt, beweist Rainer Christ immer wieder aufs Neue. Sein Portfolio reicht vom sortenreinen, fruchtbetonten Blauen Zweigelt über einen tiefgründigen Shiraz bis zur Premium-Cuvée XXI (der Name steht stellvertretend für den 21. Wiener Gemeindebezirk, wo sich der Bisamberg befindet). Letztere erinnert mich sehr an die „rechte Bordeaux-Seite", da bei diesem füllig-eleganten Wein der Merlot über den Cabernet Sauvignon dominiert. Und es fügt sich noch eine weitere Besonderheit hinzu: Sämtliche Rotweine aus dem Hause Christ sind seit 1998 unfiltriert.

Ein letztes Wort …

Eines sollte auf alle Fälle noch festgehalten werden: Der Grüne Veltliner ist auch in Wien trotz des Auftretens der Burgundersorten und der großartigen Präsenz des gemischten Satzes noch immer die Rebsorte Nummer 1 und dominiert auch den kleinsten Weingarten der Stadt.

Der kleinste Weingarten von Wien in unmittelbarer Nähe zum Schwarzenbergplatz mit gerade einmal drei Rebzeilen

3
SPEISEN
UND WEIN

Welcher Wein darf es sein?

Vorweg darf ich als Genussmensch (man sieht mir das gelegentlich wirklich an) bemerken, dass es kaum ein Thema gibt, das vielfältiger ist als jenes von Speisen und Wein. Und alle Regeln der Kunst helfen bisweilen wenig bis gar nichts, da es im Grunde genommen nur einen Grundsatz gibt: **Die beste Kombination von Essen und Wein ist immer noch jene, die Ihnen am Besten schmeckt.**

Alles, was Sie hier nun lesen, sind persönliche, jahrzehntelang gesammelte Erfahrungen und Tipps, die lediglich als Empfehlung verstanden werden sollen.

Musste ich in meiner Ausbildungszeit noch nach strengen, hierarchischen Grundsätzen vorgehen – also Weißwein zu hellem Fleisch, Rotwein zu dunklem Fleisch –, so hat sich doch einiges im Laufe der Jahrzehnte gewandelt. Die größte Veränderung erfuhren wir wohl gegen Ende der 1970er-Jahre, als jener Umdenkprozess begann, wonach Essen nicht mehr allein zum Sattwerden diente, sondern ein Genusserlebnis sein sollte.

Heute teilt sich die kulinarische Welt in drei Lager:
- Die regionale Küche mit saisonalem Touch,
- die Retro-Küche, die Altes und Traditionelles wieder aufleben lässt und
- die Gourmetküche mit Vordenkern und an die Grenzen gehenden Kochstars.

Auch das Gästeverhalten hat sich verändert. Waren es früher Gourmets (Genießer) oder Gourmands (Vielesser), so kann es heutzutage durchaus vorkommen, dass sich Konsumenten mittags schnell bei der Systemgastronomie versorgen, während sie abends im haubengekrönten Restaurant dinieren.

Aperitifweine

Der Startpfiff eines Menüs wird nach wie vor mit dem Aperitif gegeben. Gerade in der Kategorie der Aperitifweine können wir in Österreich auf interessante Produkte zurückgreifen.

Der Gelbe Muskateller

Der in den letzten Jahren wieder äußerst beliebt gewordene trockene Gelbe Muskateller ist ausgesprochen aromatisch und gehört, wie man in Österreich zu sagen pflegt, zur Gruppe der sogenannten „schmeckerten" Weine. Intensiv traubig mit frischen Zitrusnoten und ausgeprägten Muskattönen, passt der Gelbe Muskateller hervorragend als Einstimmung zu einem schönen Menü, nicht zuletzt auch deswegen, weil er nicht zu alkohollastig ist.

Ist der klassische Muskateller in der Steiermark eher in die Kategorie der leichten Weine einzureihen, so erscheinen die Vertreter aus Niederösterreich und dem Burgenland deutlich gehaltvoller. In der Südsteiermark gibt es darüber hinaus auch Muskateller als Lagenweine, die sich tiefgründig, finessenreich und vielschichtig präsentieren.

Leichte, frisch-fruchtige Weißweine

Diese Kategorie der beliebten Terrassenweine und Begleiter zu kalten Vorspeisen, wie geräucherten Fischspezialitäten, hat sich durch einen gewaltigen Marketingerfolg ab Mitte der 1980er-Jahre hervorgetan:

Steinfeder – so bezeichnen seitdem die Wachauer ihre leichten Weißweine, speziell im Bereich des grünen Veltliners. Es handelt sich um leichte, frische und fruchtbetonte Weine mit wenig Alkohol (max. 11,5 Vol.-%), die zu Beginn einer Menüreihenfolge völlig unkompliziert einsetzbar sind.

Welschriesling STK als klassischer, leichter Weißwein gehört ebenso in diese Kategorie und glänzt mit einer unverkennbaren Kernobstnase in Kombination mit einem frischen, knackigen Säurespiel.

Die „Jungweinwelle" kommt in dieser Kategorie bewusst nicht vor. Junker, Jungweine oder erste Versuchungen – und wie immer diese Produkte bezeichnet werden – können in guten Jahrgängen erstaunliche Qualitäten bieten. In schwierigen Jahren gleiten diese Produkte (da sie viel zu früh geerntet und verarbeitet werden müssen) leider häufig zu „weinähnlichen Getränken" ab. Ich bekenne ganz offen, dass ich diesen schnell gemachten Produkten sehr kritisch gegenüberstehe.

Gehaltvolle klassische Weißweine (DAC Klassik)

Keine Frage – diese Weine sind die „Drehzahlweine"! Ob Grüner Veltliner, Riesling, weiße Burgundersorten oder Sauvignon blanc – alle Weine dieser Klasse bewegen sich in einem Alkoholbereich um die 12,5 Vol.-%.

Diese Weine passen zwar noch zu deftigen kalten Vorspeisen (Vitella tonnato, Prosciutto mit

Melonen, Fischpasteten etc.), wirken aber auch zu manch warmer Vorspeise – Stichwort Spargel in allen Variationen – und zu Hauptgerichten sehr harmonisch. Kaum Restzucker, spürbares Extrakt und angenehme, frische Säure – das sind die Eckdaten. Es versteht sich von selbst, dass alle DAC-Klassik-Weine zu dieser Kategorie zählen.

Grüner Veltliner – der autochthone internationale Star!

Von allen bei uns beheimateten Rebsorten ist der Grüne Veltliner (oft auch als „GrüVe" bezeichnet) der Star. Ein für mich erstaunliches Chamäleon in Sachen Wein, hat er doch von allem etwas: Fruchtigkeit, aber nicht zu vordergründig, Würzigkeit, aber nicht aufdringlich, frische Säure, aber nicht zu stahlig-hart. Eine Rebsorte, deren Weine uns nicht nur als angenehme Konsumationsweine begleiten, sondern die aufgrund ihrer angenehmen Balance auch mit vielen Speisen harmonieren. Ob Gebackenes, Fisch, Spargelgerichte oder gebratenes helles Fleisch – Grüner Veltliner ist immer ein angenehmer Partner.

Der Grüne Veltliner ist wahrscheinlich das Resultat einer Liaison aus Traminer und der St. Georgener Rebe, einem jahrhundertealten Rebstock, der im burgenländischen St. Georgen gefunden wurde.

Der Anteil des Grünen Veltliners beträgt immer noch gut 30 Prozent der gesamten Anbaufläche und ist somit in Österreich die Paraderebsorte. Frühere österreichische Bezeichnungen wie Weißgipfler oder Grüner Muskateller sind kaum noch gebräuchlich.

Am liebsten ist dem Grünen Veltliner das Lössbett. Dort fühlt er sich am wohlsten und bringt je nach Bodenstruktur und Alkoholstärke charaktervolle Weine hervor. Ob als duftig-leichter Steinfederwein, als süffiger, gehaltvoller Klassikveltliner oder als kräftiger Reservewein – der Grüne Veltliner spielt alle Stückerln. Geht der Alkoholwert in Richtung 14 Vol.-%, so zeigt sich der „Grüne" oftmals burgunderartig.

Internationale Rebsorten und aromatische Weine im klassischen Bereich

Zu dieser Kategorie zählen jene Weinsorten, die weltweit anzutreffen sind, sich aber auch bei uns bestens etabliert haben, wie Chardonnay, Weißburgunder (Pinot blanc), Pinot gris und Sauvignon blanc.

Der Chardonnay – „the big player"

Die Wiege des Chardonnays liegt eindeutig in Chablis, einem Teilgebiet des Burgund. Alle großen Burgunder-Weißweine wie Montrachet, Charlemagne und Co. sind reinsortige Chardonnays.

Chardonnay oder Morillon, wie er in der Steiermark genannt wird, passt perfekt zu vielen Meeresfischen

Chardonnay ist die weltweit am häufigsten ausgepflanzte Rebsorte. Es dürfte tatsächlich kein einziges Weinbaugebiet geben, in dem er nicht etabliert ist. Ein triftiger Grund für seine weltweite Beliebtheit ist u. a. der Umstand, dass er keine hohen Ansprüche an Boden und Klima stellt. Die finessenreichsten Chardonnays stammen allerdings immer von Kalkböden (diese Beobachtung gilt übrigens für alle Burgundersorten). Säure, Extrakt und Alkohol sind immer sehr gut ausbalanciert. Wuchtige Chardonnays vertragen daher auch den Ausbau im Barriquefass.

Chardonnay passt optimal zu vielen Meeresfischen, die gebraten und mit verschiedenen Gemüsen serviert werden.

Anything but Chardonnay

Als kleine Gegenbewegung zur Chardonnay-Fraktion hat sich in den vergangenen Jahrzehnten die Gruppe der sogenannten „ABC-Trinker" formiert: Weinliebhaber, die dem Uniformismus von Weinen kritisch gegenüberstehen und der Meinung sind, dass Chardonnay weltweit gleich schmeckt. Diese Gruppe trinkt alles – außer Chardonnay: **A**nything **b**ut **C**hardonnay!

Weißburgunder (Pinot blanc) – der ewige Klassiker

Neben seiner Heimat Burgund (dort kommt der Weißburgunder kaum noch vor), ist diese Rebsorte vor allem im Elsass stark vertreten. In Deutschland wird der Weißburgunder häufig auch als Klevner bezeichnet – diese Bezeichnung kommt bei uns da und dort noch in der Steiermark vor.

Der Weißburgunder hat eine sehr noble, elegante Bukettentfaltung. Sehr zurückhaltend und dezent zeigt er einen Hauch von Bittermandeln sowie nussige Eindrücke und manches Mal auch edle Kernobstnoten. Am Gaumen erscheint er sehr extraktreich mit (meist) perfekt eingebundener Säure.

Den Weißburgunder kann man getrost als Allrounder bei der Speisenbegleitung bezeichnen. Am besten eignet er sich aber als Partner für Süßwasserfische. Dieser Wein deckt den Fisch nicht zu, sondern lässt den zarten Geschmack des Fisches bestehen.

Sauvignon blanc – der Aromatiker unter den frischen Weißen

Kaum eine Weißweinrebsorte polarisiert mehr als der Sauvignon blanc. Seine Herkunft ist Frankreich, wo man sich aber bei Weitem nicht darüber einig ist, ob die Wiege des Sauvignon blanc in Bordeaux oder im Loire-Tal steht.

Bei uns wurde diese Rebsorte noch in den 1980er-Jahren als Muskat-Sylvaner bezeichnet. Der Sauvignon blanc besticht durch seine laute Nase und die entsprechenden „grünen" Töne: manchmal Paprika, meistens jedoch Holunder, Stachelbeere, Cassis (Schwarze Johannisbeere) und exotische Töne wie Grapefruit. Entweder liebt man ihn oder man meidet ihn – dazwischen liegt bei Sauvignon blanc meistens nichts! Als Speisenbegleiter passt er perfekt zu stark gewürzten Meeresfrüchten.

Kräftige und körperreiche Weißweine

Die „Königsklasse" der Weißweine bietet ein breites Spektrum. An sich sollte man in dieser Liga zwischen den großen (Lagen-)Rieslingen und den Burgundersorten wie Chardonnay und Weißburgunder unterscheiden.

Es ist ein absolutes „no go", Riesling auch nur in die Nähe von Barriquefässern zu bringen. Die Burgundersorten tun sich da schon viel leichter. Grüne Veltliner ab 13,5 Vol.-% Alkohol tendieren in diesem Segment oft in Richtung Burgunder.

Sauvignon blanc ist ein kongenialer Partner für Meeresfrüchte

Bei großen Weißweinen, egal ob Lagenrieslingen, Smaragdweinen oder Burgundersorten mit kräftigem Holzeinsatz, sollten Sie auf zu kleine Weißweingläser verzichten. Handeln Sie nach dem Motto: Je größer die Weine, desto größer das Glas.

Roséweine – fruchtig-frische oder rassige Begleiter

Der Anteil an Roséweinen in Österreich liegt im Zehnjahresdurchschnitt bei ca. 2 Prozent. Beliebt als Terrassenweine (damit sind frische, fruchtige Weine gemeint, die an warmen Sommerabenden getrunken werden), können Roséweine auch als Essensbegleiter sehr positiv in Erscheinung treten. Von der zart rosa gebratenen Entenbrust über gegrillte Scampi auf Ratatouille mit einem Hauch Knoblauch bis hin zum Fondue – mit Roséweinen kann man eigentlich gar nichts falsch machen ...

Rotweine – klassisch und elegant

Österreich ist auch als Rotweinland auf der Überholspur, und dafür gibt es verschiedene Erklärungen. Die bereits erwähnte Umstellung von internationalen blauen Rebsorten wie Cabernet Sauvignon, Merlot, Syrah etc. auf autochthone Sorten ist eine davon, die rasante Entwicklung des Blauen Zweigelts eine andere.

Blauer Zweigelt – ein Duft nach Kirschen und Weichseln

Im Jahr 1922 aus einer Kreuzung von St. Laurent und Blaufränkisch entstanden, hat sich der Zweigelt als blaues Pendant zum Grünen Veltliner emporgearbeitet. Die fruchtigen, nach Kirschen und Weichseln duftenden Weine sind am Gaumen sehr weich und rund. Keine allzu herben Gerbstoffe belasten den Genuss. Dieser Umstand macht den Blauen Zweigelt – im positiven Sinn – zum „einfachen" Rotwein: einfach aufmachen, einschenken und genießen.

Das Weinbaugebiet Carnuntum hat sich in den letzten Jahren als Zweigelthochburg etabliert. Trotzdem dürfen auch das Neusiedler-See-Gebiet, die Thermenregion und die Gegend um den Leithaberg in Bezug auf fantastische Zweigeltweine nicht übersehen werden. Einer Entwicklung stehe ich allerdings sehr skeptisch gegenüber: Dass man den weichen, runden Zweigelt mit aller Gewalt (Profis wissen, was ich meine) in ein kleines Holzfass einsperrt, kommt mit wenigen gelungenen Ausnahmen einer Auszerrung der Fruchtnoten gleich.

Blaufränkisch – alte österreichische und internationale Sorte mit Zukunft

Selbstverständlich gehören auch klassisch ausgebaute Blaufränkische in diese Kategorie. Viele Legenden ranken sich um diese Rebsorte (siehe auch S. 136 f.). Wissenschaftlich erwiesen ist lediglich, dass ein Elternteil eine Heunisch-Sorte ist.

Heunisch – Basis für viele Rebsorten

Heunisch war bis ins 19. Jahrhundert eine in Europa weitverbreitete Edelrebsorte, die für viele Kreuzungen verwendet wurde. Große Beeren mit dicken Schalen waren das Markenzeichen dieser sowohl weißen als auch blauen Rebsorte.

Anhand zahlreicher DNA-Analysen konnte man feststellen, dass über 70 Rebsorten, die bei uns verbreitet sind, aus einer Heunisch-Kreuzung entstanden sind.

Leider kommt die Sorte bei uns kaum noch vor. In den (süd-)osteuropäischen Ländern wie Kroatien, Slowenien, Rumänien und der Ukraine sind jedoch etliche Flächen mit Heunisch bestückt. Sehr viele Weinbauschulen bemühen sich um eine Neuaufzüchtung dieser edlen alten Sorte.

Blaufränkisch besetzt etwa 7 Prozent der österreichischen Rebanbauflächen und kann getrost als Terroir-Rebe bezeichnet werden. Verarbeitet der Winzer bestes Traubenmaterial und setzt er Kellertechnik und Holzfass dezent ein, so wird ihn der Blaufränkische mit fruchtig-würzigen und mineralischen Eindrücken belohnen.

Als klassisch-eleganter, fruchtbetonter Rotwein mit zartem Tannin und niemals überborden-

den Holztönen eignet sich der Blaufränkische als idealer Begleiter zu zart rosa gebratenen Fleischspeisen, wie z. B. kurz angebratenen Filets ohne Sauce, aber auch zu Wildpasteten, Ragouts als Zwischengericht und Kalbfleischgerichten mit dunkler Sauce.

Ich persönlich finde, dass Weine dieser Kategorie nicht zu Fischgerichten passen. Da jeder Rotwein ein mehr oder weniger spürbares Gerbstoffgerüst mitbringt, ist es meiner Meinung nach nicht möglich, diese Weine als Begleiter zu Fischgerichten zu empfehlen, da Rotwein den zarten Fischgeschmack völlig überdeckt. Manchmal werde ich mit der Aussage konfrontiert, dass es ja auch Fischgerichte mit deftigen Saucen gäbe, wie zum Beispiel Fogosch (die ungarische Variante des Zanders) in Paprikasauce. Dann gebe ich allerdings zu bedenken, dass bei solchen Speisen nicht mehr der Fisch im geschmacklichen Mittelpunkt steht, sondern die Sauce.

Die Burgundersorten St. Laurent und Blauer Burgunder (Pinot noir)

Es mag vielleicht verwundern, wenn ich den roten Burgundersorten St. Laurent und Blauer Burgunder eine eigene Rubrik gönne, doch ist dieser Schritt wohlüberlegt.

Egal ob St. Laurent oder Blauer Burgunder – bei diesen Sorten ist der Winzer im Weingarten mit seiner ganzen Aufmerksamkeit gefragt. Diese Rebstöcke lieben kühle Lagen, kalkhaltige Böden und eine nicht zu intensive Sonnenbestrahlung.

Wenn man so will, sind die Burgunderweine die Tangotänzer unter den Rotweinen: schlank und elegant. St. Laurent und Blauer Burgunder punkten durch feingliedrige Aromen und sind meistens sehr filigrane Erscheinungen, die jedoch sehr positiv auftreten. Sie reifen mittelspät bis spät aus, wobei St. Laurent am Gaumen etwas würziger erscheint als Pinot noir.

Aufgrund dieser Charakteristika eignen sie sich nur wenig bis gar nicht für opulente Speisen mit kräftigen, dicken, stark würzigen Saucen. Fantastische Begleitweine sind sie allerdings in Verbindung mit Geflügel wie Ente und Gans, aber auch mit Wildgeflügel wie Fasan und Rebhuhn.

Rotweine – kräftig, wuchtig und gehaltvoll

Bei Weinen dieser Kategorie befindet sich der österreichische Weinbau ganz klar in einer Umbruchphase. War es nach 1985 angesagt, internationale Rebsorten auszupflanzen und entsprechend uniform auszubauen, so geht der Trend nun in Richtung kraftvolle, autochthone Rotweine. Der Blaufränkische hat dabei den Taktstock in der Hand.

Der Trend zu Lagenweinen ist nach wie vor ungebrochen. Viele Spitzenerzeuger haben sich in dieser Kategorie mit kräftigen, wuchtigen Terroir-Weinen (vor allem Blaufränkischen) hervorgetan.

Selbstverständlich werden sich auch in Zukunft Cabernet Sauvignon und Merlot in dieser Liga tummeln, mit den kräftigen heimischen Sorten lässt sich jedoch ein ganz eigenes Profil erstellen.

Auch der Einsatz von Holz ist stark rückläufig. Ein kräftiger, gut ausbalancierter Rotwein verfügt nur über begleitende Holznoten und ein klares, spürbares Terroir-Profil am Gaumen.

Halbsüße und süße, fruchtbetonte Weißweine

Zugegeben – dies ist eine Abteilung, die in den letzten Jahren nicht unbedingt von Erfolg gekrönt war. Galt und gilt es doch, genau in dieser Kategorie mit dem Image des wässrigen „Hauptsache, er schmeckt süß"-Weines aufzuräumen, der Mitte der 1950er-Jahre angesagt war.

Heute sind Weine dieser Gruppe fruchtbetont und mit spürbarem Restzucker ausgestattet. Aber auch ein schönes Säuregerüst begleitet diese Spätlesen und Auslesen. Burgenländischer Muskat Ottonel, südoststeirischer Traminer, aber auch Neuburger und Co. aus Niederösterreich können uns wunderbar zu manchem Dessert begleiten.

Edelsüße Prädikatsweine

Dank spezieller mikroklimatischer Bedingungen, die an anderer Stelle schon näher beschrieben wurden, spielen wir Österreicher hier ganz eindeutig in der „Champions League" mit. Ob Beerenauslese, Stroh- bzw. Schilfwein, Eiswein, Ausbruch oder Trockenbeerenauslese – die edelsüßen Kreszenzen haben ein klares Profil: hoher Restzuckerwert mit ebenso hohem Säurewert.

Diese herrlichen Weine schmecken immer süßlich, aber niemals picksüß – denn durch den Wasserentzug handelt es sich eigentlich um eine Essenz aus Zucker und Säure. Der Wasserentzug aus dem Saft der Beeren findet bei Beerenauslese und Ausbruch durch den Botrytis-Pilz statt und beim Eiswein durch das Gefrieren des Traubensaftes in der Beere, während bei Schilfwein, Strohwein und Trockenbeerenauslese der Wasseranteil immer mehr verdunstet und rosinenartige Trauben hinterlässt.

Traumhafte Speisenkombinationen ergeben sich mit diesen Weinen, und manches Mal lässt erst der Mut zu Neuem ungeahnte Kombinationen zu. Ob Palatschinken bzw. Crêpes in vielerlei Variationen oder Salzburger Nockerln: ein Glas Beerenauslese ist ein perfekter Partner. Aber auch als Begleiter zu Pikantem, wie z. B. zu gebratener Gänseleber oder Gänseleberpastete, sind Süßweine bestens geeignet. Lassen Sie sich solche Kombinationen nicht entgehen!

In Restaurants, die Wert auf Weinkultur legen, werden solche Weine glasweise (1/16 l) angeboten – verlangen Sie danach!

Käse und Wein – zwei, die sich mögen

Generell muss festgehalten werden, dass in der internationalen Küche Käse immer vor den süßen Desserts gereicht wird. Bei uns in Österreich scheint es aber eine nach wie vor ungebrochene Tradition zu sein, nach dem Motto „Käse schließt den Magen" vorzugehen. Warum auch nicht, hat es doch einen hohen geselligen Stellenwert, nach dem Essen bei einer Plauderei das eine oder andere Glas Wein zu genießen und mit – hoffentlich gut ausgewählten – Käsesorten den Abend zu beschließen.

Frischkäse wie Rollino

Diese cremigen Frischkäse (z. B. Rollino) können als kleine, feine Appetithäppchen bei einem Stehempfang und allgemein als Amuse-Gueule (Gaumenfreude, Gruß aus der Küche) gereicht werden. Auf einer klassischen Käseplatte wird man diese Käseart allerdings kaum antreffen.

Alle typischen Aperitifweine – vom Muskateller über den Welschriesling bis hin zu den Steinfederweinen – können dazu gereicht werden. Natürlich darf es auch ein Glas trockener Schaumwein sein.

Schnittkäse wie Gouda, Tilsiter und Co.

Diese Schnittkäse haben in der Jugend einen relativ neutralen oder zarten aromatischen Geschmack. Daher empfiehlt sich ein ebenso neutraler und zarter Wein, in diesem Fall also ein Weißburgunder. Auch ein nicht zu mineralischer Veltliner verträgt sich mit dieser Käseart.

Werden die Schnittkäse reifer, legen sie an pikanten Geschmacksnuancen zu. In diesem Fall kann es ohne Weiteres ein tanninarmer Rotwein sein, den man dazu reicht. Speziell die Burgundersorten wie St. Laurent und Pinot noir legen bei dieser Käseart einen guten Auftritt hin.

Kräftig-würzige Schnitt- und Hartkäse wie Asmonte oder Parmesan

Hartkäse dieser Kategorie mit Blaufränkischem aus dem Mittelburgenland kann man getrost als „Dream-Team" bezeichnen. Auch eine ausgereifte Cuvée (aus Blaufränkisch und Zweigelt oder aus Cabernet Sauvignon und Merlot) passt hervorragend zu dieser Käseart.

Ist jedoch ein Weißwein erwünscht, so sollte dieser einerseits wenig Säure haben und andererseits über ein spürbares Restzuckergerüst (Spätlese oder Auslese) verfügen.

Weichkäse mit weißem Edelschimmel wie Camembert und Brie

Diese cremige Käseart mit weißem Edelschimmelrasen zeichnet ein milder, zarter Geschmack aus. Manchmal mit einem leichten Hauch von Pilzen versehen, passt fast jede unaufdringliche Weinart dazu: Chardonnay, säurearmer Veltliner, milder Roséwein oder auch ein Glas Schaumwein. Die Kohlensäure des Schaumweins frischt den Gaumen, der vom cremigen Käse „belegt" ist, wieder auf.

Weichkäse mit Rotkultur wie St. Severin, Schlosskäse und Co.

Es gehört wohl zur perfekten „Portfolioabrundung" jedes Käselandes, einen Vertreter dieser zart-würzigen, aromatischen Käsevariante zu produzieren. Je reifer, desto intensiver der Geschmack und Geruch, und je intensiver der Käse, desto mehr Restzucker darf der Wein haben. Reifer Schlosskäse mit einer halbsüßen Spätlese ist ein wahrer Gaumenstreichler. Nicht die Rebsorte spielt dabei die erste Geige, sondern eindeutig der Weinstil.

Weichkäse mit Blau- oder Grünschimmel wie Gorgonzola und Österkron

Diese pikant-würzigen Käse lieben es gerade dazu, mit einer Beerenauslese auf dem Gaumen zu verschmelzen. Manches Mal erinnert diese Kombination an weiße Schokolade.

4

RUND UM
DEN WEIN

Menschen und ihr Lebenswerk

Dr. Fritz Zweigelt (1888–1964)

Nachdem Fritz Zweigelt 1912 in die Wein- und Obstbauschule Klosterneuburg eingetreten war, leitete er dort ab 1921 das Versuchslabor „Bundesrebenzuchtstation". Ab 1938 stand er der Schule bis 1945 vor. Nach unzähligen Versuchen gelang es ihm, die Rebsorten St. Laurent und Blaufränkisch zu kreuzen, und er benannte diese Neuzüchtung Rotburger. Nach langjährigen Erprobungen der neuen Rebsorte wurde diese beinahe flächendeckend in allen österreichischen Weinbaugebieten aus-

„Dass es eine Zweigelttraube gibt, weckt in mir gemischte Gefühle – einerseits die Hoffnung, dass sie mich wahrscheinlich überleben wird, und andererseits die Hoffnung, dass sich manch einer an diesem Wein berauschen wird, wie ich mich seinerzeit berauscht habe an der Freude an der gelungenen Züchtung."

Dr. Fritz Zweigelt, aus „Von den Höhepunkten meines Lebens – Werk und Freude"

gepflanzt. Lenz Moser war es schließlich, der sich dafür einsetzte, diese neue Rebsorte nach ihrem Züchter zu benennen.

Prof. Dr. h. c. Lenz Moser (1905–1978)

Rohrendorf – im östlichen Teil des Weinbaugebietes Kremstal gelegen, ist die Heimat der Familie Moser. Seit dem 14. Jahrhundert ist diese Weinbaudynastie dort angesiedelt. Heute wird die jahrhundertelange Weinbautradition von Niki Moser (siehe S.), dem Enkel Lenz Mosers, weitergeführt.

Nachdem Lenz Moser die Weinbauschule in Klosterneuburg absolviert und 1923 abgeschlossen hatte, stieg er in den elterlichen Betrieb ein. Schon damals reizte es ihn, neue Reberziehungsmethoden zu finden, um sich von der äußerst arbeitsintensiven Stockkultur verabschieden zu können. Diese sogenannte „Pfahlerziehung" hatte mehrere Nachteile: Pflanzenschutzmethoden waren schwer durchzuführen, und die Ernte gestaltete sich sehr mühsam. Bereits 1926 hatte Lenz Moser in Versuchsgärten verschiedene Kulturen angelegt und die Reihenabstände auf 3,5 Meter vergrößert. Die Rebstöcke wurden mit einer Stamm- und Trieberziehung an Drahtgerüsten bis zu 1,5 Meter hochgezogen. Neben der besseren, nämlich direkten Sonnenbestrahlung und der optimalen Durchlüftung der Stöcke kam ein weiterer, für damalige Zeiten positiver Effekt zum Tragen: Man konnte mit kleineren Traktoren im Weingarten fahren, und die Arbeiten an den Rebstöcken wurden somit erheblich erleichtert.

Mitte der 1950er-Jahre wurde Lenz Mosers „Hochkultur" in vielen Teilen Europas übernommen. Heute trennen sich jedoch wieder etliche Weinbaubetriebe von diesem System.

Alois Kracher (1959–2007)

Der Lois – so wurde er in aller Welt genannt! Ob in San Francisco, London, Andalusien oder in den mit Sternen dekorierten Gourmettempeln von Paris – wo immer auf dieser Welt Weinliebhaber zusammenkamen, gab es jemanden, der von Alois Kracher etwas zu erzählen wusste.

Nachdem er sich als Chemiker verdient gemacht hatte, trat er 1991 mehr oder weniger als Quereinsteiger in das väterliche Weingut in Illmitz ein. Wer diesen Schritt zu dieser Zeit machte, musste wohl oder übel ein Visionär sein, da es einer besonderen Kühnheit bedurfte, um sich unmittelbar nach den Wirren des Glykolskandals ausgerechnet auf Süßweine zu spezialisieren. Die Erfolgsgeschichte sollte Alois Kracher jedoch recht geben: Er war der erste österreichische Winzer, der Trockenbeerenauslesen in Barriquefässer gab und aus einem Jahrgang verschiedene Lagenweine im Süßweinbereich herstellte. Und es war Alois Kracher, der einen neuen Prädikatsweinstil kreierte: Süße ja – aber nicht picksüß! Balance – das war sein Credo!

Es war nur eine Frage der Zeit, bis alle Welt erkannte, welches Potenzial in seinen Weinen steckte! Mit dem 1991er-Jahrgang ging es international dann so richtig los. In London – dem Nabel der Weinwelt – wurde er mehrmals zum „Winemaker oft the Year" gekürt. Selbst der amerikanische Weinkritiker Robert Parker kam nicht umhin, einem botrytisfreien Süßwein mit der Bezeichnung „Mr. K.", den Alois Kracher gemeinsam mit dem Austrokalifornier Manfred Krankl geschaffen hatte, 100 von 100 möglichen Punkten zu geben.

Trotz aller Berühmtheit ist Alois Kracher sich selbst, aber vor allem seinem Illmitz und seiner Familie immer treu geblieben. So sagte er einmal: „Mein Vater (Anm.: verstorben 2010)

Alois Kracher – sein Erbe als Pionier und Vordenker wird ganze Generationen überdauern!

ist eigentlich der wahre Pionier – er hat die Weingärten angelegt, von denen ich jetzt ernten darf, und beim Wein zeigt sich erst nach Generationen, ob man etwas geschaffen hat."

Es war der 5. Dezember 2007, an dem in Wien die Falstaff-Rotwein-Gala stattfand, als Alois Kracher verstarb. Es war ein Galaabend ohne Stimmung, und alle, die einen Einblick in die österreichische Weinszene hatten, waren sich einig: Sein Erbe als Pionier und Vordenker wird ganze Generationen überdauern!

Wilhelm Sattler senior (1935–1999)

Der Pionier des steirischen Weinbaus war ein begnadeter Quer- und Vordenker. Zu einer Zeit, als das Gros seiner steirischen Kollegen sich damit abgefunden hatte, einen (für damalige Zeiten) gefälligen Wein mit spürbarer Restsüße und hohen Alkoholwerten zu produzieren, und von einer Vermarktungsstrategie weit und breit nichts zu sehen war (Graz war ja sehr nahe ...), kelterte Wilhelm Sattler sen. einen völlig trocken ausgebauten Sauvignon blanc, der in den 1970er-Jahren noch als Muskat-Sylvaner „vermarktet" wurde. Diese Stilistik hatte er in der Wachau bei der damaligen Winzergenossenschaft zu Dürnstein (heute: Domäne Wachau) erlernt.

Natürlich sorgte er damals für ständiges Gelächter unter den Verkostern diverser steirischer Weinmessen, bis ein Innsbrucker Weingroßhändler kam, diese Weinstilistik als zukunftsweisend erkannte und für eine entsprechende Vermarktung sorgte. Somit war

der Weg frei für jenen Weinstil, der dem steirischen Weinbau einen großen Aufschwung bescherte: frisch, fruchtig, steirisch!

Josef Jamek (1919–2011)

Josef Jamek übernahm im Kriegsjahr 1941 das Gasthaus und den Weinbau von seinem Vater Anton. Zwei Dingen verschrieb er sich neben seiner Familie im Besonderen: dem Weinbau und der Wachau.

Legendär sind seine Berichte, wie er nach dem Krieg eigentlich vor dem Nichts stand, da die Siegermächte das Haus ausgeräumt hatten. Ebenso legendär war sein Kampf gegen einen Kraftwerksbau in der Wachau. 1959 erwarb er die Riede Klaus und legte die Terrassen dieser perfekten Riesling-Lage mit eigenen Händen an. Obwohl weder Riesling noch Weine ohne Restzucker zur damaligen Zeit populär waren, zog er seine Stilistik durch und war somit der eigentliche Wegbereiter für Produkte, die sich später als Steinfeder, Federspiel und Smaragd auf allen Märkten durchsetzten.

Selbstverständlich war Josef Jamek auch 1983 an vorderster Stelle, als es galt, die Vinea Wachau Nobilis Districtus zu gründen. Lange bevor irgendjemand in Österreich an DAC dachte, wurde damit wohl die erste Herkunftsbezeichnung geschaffen.

Mir ist völlig klar, dass es im österreichischen Weinbau noch viele weitere Persönlichkeiten gibt, doch die hier erwähnten haben mich ganz besonders beeindruckt.

Das kleine Wein-ABC

A

Abfallen: kurz im Abgang.

Abgang: der Geschmack, der am Gaumen nach dem Schlucken wahrnehmbar ist.

Abgebaut: Der Wein hat seinen Höhepunkt bereits überschritten, beginnt zu altern oder hat Säure abgebaut.

Adstringierend: Empfindung, die sich aufgrund eines hohen Gerbstoff-(Tannin-)Gehaltes durch einen rauen, die Mundschleimhaut austrocknenden oder „den Mund zusammenziehenden" Effekt äußert.

Ausgebaut: Der Wein ist vollkommen entwickelt, trinkreif.

Ausgeglichen: harmonischer Wein.

Ausstich: Selektion des besten Fasses im Keller durch den Kellermeister.

B

Barrique: kleines Eichenfass mit 225 Liter Fassungsvermögen.

Bodengeschmack: Erdgeschmack, oft typisch für bestimmte Rieden bzw. Lagen.

Bottleshock: kurz nach der Flaschenfüllung präsentiert sich der Wein zerschlagen (geschockt).

Brandig: Der Alkohol tritt geschmacklich sehr stark in den Vordergrund; oft bei stark aufgebesserten, dünnen, extraktarmen Weinen.

Bukettiert: sehr starkes, fremdes Bukett (wie zugesetzte Aromen).

C

Charakter: bestimmte Art eines Weines, abhängig von Sorte, Lage, Klima und Ausbau.

Cuvée: Verschnitt aus zwei oder mehreren Weinen.

D

Dezent: fein, zart.

Duftig: elegante, leichte Blume.

Dumpf: unreiner Geschmack (z. B. nach Schimmel, ungelüftetem Keller).

Dünn: körperarmer Wein mit wenig Extrakt und Alkohol.

E

Eckig: Die einzelnen Geschmacksstoffe treten ungleich stark hervor, der Wein wirkt unharmonisch.

Edelfäule: Botrytis cinerea, ein Edelfäulepilz (Grauschimmelpilz), der die Beerenhaut durchlöchert. Dadurch verdunstet das in den reifen Trauben enthaltene Wasser, während die Konzentration von Zucker und Extraktstoffen in den schrumpfenden Beeren immer mehr steigt; entwickelt sich in trockenem und zugleich feuchtem Klima, wie z. B. in der Nähe des Neusiedler Sees.

Elegant: harmonischer Wein.

Entwickelt: ausgebauter, reifer Wein.

Essigstich: nach Essig riechend (flüchtige Säure).

F

Fehlerhaft: Weine mit nachteiligen Veränderungen meist chemischer Natur oder durch die Aufnahme weinfremder Stoffe.

Feurig: Weine mit gut integriertem, höherem Alkoholgehalt; der Alkohol kommt zwar stärker, aber nicht brandig zum Ausdruck.

Firn: im positiven Sinn eine Bezeichnung für einen typischen Alterston, im negativen Sinn z. B. ein harter, saurer Geschmack; Ursache ist der Weinausbau in Fässern, die jahrelang leer gestanden sind.

Frostgeschmack: Weinfehler, der aufgrund von gefrorenen, unreifen Trauben entsteht.

Fülle: körperreicher, vollmundiger Wein.

G

Gärung: Umwandlung des Zuckers im Most in Alkohol und Kohlendioxid (CO_2).

Gebrochen: Der Wein ist fehlerhaft/trüb; man unterscheidet weißen, schwarzen und braunen Bruch.

Gedeckt: sehr dunkle Farbe beim Rotwein.

Gehaltvoll: körperreicher, voller Wein.

Geläger: Rückstand (großteils abgestorbener Hefezellen) im Gärgefäß nach dem Abziehen des Weines.

Gelägergeschmack: Hefegeschmack.

Gerbstoffreich: herber Wein.

Gschmackig: fruchtiger, aromatischer Wein.

Geschliffen: Weine, die durch diverse Maßnahmen (z. B. Entsäuerung, Verschnitt) harmonisch wurden.

Grasgeschmack („grüneln"): Geschmack nach grünen Pflanzen, tritt bei Weinen aus unreifen Trauben auf, wenn zu stark gepresst wurde.

H

Harmonisch: Die Bestandteile des Weines (Säure, Alkohol, Fruchttiefe …) stehen im richtigen Verhältnis zueinander.

Hart: Wein mit hohem Gehalt an unharmonischer Säure.

Herb: zusammenziehender Geschmack (adstringierend) durch höheren Gerbstoffgehalt

Heuriger: zu Leopoldi (15. November) wird die neue Weinernte zum Heurigen (Jungwein) und bleibt ein Heuriger bis zum 31. Dezember des Folgejahres; andere Bezeichnung für Buschenschank.

Hinten nach: Geschmackswahrnehmung hinten am Gaumen, der Wein hält an, er hat Körper.

J

Jungfernwein: erster Ertrag eines neu ausgepflanzten Weingartens.

K

Kernig: körperreicher Wein mit entsprechender Säure.

KMW: Abkürzung für Klosterneuburger Mostwaage.

Körper: extraktreich, voll.

Körperarm: dünn, leicht.

Kurz: Der Wein bleibt nicht lange haften, er hat einen kurzen Abgang.

Lebendig: spritzig, frisch.

Leer: dünn, leicht, ohne Geschmack.

M

Messwein: naturbelassener Wein, der den kirchlichen Vorschriften entspricht.

Mild: säurearm.

Mollig: voller, runder Wein.

Moussierend: stark kohlensäurehaltig.

O

Öchsle (Oe): In Deutschland und in der Schweiz wird das Mostgewicht in Öchslegraden angegeben. Die Öchslewaage misst das spezifische Gewicht einer Flüssigkeit: Ein Liter Most mit 1 050 g hat 50 Öchsle. Als Umrechnungsformel gilt 1° KMW = 5 Oe (was jedoch nicht ganz korrekt ist), für die, die es genau wissen wollen, gilt:

$$Oe = KMW \times (4{,}54 + 0{,}022 \times KMW).$$

P

Pappig: kann bei stark entsäuerten Weinen auftreten.

Presse: Die schonende Baumpresse wurde mittlerweile von Horizontalpressen (mechanisch, hydraulisch oder pneumatisch) abgelöst.

Prickelnd: CO_2-haltiger Wein, der spürbar auf der Zunge prickelt.

R

Rau: herber Wein; auch bei Weinen mit übermäßigem Gehalt an Schwefelsäure.

Rebeln: das Trennen der Beeren von den Kämmen und Stielen.

Reintönig: Wein ohne negativen Nebengeschmack.

Reißt ab: ist kurz, nicht anhaltend im Geschmack.

Resch: säurereicher, trockener Wein.

Restsüße, Restzucker: unvergorener Zuckerrest im fertigen Wein.

Rückgrat: Der Wein hat Körper, ist voll und hat genügend Säure/Tannin/Extrakt.

Rund: voller, harmonischer Geschmack.

S

Sauer: Wein mit unangenehm hohem Säuregehalt.

Scharf: Weine mit hohem Kohlensäuregehalt.

Schleier: leichte Trübung im Wein.

Schmalzig: runder, voller, fetter Wein.

Schönen: Stabilisierung und Klärung des Weines durch Zugabe von gesetzlich festgelegten Substanzen, wie z. B. Bentonit gegen Eiweißausfall.

Schwefel: wichtiger Oxidationsschutz und Konservierungsfaktor. Der Gesetzgeber legt Obergrenzen fest.

Schweif: Der Wein hat Substanz, hält lange an.

Schwer: alkoholreicher Wein mit hohem Extraktgehalt.

Stecken geblieben: Weine, die nicht vollkommen vergoren sind und somit einen Zuckerrest aufweisen.

Stumpf: eigenartig pelziger Geschmack, meist bei gerbstoffreichen oder überschwefelten Weinen.

Sturm: süßer, noch gärender Most (in Deutschland als Federweißer oder Sauser bekannt).

Süffig: harmonischer, leichter Wein, der zum Trinken animiert.

T

Trocken: ohne Restsüße.

V

Verschnitten: zwei oder mehrere Weine werden vermischt, es entsteht eine Cuvée.

W

Weich: säurearme Weine.

Würzig: intensiv fruchtig, aromatisch.

Z

Zerschlagen: kurz nach der Flaschenfüllung präsentiert sich der Wein zerschlagen (geschockt).

Zuckerspitzerl: leichter, gut passender Zuckerrest, der speziell auf der Zungenspitze wahrnehmbar ist.

Stichwortverzeichnis

Bildnachweis

Karten
Wurden von der Österreich Wein Marketing GmbH mit freundlicher Genehmigung zur Verfügung gestellt

Fotos
Helene Ott und Team, Weyregg
Seite 27:
    Andy Dean Photography/de.cilpdealer.com
S. 36, Steinfedergras, Vinea Wachau
Seite 193: www.corinnagissemann.de/de.clipdealer.com

S. 163–165, Fotos vom Weingut Wohlmuth
S. 171, 172, Fotos vom Weingut Skoff
S. 178, 179, Fotos vom Weingut Christ

Alle weiteren Fotos sind Eigentum des Trauner Verlages bzw. wurden von der Agentur Fotolia zugekauft.